주님이 하십니다

주님이 하십니다

초판 1쇄 찍은 날 · 2007년 6월 28일 | 초판 1쇄 펴낸 날 · 2007년 7월 5일

지은이 · 김해영 | **펴낸이** · 김승태

편집 · 이덕희, 최선혜, 방현주 | **디자인** · 정혜정, 이은희, 이훈혜
영업 · 변미영, 장완철, 김성환 | **물류** · 조용환, 엄인휘

등록번호 · 제2-1349호(1992. 3. 31.) | **펴낸 곳** · 예영커뮤니케이션
주소 · (110-616) 서울 광화문우체국 사서함 1661호 | **홈페이지** www.jeyoung.com
출판사업부 · T. (02)766-8931 F. (02)766-8934 e-mail: jeyoungedit@chol.com
출판유통사업부 · T. (02)766-7912 F. (02)766-8934 e-mail: jeyoung@chol.com
제작 예영 B&P · T. (02)2249-2506~7 F · (02)2249-2580 e-mail:yeyoungbnp@hanmail.net
인쇄 삼덕정판 · T. (02)465-4598

copyright© 2007, 김해영

ISBN 978-89-8350-437-1 (03230)

값 10,000원

주님이 하십니다

김 해 영 지음

예영커뮤니케이션

차례

2부_ 너희 구원을 이루라 103

주님이
하십니다

주님은 십자가 위에서 인류를 향한 위대한 선포를 하셨다.

"다 이루었다!"(요 19:30).

과거, 현재, 미래의 죄까지 다 사하시고 하나님의 구속의 경륜을 다 이루셨다. 이렇게 말씀하시는 주님은 사랑하는 자녀들에게 내게로 와서 쉬라고 하신다. 염려하지 말라고 하신다. 두려워하지 말라고 하신다. 생명과 풍성함을 누리라고 하신다.

그런데도 쉬지 못하고 무거운 짐을 지며 살아가는 그리스도인들이 많은 것은 무슨 이유일까? 부요하신 아버지를 모시고 살면서도 재정적 문제가 풀리지 않고 염려와 근심이 좀처럼 사라지지 않는가. 금식을 하고, 철야를 하고, 산 기도를 하고, 전도를 해도 부흥이 안 된다. 그렇게 말씀을 연구하고 수 년 수십 년을 설교해도 성도들이 변호되지 않는다. 그 이유가 무엇일까?

반대로 교회는 부흥하고, 건축도 하고, 살만한데도 내 영혼은 끊임없이 곤고하기만 하다. 주님을 사랑하는 내 안에 탐욕과 음란한 마음이 뱀의 혀처럼 들락거리고 혈기와 미운 감정도 사라지지 않는다. 조금만 성취해도 마치 내가 한 것처럼 교만한 마음이 수그러들지를 않는다. 세월은 흐르고, 세상은 달라지고, 모든 것이 변한 것 같은데 정작 나 자신은 달라진 것이 없다. 성경도 읽고, 책도 많이 읽은 것 같은데, 여전히 내 영은 어린 아이 같고, 위선과 거짓, 그리고 경건의 모양(딤후 3:5)으로 치장된 교만한 자신만 볼 뿐이다. 그 이유가 무엇일까?

내가 하기 때문이다. 다 이루신 주님의 풍요한 역사는 자기 죽음을 선언하고 주님으로 사는 자들만이 누리는 특권이요 은혜이다. 진정 자기 죽음이란 과정을 통과하지 않고는 어떤 문제의 해결도 변화도 기대할 수 없다.

사도 바울은 다메섹 도상에서 주님을 만난 후 획기적인 변화를 체험하였다. 그러나 그런 그 자신도 내면의 갈등은 여전히 계속되었다. 옛사람의 자기가 살아 있는 동안에는 자기가 하려는 열심이 오히려 갈등을 일으켰고, 선한 자아가 주님과 원수가 된다는 것을 깨달았다. 항상 선을 행하기를 원했지만 그 선한 자아는 자기 안에 일어나는 죄를 이길 수 없었다. 거기서 그는 자신의 죽음을 선언하고(갈 2:20) 자신 안에 있는 생명의 성령의 법이신 주님을 인격적으로 만나게 되었다. 그리고 비로소 달라질 수 있었다(롬 8:2).

첫 번째가 다메섹 도상(途上)에서 부활의 주님과의 만남이었다면, 두 번째는 '자신 안'에서 생명의 실체이신 주님과의 만남이었다. 이것이 제2의 다메섹 경험이었다. 참 변화를 기대하는 모든 그리스도인들에게 필요한 것이 바로 제2의 다메섹 경험, 즉 내 안에서 주님과의 만남이다.

안타까운 것은 아직도 수많은 목회자, 성도들이 밖으로부터 주님의 은혜를 받으려고 애를 쓴다는 것이다. 수많은 부흥집회, 은사집회, 치

주님이
하십니다

유집회, 교육세미나 등 어느 곳이나 주님의 은혜와 도움이 없는 곳은 없다. 그러나 밖으로의 지나친 의존은 오히려 우리 신앙을 더 피곤하고 불확실하게 할 수 있다는 것을 알아야 한다. 자기 안에서 길어내지 않는 샘물은 곧 마르고 바닥이 난다. 많이 아는 것도 좋지만 거꾸로 돌아가서는 안 된다. 자기 안에서 생명의 실체이신 주님을 단나는 제2의 다메섹을 체험하지 못한다면 어느 유명 집회를 참석해도 진정한 변화를 기대하기 어렵다.

목회자가 스스로 확실한 것을 잡지 못한다면 성도들의 실상은 말할 필요도 없다. 열정적인 몇 사람을 제외하고는 겨우 주일 성수에 의존할 수밖에 없다. 그러한 열정의 사람들도 시간이 지나면 심신이 지치고 일상적인 삶에 안주하게 된다. 교회는 더욱 많은 프로그램을 작동시켜 이런 성도들의 이탈을 막고 열정을 불러일으키려 하지만 그것도 한계가 있다. 이를 극복하고자 교회의 목회자들은 끊임없이 연구 발전의 노력을 해야 하고 또 다시 피곤이 누적된다. 이러한 삶이 잘못되었다는 것이 아니다. 그 열정적 삶의 방향이 무엇이며 원동력이 무엇인가 하는 것이다. 주님은 분명 "내 멍에는 쉽고 가볍다."고 말씀하셨다. 그의 계명들은 무거운 것이 아니라고 하셨다(요일 5:3). 우리는 신앙의 열정보다 더 중요한 것이 있다는 것을 잊어서는 안 된다.

왜 또 다시 힘들고 먼 길로 돌아가려 하는가? 사도 바울이 두 번째 만났던 그 분은 생명의 빛이신 말씀으로 우리 안에 계신다. 주님은 유대인이나 헬라인이나 저를 부르는 모든 자에게 차별 없이 부요하신 분이시다(롬 10:12). 우리는 이 주님을 내 안에서 만나야 하고 주님으로 살아야 한다. 그 분으로부터 모든 것이 나와야 한다. 그러면 죄와 사망의 법에서 해방을 누리고(롬 8:1-2), 전보다 더 많은 수고를 해도 피곤치 않으며, 매여도 자유를 누리며 살 수 있다. 또한 더 많은 열매를 맺고 모든 영광 주님께 돌리는 삶을 살 수 있다.

"나의 나 된 것은 하나님의 은혜입니다!"

"모든 것을 주님이 하셨습니다!"

그리고 바울처럼 우리도 힘차게 최후의 승리를 고백할 수 있다.

> 이제 후로는 나를 위하여 의의 면류관이 예비되었으므로 주 곧 의로우신 재판장이 그 날에 내게 주실 것이며 내게만 아니라 주의 나타나심을 사모하는 모든 자에게도니라(딤후 4:8).

기나긴 갈등을 끝내기를 원하는가? 자유한 신앙을 누리며 주님께 영광 돌리는 삶을 살기를 원하는가? 주님으로부터 승리의 면류관을 받기를 원하는가? 내가 죽고 주님으로 살면 된다. 주님으로 살면 가난과 부, 실패와 성공의 구별이 없다. 항상 부요하고, 항상 성공하고, 항상 형통한 인생을 살게 된다. 그렇지 않고 계속 내가 하려 한다면 아무리 애를 쓰고 수고한다 할지라도 칭찬과 면류관을 기대할 수 없다. 내가 하는 모든 기도, 설교, 전도, 능력 행함, 봉사, 노력도 다 마찬가지이다. 주님으로[1] 하지 않으면 수준 미달이다. 그 날에 이르러 주님 앞에서 "주여, 주여 우리가 주의 이름으로 선지자 노릇하며 주의 이름으로 귀신을 쫓아내며 주의 이름으로 많은 권능을 행치 아니 하였나이까?" 하지만, 주님으로부터 '불법자요 위선자'라는 낙인이 찍히는 데서 벗어날 수 없을 것이다. "내가 너희를 도무지 알지 못하니 불법을 행하는 자들아 내게서 떠나가라." 하신다면 이 준엄한 주의 음성을 어떻게 피하겠는가?

주님이
하십니다

그러나 주님으로 살면 우리는 주님이 하시는 일도 하고, 더 큰 일도 할 수 있다(요 14:12). 그리고 아무 한 일도 없는 것 같은데 주님으로부터 "잘하였도다 착하고 충성된 종아"라는 칭찬을 받게 된다.

참 신앙은 과거보다 더 나은 진보 또는 발전으로 가는 개혁이 아니다. 내가 죽고 내 안에 주님이 사시고, 나를 내려놓고 주님이 행하시는 혁명이다. 어쩌면 지금 나는 돌이켜 지난날의 허물을 후회하고, 현실의 아픔을 꼭꼭 씹으며, 가장 큰 절망과 좌절을 체험하고 있을 수도 있다. 그러나 이때야말로 주 안에서 희망의 때이다. 왜냐하면 여기서 철저한 자기 죽음이 이루어지고 제2의 다메섹을 경험할 수 있기 때문이다. 내가 죽으면 반드시 주님이 사신다. 나를 내려놓으면 반드시 주님이 하신다. 주님이 하신다는 것을 받아들인다면 나는 자유다. 내 안에 창조역사가 일어나고, 생명 역사가 일어나고, 기적이 일어난다. 부흥이 일어난다. 삶이 달라진다. 주님이 하시는 것이 최선의 길이다.

한 소년이 자신이 들기에는 너무 큰 돌을 들어 옮기려고 무척 애쓰고 있었다. 그는 돌을 들어 옮기기 위해 여러 가지 방법을 시도하는 동안 씩씩거리며 많은 땀을 흘렸다. 그러나 그의 모든 노력에도 불구하고 그 돌은 조금도 움직이지 않았다. 그의 아버지가 다가와서는 아들이 애쓰는 것을 바라보며 힘드냐고 물어보았다. 그 소년은 말했다. "네. 모든 방법을 다 써 봤는데, 꼼짝도 안 해요." 그러자 아버지가 물었다. "너 정말 네가 할 수 있는 모든 방법을 다 써 봤니?" 그 소년은 낙심되고 지친 표정으로 불평하듯 말했다. "네!" 그러자 그 아버지는 가까이 다가와서는 부드럽게 말했다. "아니, 너는 한 가지 방법을 쓰지 않았어. 너는 나의 도움을 구하지 않았잖니."

우리 자신의 수고와 진심을 주님은 칭찬하신다. 그러나 우리가 할 수 있는 최선은 주님이 하시도록 하는 것이다. 그래야 한계를 뛰어넘어 하나님의 뜻을 이룰 수 있다.

주님은 하나님 나라를 통치하시는 왕이시다. 주님은 왕으로 사랑의 나라를 통치하시기 위해 우리 가운데 오셨다. 2,007년 전 예수님이 다윗의 자손 영원한 왕으로 이 땅에 오셨을 때, 동방에서 박사들은 별을 보고 유대인의 왕으로 나신 이를 찾아 경배하기 위해서 예루살렘으로 왔다. 그때 유대 땅에 이 예수님을 왕으로 경배한 지도자들이 없었다. 예수님은 왕이셨지만 섬기는 종이셨고, 멸시와 천대를 받으셨고, 인생을 위해 죄인으로 십자가에 달려 죽으셨다. 이 예수님은 부활하여 사망 권세를 파하시고 제자들이 보는 가운데 승천하셨다. 그리고 한 가지 약속을 남기셨다. 마지막 때에 주님이 왕권을 가지고 오는 것을 볼 자들이 있다는 것이다.

> 여기 서 있는 사람 중에 죽기 전에 인자가 그 왕권을 가지고 오는 것을 볼 자들도 있느니라(마 16:28).

지금이 바로 그 때다. 내가 주인의 자리에서 내려오고 내 안에 예수님이 왕권을 행사하시는 주(主)가 되셔야 한다. 마지막 추수 때에 주님은 자신의 종들에게 왕권을 나타내시며 구원 역사를 이루신다. 그리고 이 일이 끝나면 만유를 심판하시기 위해서 천사장의 호령과 나팔 소리와 함께 구름을 타고 만왕의 왕으로 오실 것이다.

왕이신 주님 앞에 다 내려놓자. 내가 왕 노릇하려던 교회도 내려놓

주님이
하십니다

고, 내 소유인 듯 여긴 성도들을 내려놓고, 내 욕심으로 하려던 사역과 은사들을 내려놓자. 이렇게 고백하자.

"이제부터 왕이신 주님이 하십니다!"

그러면 주님이 통치하시는 살아 있는 역사를 보게 될 것이다. 주님이 하시면 더 잘된다. 복음이 전파되는 곳에 회개의 역사가 일어나고, 기적이 나타나고, 죽은 자가 살아나고, 병든 자가 일어나고, 하나님 나라가 확장된다. 이런 역사를 이미 체험한 사람들의 공통된 고백들을 들어보라. 모두가 이구동성으로 체험의 결과를 말한다.

"주님(하나님)이 하셨습니다!"

"주님이 당회장이십니다. 주님이 총장이십니다. 주님이 우리 회사의 경영주이십니다."

여기에 있는 모든 말씀들은 감동 속에 주님으로부터 받은 말씀들을 기록한 것이다. 주님이 하시기를 사모하며 받은 은혜들이다. 나는 껍데기일 뿐이다. 주님이 하셨다.

앞으로 제2막의 목회가 시작된다. '주님이 하신다.' 즉 네 하나님이 통치하신다(사 52:7)는 복음을 세상에 전하는 것이다. 그리하여 말씀이 선포되는 가운데 생명과 한없는 하나님의 사랑이 부은 바 되고, 구원과 변화와 치유가 일어나고, 새로운 차원의 부흥이 모든 교회에 일어나는 것을 보는 것이다. 이 목회 현장의 주인은 주님이시고 우리는 모두 섬기는 종들이다. 이 곳에는 탐욕도, 교만도, 경쟁도, 다툼도 없다. 모두가 주 안에서 하나이며 주님의 한 백성들이다. 왕이신 즈님만이 홀로 영광 받으시고 우리는 영광을 돌리는 자가 된다.

이 책을 읽는 이들마다 전과 다른 진정한 삶의 변화와 믿음의 열매가 맺혀지기를 소망한다. "주님이 하십니다."라는 고백이 이루어지는 도처에서 주님이 하시는 놀라운 일들을 보기를 간절히 기도한다. 주님이 하시는 일들을 본다는 것은 참으로 흥분되고 기대되는 일이다. 사랑하는 이들과 함께 이 하나님의 비전을 흔들림 없이 나누기를 바라며 이 책을 주님께 바친다. 주님께 영광!

주님이
하십니다

1부
신앙의 현주소

1
신앙의 현주소

오호라 나는 곤고한 사람이로다 이 사망의 몸에서 누가 나를 건져내랴(롬 7:24).

마음은 원이지만 육신이 약한 것이 '나'이다.
속사람은 하나님의 법을 사모하지만
겉사람은 죄에 사로잡히는 자가 '나'이다.
조금만 힘들어도 절망하고, 의심하고, 속에서 혈기가
일어나는 것이 '나'이다. 작은 문제를 보아도 불신이 되고
부정적이 되는 것이 '나'이다.
내가 주인이 되면 우리는 신앙생활을 바르게 할 수 없다.
하나님의 일은 육신의 내가 할 수 있는 것이 아니다.
신앙의 모든 문제는 하나님의 일을 내가 하려 하기 때문에
생기는 것이다. 내가 하면 결국 절망하게 된다.
우리는 속히 '나'라는 신앙의 현주소의 실상을
깨달아야 한다. '나'는 안 된다는 것을 알아야 한다.

만일 우리가 세상에서 열심히 신앙생활 했다고 생각하고 어느 날 주님 보좌 앞에 섰는데, 주님으로부터 "난 너를 알지 못한다."[2]는 소리를 듣는다면 어떻게 할까? 또, 나는 주님을 위해서 많은 수고를 했으며 상급이 크리라 생각하였는데, "너는 세상에서 상급을 다 받지 않았느냐?"

고 하신다면 어떻게 할까? 내가 신앙생활을 잘했는가, 못했는가를 정하는 분은 내가 아니고 하나님이시다. 우리는 이 세상을 살면서 많은 실수와 실패를 하고 좌절과 절망을 하는 허물투성이인 모습을 보일 수 있다. 그리고 주님으로부터 혹은 주변의 많은 사람들로부터 책망을 들을 수 있다. 그래도 심판하는 그 자리에서 주님으로부터 책망 듣는 것보다는 낫다. 주님 보좌 앞에서 당혹스러운 책망의 소리를 듣지 않기 위해서, 우리는 현 세상을 사는 동안 날마다 나의 신앙의 현주소가 어디인가 살펴봐야 한다. 내가 신앙의 주인이 되어서는 아무것도 할 수 없다는 것을 깨달아야 한다. 빠를수록 희망적이다.

신앙의 현주소

바리새인들은 스스로 신앙생활을 잘 하고 있으며 하나님을 잘 섬긴다고 생각하였다.[3] 그들은 꼬박꼬박 금식을 하고 십일조를 정확하게 드렸다. 그리고 거룩한 기도를 드리며 나름대로 감사도 잘했다. 영생을 얻을 것을 기대하며 성경을 상고하기도 하였다(요 5:39). 그러나 주님은 이들을 가리켜 '율법의 더 중한 바 의와 인과 신은 버린 자'(마 23:23)요 '입술로는 나를 존경하되 마음은 내게서 먼 자'라고 책망하셨다(막 7:6).

제자들의 경우는 바리새인들과 달리 순수하였고, 순종을 잘하였다. 3년 반 동안 제자 훈련도 착실하게 받았다. 죽는 데까지라도 주님을 따라가겠다고 결단도 하였다. 그러나 이런 제자들은 나중에 아주 실망스러운 모습을 보였다. 주님이 십자가를 지시기 위해 겟세마네 동산에서 땀 흘려 기도하시는 중에도 이들은 예외 없이 모두가 졸았다. 그 중에

주님이
하십니다

서 유다는 주님을 부인하여 은 삼십 냥에 팔아버렸고, 베드로는 계집종 앞에서 세 번이나 주를 부인하였다. 그리고 십자가 사건 앞에서 모든 제자들은 주님을 남겨두고 도망을 하였다. 이것이 그물과 배와 부친을 버리고까지 주님을 따랐던 열두 제자들의 신앙의 현주소였다.

사도행전으로 가면 사울이라는 청년이 나온다. 그 역시 하나님을 향한 열심이 대단한 사람이었다.[4] 육체적으로 신뢰할 만한 자였으며 율법의 의로는 흠이 없는 자였다.[5] 그런데 예수님은 이처럼 하나님께 열심이었다는 그를 보고 '핍박 자' 라 하셨으며(행 26:14) 자기 스스르도 결국은 '죄인 중에 괴수'[6] 라고 고백하였다. '핍박 자', '죄인 중에 괴수' 가 바로 열심히 하나님을 섬긴다고 생각하였던 사울이라는 청년의 신앙의 현주소였다.

구약의 인물들도 마찬가지이다. 구약 성경을 읽다 보면 노아, 아브라함, 모세, 다윗, 요나, 욥 등 기라성 같은 의인들을 만난다. 그러나 자신의 의로 구원을 받을 수 있는 사람은 아무도 없었다. 모세는 스스로 민족을 사랑하는 지도자라 하였지만 살인을 하였고, 다윗은 하나님으로부터 '마음에 합한 자' 라고 인정을 받은 자였지만 간음자요 살인자였다. 요나는 '하나님을 경외하는 자' 라고 하였지만 자기 생각대로 다시스로 향했고, 욥은 당대의 의로운 사람으로 인정을 받았지만 하나님 앞에서 결국 회개하지 않으면 안 되는 의로운 죄인[7]으로 판명되었다.

이러한 절망과 탄식은 훗날 사울이란 청년이 예수님을 만나 바울로 변화된 후에도 일어났다. 그 역시 새 사람으로 살며 선을 행하기 원했지만 자신 안에 악이 함께 하고 있는 것을 깨닫고 고민했다.

그러므로 내가 한 법을 깨달았노니 곧 선을 행하기 원하는 나에게

> 악이 함께 있는 것이로다 내 속사람으로는 하나님의 법을 즐거워
> 하되 내 지체 속에서 한 다른 법이 내 마음의 법과 싸워 내 지체 속
> 에 있는 죄의 법 아래로 나를 사로잡아 오는 것을 보는도다 오호라
> 나는 곤고한 사람이로다 이 사망의 몸에서 누가 나를 건져내랴(롬
> 7:21-24).

이러한 고민과 갈등이 의인들이라는 사람들의 신앙의 현주소였다. 로마서에서 주님은 바울의 입을 빌려 세상에 의인은 없나니 하나도 없다고 하셨다(롬 3:10).

그렇다면 우리같이 연약한 사람은 어떠하겠는가? 아무리 하나님을 믿는다고 해도 하는 일마다 잘 안 되고, 내면의 변화도 잘 안 일어나니 말이다. 말 한마디도 바꾸기가 힘들다. 용서하는 것도 쉽지 않고 혈기와 감정도 극복하지 못한다. 믿어도 잘 안 되니 절망이다.

그러나 주님은 바로 이러한 절망의 때가 우리 자신의 신앙의 현주소를 바라볼 때라고 하신다. 잘 안 되고 있는 그 신앙의 현주소의 주인이 누구인가 보라고 하신다. '나'인가 아니면 '주님'이신가 하는 것이다. 고통하며 갈등하는 신앙의 현주소의 문패를 보면 '나'라는 자신이 버젓이 주인이 되어 있다. 주님을 인정하지도 않고 맡기지도 못하고 스스로 고민하며 힘들어하는 '나 ○○○'라는 사람이 있다는 것이다. 마음은 원이지만 육신이 약한 것이 '나'[8]이다. 속사람은 하나님의 법을 사모하지만 겉사람은 죄에 사로잡히는 자[9]가 '나'이다. "오호라 나는 곤고한 자로라. 이 사망의 몸에서 누가 나를 건져내랴?" 이렇게 고백하는 것이 '나'이다. 조금만 힘들어도 절망하고, 의심하고, 속에서 혈기가 일어나는 것이 '나'이다. 작은 문제를 보아도 불신이 되고 부정적이 되는 것이 '나'이다. 내가 주인이 되면 우리는 신앙생활을 바르게 할 수 없다. 하

주님이
하십니다

나님의 일은 육신의 내가 할 수 있는 것이 아니다. 주님은 로마서 8장 7-8절에서 말씀하신다.

> 육신의 생각은 하나님과 원수가 되나니 이는 하나님의 법에 굴복
> 하지 아니할 뿐 아니라 할 수도 없음이라 육신에 있는 자들은 하나
> 님을 기쁘시게 할 수 없느니라(롬 8:7-8).

결국 신앙생활을 내가 해 나가게 되면 문제가 계속 발생된다. 주님 앞에서 칭찬받는 것이 아니라 잘하고도 도리어 '불법자'[10]라는 책망을 받게 된다. 신앙생활은 내가 잘하고 못하는 것의 문제가 아니다. 하나님 앞에 임의로 하는 불법이 더 큰 문제이다. 이러한 신앙의 현주소로는 주님 보좌 앞에 설 수 없다. 신앙의 근본이 달라져야 한다.

나는 오랫동안 신앙생활을 하면서 의롭다는 생각을 많이 했었다. 12년 개근의 성실한 생활 경력에다 20년 이상 캠퍼스 복음사역에 헌신하는 등 최선을 다했다고 생각했다. 그러나 사실은 모세(하나님)의 자리에 앉아서 자신의 의로 남을 판단하고 정죄하기를 잘한 자였다. 주님은 이런 나를 가리켜 "불법을 행한 자 김해영! 나는 너를 모른다. 너는 네 마음대로 다 했다."고 하신다. 내 육신의 생각 하나 처리하지 못하고, 감정과 혈기 하나 처리하지 못하고, 양들을 맡았으나 하나님의 뜻대로 섬기지 못한 나는 칭찬받을 존재가 아니라 불법을 행한 자로서 지옥에 떨어질 자였다. 죄인 중에 괴수가 바리새인이나 다른 사람이 아닌 바로 나 자신이었다. 이러한 김해영이라는 신앙의 현주소를 가지고는 주님의 칭찬과 인정을 기대할 수 없다.

자기 문패를 떼지 않으면 어떤 큰 일을 해도 결과적인 수치와 멸시를 피할 수 없다. 이런 자신을 생각하면 절망이 되려 하지만, 그래도 희망을 가질 수 있는 것은 바울 역시 이런 깊은 고민과 갈등의 과정을 거쳤다는 것이다.

신앙의 새 주소

그러므로 우리는 오히려 현실에서의 이런 갈등과 처절한 절망을 통해 새 주소로 이사를 갈 수 있는 것을 감사해야 한다. 사도 바울도 이러한 신앙의 갈등을 거친 후 완전히 달라졌으며, 그렇게 곤고함을 호소하던 그가 자유와 해방[11]을 선포하게 되었다. 그리고 주님을 위해 충성스런 삶을 살다가 마지막 이런 멋진 고백을 하였다.

> 이제 후로는 나를 위하여 의의 면류관이 예비되었으므로 주 곧 의로우신 재판장이 그 날에 내게 주실 것이며 내게만 아니라 주의 나타나심을 사모하는 모든 자에게도니라(딤후 4:8).

그가 이렇게 온전한 사람으로 달라질 수 있었던 비밀이 무엇이었던가? 바로 자기 죽음을 선언하고 철저히 주님으로 산 것이다. 갈라디아서 2장 20절에서 그는 이렇게 고백을 했다.

> 내가 그리스도와 함께 십자가에 못 박혔나니 그런즉 이제는 내가 사는 것이 아니요 오직 내 안에 그리스도께서 사신 것이라 이제 내

주님이
하십니다

가 육체 가운데 사는 것은 나를 사랑하사 나를 위하여 자기 자신을
버리신 하나님의 아들을 믿는 믿음 안에서 사는 것이라(갈 2:20).

또한 고린도전서 15장 9-10절로 이렇게 고백을 했다.

나는 사도 중에 가장 작은 자라 나는 하나님의 교회를 박해하였으
므로 사도라 칭함 받기를 감당치 못할 자니라 그러나 내가 나 된 것
은 하나님의 은혜로 된 것이니 내게 주신 그의 은혜가 헛되지 아니
하여 내가 모든 사도보다 더 많이 수고하였으나 내가 한 것이 아니
요 오직 나와 함께 하신 하나님의 은혜로라(고전 15:9-10).

이런 바울의 고백을 보면 신앙의 중심이 자신에게서 철저히 그리스
도로 바뀌었다는 것을 알 수 있다. 실제적인 자신의 수고마저 부정하고
있다. 모든 수고의 공을 오직 주님(하나님)께 돌리고 있다. 내가 아니라
내 안에 그리스도가 사신다는 것, 내가 아니라 하나님의 은혜라는 것이
그의 신앙 고백과 간증의 핵심이다.

신앙의 새 주소 '그리스도!' 신앙 승리의 비결이 바로 여기에 있다.
내가 아니라 내 안에 예수님이 사시고, 예수님이 기도하고, 예수님이
전도하고, 예수님이 말씀을 선포하시는 것이다. 내 삶의 주인이 내가
아니라 예수님이 되시면 모든 것이 새로워진다. 예수님이 하시면 모든
것을 다 할 수 있다.[12] 예수님이 하시면 모든 율법도 지킬 수 있다. 예수
님이 하시면 모든 사람을 사랑할 수 있다. 예수님이 하시면 바리새인의
의보다 더 나을 수 있다. 절망도, 좌절도, 불가능도 없다. 죄악된 세상
을 통과하여 주님 보좌 앞까지 갈 수 있다. 주님은 잠언 3장 6절로 말씀

하신다.

"너는 범사에 그를 인정하라 그리하면 네 길을 지도하시리라."

그렇다. 신앙(信仰)생활의 모든 문제는 하나님의 일을 내가 하려고 하기 때문에 생기는 것이다. 내가 하면 결국 절망하게 된다. 나는 연약한 존재다. 실수를 잘 하는 존재이다. 말에 허물이 많은 존재이다. 이런 내가 하나님의 일을 할 수 없다. 육은 육일 뿐이다(요 3:6). 하나님의 일은 하나님의 영만이 할 수 있다. 우리는 속히 '나는 안 된다' 는 '나' 라는 신앙의 현주소의 실상을 깨달아야 한다.

문패를 바꿔 달아야 한다. 나 ○○○가 아니라 '예수님'이 되어야 한다. 주님은 우리와 비교할 수 없는 분이시다. 주님의 길, 주님의 지혜, 주님의 능력 모든 것이 우리와 다르다.[13] 능치 못함이 없으신 분이시다. 세상에 있는 이보다 더 크신 분이시다(요일 4:4). 그 지혜와 지식은 측량할 수 없을 정도로 부요하고 깊으시다.[14] 실수가 없으시다. 이러한 주님이 하셔야 목회도 잘 된다. 이 주님이 하셔야 자녀들도 바르게 성장한다. 이 주님이 하셔야 사업도 잘 된다. 주님이 하셔야 막힌 길도 뚫리고 창조 역사도 일어난다.

이제 내가 하려는 것을 내려놓자. 신앙의 새 주소를 예수님으로 바꾸자. 그리고 주님의 문으로 들어가자. 주님이 내 안에서 하시는 것을 보자. 내가 하려고 했던 것과 비교할 수 없는 변화와 승리를 체험하게 될 것이다. 나는 예수님이 인정하시는 신앙인이 되고 모든 영광을 하나님께 돌리게 될 것이다. 아멘.

주님이
하십니다

우리의 고백

이제는 내가 살지 않습니다. 주님이 사십니다.

이제는 내가 하지 않습니다. 주님이 하십니다.

내 인생의 주인은 주님이십니다.

주님이 하시면 잘 하십니다.

"아멘." 주님께 영광!

2
주님이 하십니다

너희 안에서 행하시는 이는 하나님이시니 자기의 기쁘신 뜻을 위하여 너희에게 소원을 두고 행하게 하시나니(빌 2:13).

신앙생활은 내가 하는 것이 아니다.

사람의 힘으로 능으로 하는 것이 아니다.

내 안에 주님(그리스도의 영)이 하시는 것이다.

그리스도의 영이 내 안에서 하나님의 말씀을 이루시며

신앙생활을 하시는 것이다.

… 이 사실을 깊이 깨닫는 것은 혁명적인 일이다.

우리의 열심과 비교할 수 없는 차원의 역사가 일어나는 것을

보게 될 것이다.

… 그러므로 이제는 내가 무엇을 한다고 생각하지 말자.

주님이 하신다는 것을 인정하고 맡기자.

먹고 마시는 것도, 자녀를 양육하는 것도, 양을 치는 것도,

교회를 세우는 것도, 성도들을 목양하는 것도 주님이 하신다.

주님이 하시면 이제부터 우리는 자유다.

염려, 근심, 두려움, 눌림 이 모든 것으로부터 자유다.

전에 나는 이런 고백을 많이 하였다. "열심히 하겠습니다." "죽도록 충성하겠습니다." 그러나 요즘은 이렇게 고백한다. "나는 할 수 없습니

다.""내가 아니라 주님이십니다. 주님이 하십니다."

20년 이상 목회를 한 후 어느 날 나는 내가 그동안 무엇을 했는가 하는 생각이 들었다. 그리고 곧 이런 결론을 내렸다. "내가 한 것이 아무 것도 없다. 많이 한 줄 알았는데 한 것이 없고, 많이 심은 줄 생각하였는데 열매가 없고, 많이 성장한 줄 알았는데 달라진 것이 없다." 이것이 주님 편에서 본 내 신앙의 경력이었다. 내가 무엇을 그렇게 많이 했다고 잘난 척을 하고, 교만하고, 경건의 모양내기를 좋아하였는지……. 하나님이 하신 일을 마치 자기가 잘한 줄로 착각한 것이 나라는 존재였다. 그러다 조금만 일이 잘 안 되면 사람 탓, 환경 탓, 하나님 탓을 하는 것 역시 나라는 존재였다. 겉으로는 경건한 것 같지만 사소한 감정도 이기지 못하고 혈기를 내는 것이 나라는 존재였다. 작은 실수 하나도 용서 못하고 자기 이웃 하나도 사랑 못하는 것이 나라는 존재였다. 정욕도 이기지 못하며 쉽게 옛 사람으로 돌아가 절망하는 것이 나라는 존재였다.

내가 신앙생활 하면 잘해도 실패고 못해도 실패다. 과거 율법 시대에 기라성 같은 위인들이 다 실패하였다. 아브라함도 실패하였고, 모세도 실패하였고, 다윗도 실패하였다. 베드로도 실패하였다. 하나님이 율법을 주셨지만 아무도 자기 의로 율법을 지키지 못했다. 불완전한 인간은 온전한 율법을 지킬 수 없었다.

한 가지 계획

그래서 하나님은 연약한 인간이 율법을 지킬 수 있는 한 가지 방법을 계획하셨다. 그것은 예수님으로 하여금 우리의 모든 죄를 담당하게 하실 뿐 아니라, 직접 우리 안에 오셔서 과거에 실패하였던 율법을 이루시도록 하는 것이다.[15] 그리하여 우리로 하여금 하나님의 약속하신 모든 축복을 누리며 살도록 하는 것이다. 얼마나 놀라운 은혜인가!

그 축복, 그 은혜를 마음껏 누리며 살고 있는가? 예수를 믿는 사람들이 힘들어하고, 걱정 근심하며 사는 이유가 무엇인가? 믿으면서 염려하고, 믿으면서도 싸우고, 다투고, 분열하며 사는 이유는 믿는다고 하면서도 다 '내' 가 하려 하고, 다 '내' 가 책임지려 하기 때문이다.

한번은 사모가 정신지체 3급인 아들 누가(2007, 기능대학 졸)로 인해서 걱정을 하였다. "자기 앞가림도 잘 못하는 이 아들을 어떻게 양육할 것인가? 앞으로 어떻게 될 것인가?" 인생의 짐이 참으로 무겁게 느껴졌다. 개혁의 급물살에 성도들은 자유를 찾아 흩어졌고, 돈이라도 많이 모아 놓았으면 하는데 모은 돈도 없고… 그 때 주님의 음성이 들렸다. "누가가 네 아들이냐? 내 아들이지. 네가 기르냐? 내가 기르지." 이 주님의 음성을 듣는 순간 염려가 사라지고 평안이 왔다. 주님이 하신다는 그 한 말씀이 어찌 그리 힘이 되는지! 내 모든 능력과 태산같은 돈을 모아도 그같은 위안은 얻을 수 없을 것이다. 주님은 말씀대로 그 어려운 기간 세 아이들 대학졸업을 시켜 주셨고, 취업도 시켜 주셨고, 개인적으로 『주님이 하십니다』, 『다윗의 열쇠』, 『행복 방정식』을 쓰게 하셨다.

그렇다. 주님이 하시면 염려할 것이 없다. 주님이 하시면 주님이 책임지신다. 주님이 하시면 성장도 하고, 주님이 하시면 열매도 맺게 되고, 주님이 하시면 모든 것이 잘 되게 되어 있다. 내일을 염려할 필요가 없다. 주님이 하신다는 믿음을 가지면 인생의 무거운 짐에서 자유다.

지금도 지난 날 무지하였던 자신의 신앙생활을 돌아보면 하나님 앞

주님이
하십니다

에 부끄럽기만 하다. 하나님의 말씀을 가르치고 목양을 한다고 하면서 얼마나 내가 많이 하였는지 모른다. 말로는 주님이 하신다고 하면서 사실은 내가 다 하였다. 하나님의 말씀을 가르친다고 하면서 내 입으로 많은 부정적인 말, 불신의 말을 하여 양들에게 상처를 주었다. 혈기와 감정을 드러내기를 잘했다. 주의 일을 해 놓고 내가 영광을 취하기를 잘했다. 주님이 하셨다면 그렇게 하지 않으셨을 것이다. 원인은 다 나 때문이었다.

만일 지금 그리스도인으로 믿음 생활을 하면서도 화가 나고, 두려워하고, 염려하고, 근심하고 있다면 내가 하고 있기 때문이다. 지금, 누군가를 미워하고 용서하지 못하고 있다면 그것도 내가 하고 있기 때문이다. 항상 기뻐하고, 쉬지 않고 기도하고, 범사에 감사하는 삶을 살지 못하고 있는 것도 내가 하기 때문이다. 신앙생활을 오래 했지만 열매가 없는 것도 다 나 때문이다. 은혜의 시대에 살면서 여전히 율법의 무거운 짐을 벗지 못하고 있는 것도 다 나 때문이다. 문제는 나 자신이다. 내가 하면, 열심히 할수록 오히려 의문과 갈등만 일어난다. "왜 그럴까?"

이성적인 눈으로 보면 성경은 우리 자신에게 법을 지키라고 하는 것처럼 들린다. 내가 사랑을 하고, 내가 복음을 전하고, 내가 양을 먹이고, 내가 제자를 양육하고, 내가 세계 선교를 하고, 내가 봉사를 하고, 내가 기도를 하고, 내가 모든 일을 해야 하는 것처럼 들린다. 이는 거꾸로 듣고 거꾸로 신앙생활을 하는 것이다.

신앙생활은 내가 하는 것이 아니다. 내 안에 주님(그리스도의 영)이 하시는 것이다.[16] 그리스도의 영이 내 안에서 하나님의 말씀을 이루시며 내 안에 소원을 두고 행하시는 것이다. 빌립보서 2장 13절로 주님이 말씀하신다.

> 너희 안에서 행하시는 이는 하나님이시니 자기의 기쁘신 뜻을 위
> 하여 너희에게 소원을 두고 행하게 하시나니(빌 2:13).

또한 에스겔 36장 27절로 주님이 말씀하신다.

> 또 새 영을 너희 속에 두고 새 마음을 너희에게 주되 너희 육신에서
> 굳은 마음을 제거하고 부드러운 마음을 줄 것이며 또 내 영을 너희
> 속에 두어 너희로 내 율례를 행하게 하리니 너희가 내 규례를 지켜
> 행할지라(겔 36:26-27).

이 말씀을 깊이 깨닫고 주님이 하시는 일들을 보면, 이제 과거에 나로 인해 가졌던 갈등과 고민은 더 이상 하지 않게 된다. 대신 모든 신앙생활이 주님으로 시작되는, 새로운 차원의 영적 세계가 열리는 것을 보게 될 것이다.

주님이 하시는 일들

양치는 일을 주님이 하신다. 주님은 베드로에게 "네가 나를 사랑하느냐 내 양을 먹이라"고 하셨다. 주님을 사랑하는 사람들이라면 이 말씀을 명심하고 또 명심하여 전도와 양육에 힘을 쓸 것이다. 그러나 실상 인간 목자 안에는 어린 양을 먹일 생명의 꼴도 없고, 영혼을 사랑할

수 있는 진정한 사랑도 없다. 인간 목자가 양을 먹이고 친다는 것은 불가능한 일이다.

구약 성경을 보면 하나님이 인간 목자인 이스라엘 지도자들에게 양들을 맡겼더니 살진 양을 잡아 고기와 기름을 먹고 털은 입되 양의 무리는 먹이지 않았다고 하였다. 이스라엘의 지도자들은 목자가 되는데 실패를 하였다. 그들은 자기 배만 채웠다. 그래서 하나님은 친히 목자가 되어[17] 자기 양을 먹일 것을 계획하셨다.

주님이 베드로에게 양을 먹이라고 하신 것도 스스로 먹이라는 것이 아니다. 예수님께서 베드로를 통해서 직접 먹이시겠다는 것이다. 십자가 앞에서 두려워 계집 종 앞에서 세 번이나 주님을 부인하고 물고기 잡으러 도망간 베드로가 어떻게 양을 먹이는 목자가 될 수 있겠는가? 양을 사랑하고 먹이는 것은 내가 예수 안에 예수가 내 안에 거하실 때만 가능한 일이다. 하나님의 사랑이 우리 마음에 부은 바 되어야 한다 (롬 5:5). 선한 목자는 예수님 한 분 뿐이시다. 주님이 목자가 되실 때만 양들은 부족함이 없다. 사람 목자가 할 수 있는 일은 양들을 주님께로 인도하는 것뿐이다. 주님만이 양들의 선한 목자이시다(시 23:1).

전도도 마찬가지이다. 우리가 전도하는 것이 아니다. 누구에게 어디로 가야 할지, 어떻게 전도해야 할지, 어떤 말씀을 주어야 할지 우리는 모른다. 주님은 사마리아 땅에서 복음을 전하는 빌립 집사에게 광야 가사로 내려가라고 지시하셨다. 순종했을 때, 생각지도 못한 이디오피아 여왕 간다게의 내시를 만나 회심시켰다.

또 사도행전에 보면 고넬료라는 사람이 나온다. 그는 이방인이었으나 경건한 사람으로 하나님을 경외하며 많은 사람들을 구제하였지만 복음을 듣지 못했다. 그러나 하나님은 기도하는 베드로에게 각종 가증한 짐승의 환상을 보여주시며, 잡아먹도록 하시고, 그에게 가서 복음을 전하도록 하셨다. 놀랍게도 성령이 말씀을 듣는 그곳에 임하셨다(행 10:44-45). 주님이 하실 때 이방인에게도 성령이 임하는 역사가 일어났다. 전도는 주님이 하신 것이다. 주님이 하시면 전도도 잘 할 수 있다. 말하는 이는 내가 아니라 내 안에 주님(성령)이시다(마 10:18-20). 주님이 하시면 누구나 전도 왕이라는 소리를 들을 수 있다. 아멘.

세계 선교 명령도 마찬가지다. 성경은 이렇게 말한다.

> 예수께서 나아와 일러 이르시되 하늘과 땅의 모든 권세를 내게 주셨으니 그러므로 너희는 가서 모든 족속으로 제자를 삼아 아버지와 아들과 성령의 이름으로 세례를 주고(마 28:18-19).

사람들은 마치 하늘과 땅의 모든 권세가 우리에게 위임되어 예수의 이름만 사용하면 마음대로 모든 족속으로 제자를 삼고, 병을 고치고, 귀신을 쫓아내면서 복음을 전하는 것으로 생각한다. 실제는 그렇지 않다. 일방적 위임이 아니다. 하늘과 땅의 권세는 주님이 갖고 계신다. 그 주님이 몸된 교회의 머리로 우리 안에 계신다.[18] 주님은 한번도 우리 곁을 떠나신 적이 없다. 오히려 영으로 각 사람 안에 깊이 들어오셔서 직접 전도하는 일, 제자양성, 세계선교를 지금까지 통치하고 계신다. 우리는 선교라는 거창한 명령 앞에 인간적 부담과 의무감을 느낄 필요가 없다. 세계선교는 주님이 더 관심을 갖고 하시는 일이다. 그리고 택하심의 축복이다. 바울의 세계선교를 보라. 성령께서 주를 섬겨 금식할 때 말씀하셨다. "내가 불러 시키는 일을 위하여 바나바와 사울을 따로

주님이
하십니다

세우라."(행 13:2) 우리가 할 수 있는 일은 주님이 "가라." 하실 때 그 음성을 듣고 기쁨으로 순종하는 것이다. 그리고 주님의 지시대로 따라가면 주님이 하신다.

구원도 마찬가지다. 마치 우리는 주님이 천국 열쇠를 우리에게 주셔서 우리가 구원의 문을 열고 닫는 것처럼 생각한다. 인간의 의와 육신이 개입되어 이루어지는 구원은 하나도 없다. 성경은 성령이 아니고는 예수를 주라 시인할 수 없고[19] 물과 성령이 아니고는 거듭날 수 없다고 한다. 모든 것을 주님이 하신다. 우리가 씨를 뿌리고 물을 주는 것도 주님의 은혜이며, 생명이 탄생되고, 자라는 모든 일도 주님의 은혜이다. 구원받은 성도들이 그에게까지 자라가야 하는 과정에서 양육과 성장이 모두를 주님이 하신다.

그러므로 그리스도인들은 주님으로부터 배워야 한다. 영적 생명의 양식을 가지신 주님(성령)만이 우리를 가르치고 자라게 하시기 때문이다. 요한복음 14장 26절로 주님이 말씀하신다.

> 보혜사 곧 아버지께서 내 이름으로 보내실 성령 그가 너희에게 모든 것을 가르치고 내가 너희에게 말한 모든 것을 생각나게 하리라 (요 14:26).

신앙생활에 **기도**를 빼 놓을 수 없다. 기도도 주님이 하신다. 우리가 하는 기도 수준을 보면 날마다 복 받게 해 달라는 것이다. 돈 많이 벌고, 사업 잘 되고, 자녀 공부 잘하고, 취업 잘하고……. 대개가 지엽적이고 세상적인 것들이다. 정욕적인 것이다. 우리는 무엇을 구해야 할지 모르면서 중언부언 기도할 때가 많다.

기도를 정말 잘 하려면 주님이 내 안에서 기도하셔야 한다. 성경은 주님이 우리 안에서 말 없는 탄식으로 우리가 구해야 할 바를 구하신다고 한다. 그리고 우리를 위해서 중보하신다고 한다. 주님이 내 안에서 기도하신다면 중언부언하지 않게 된다. 정확히 기도하게 되고 100% 응답 받는다. 무시로 기도가 가능하다. 실제로 깊은 기도 가운데 들어간 경험이 있는 사람들은 기도를 주님이 하게 하시고 주님이 이끄신다는 것을 체험으로 알고 있다. 유다서에서 주님은 너희의 지극히 거룩한 믿음 위에 자기를 건축하며 성령으로 기도하라고 하신다(유 1:20) 주님이 기도하시는 것이다.[20] 기도도 주님의 인도하심을 사모해야 한다.

> 이와 같이 성령도 우리의 연약함을 도우시나니 우리가 마땅히 기도할 바를 알지 못하나 오직 성령이 말할 수 없는 탄식으로 우리를 위하여 친히 간구하시느니라(롬 8:26).

말씀도 주님이 하신다. 우리는 매일 하나님의 입으로 나오는 모든 말씀으로 살아야 한다. 매일 아침 Q.T 그리고 주일 예배를 통해서 말씀을 받는다. 구약 성경을 보면 얼마나 말씀이 중요한지 하나님은 문설주에 붙이고 들고 나며 보라고 하셨다. 또 이마에 써 붙이고 다니며 길을 걸을 때에든지, 앉아 있을 때에든지, 일어날 때에든지 가르치라고 하셨다. 바리새인들은 이러한 하나님의 말씀을 줄줄 암송하였다. 오늘날 많은 사람들도 열심히 성경을 읽는다. 때를 얻든지 못 얻든지 복음을 전하고, 열심히 성경을 연구하며, 가르친다. 훌륭한 일이다. 그러나 성경을 공부하는 것만으로 되지 않는다. 말씀은 생명이며 빛이시다. 곧 주님 자신이다. 생명의 실체[21]가 되지 않는 말씀은 좋은 글, 아름다운 글에 불과하다.

사도행전에 베드로가 오순절에 설교할 때 3,000명이 회개하고 솔로 몬 행각에서 설교를 할 때 5,000명이 믿는 역사가 일어났다. 사람들은 "그가 갈릴리 촌사람이 아니냐?" 하였다. 어떻게 그가 웅창하게 복음을 말할 수 있는가 의문을 품었다. 그 의문의 답은 베드로 안에 계신 주님 이시다. 주님이 베드로로 말씀하셨기 때문에 놀라운 변화가 일어난 것 이다. 말씀 선포! 주님이 하시는 것이다. 주님이 선포하시는 말씀은 생 명이요 실체이다.

초대 교회 후반부로 들어가서 말씀은 생명력을 잃고 교회마다 많은 문제들이 생긴 것은 사람이 하기 시작하면서부터였다. 그들은 바울파, 아볼로파, 게바파, 그리스도파로 나뉘어 분쟁하였다.[22] 사람들은 생명 의 실체인 주님을 붙들기보다 사람을 의존하고 은사에 관심을 갖기 시 작하였다.

신앙생활은 내가 하는 것이 아니라 주님이 하신다는 것을 깊이 깨닫 는 것은 혁명적인 일이다. 주님이 주체가 되시는 신앙생활을 하며 주님 의 하시는 일을 보게 되면 이제 사람의 하는 일에 집착하지 않게 된다. 그리고 우리의 열심과 비교할 수 없는 차원의 역사가 일어나는 것을 보 게 된다.

아브라함이 얼마나 자식을 만들려고 애를 썼는가? 그러나 하나님은 90세나 되어 자신의 몸이 죽은 것 같은 사라에게 아들 이삭을 주어 웃 게 하셨다(창 21:6-7). 또한 출애굽을 한 이스라엘 백성들이 검붉은 홍해 앞에서 두려워할 때 모세로 하여금 지팡이를 들게 하여 바다에 길을 내 셨다. 그리고 굳게 닫힌 여리고 성문을 소리만 외치고도 무너지게 하셨 다. 주님께는 능치 못할 일이 없다. 주님이 하시면 슬픔과 근심은 웃음으로, 절망적 상황은 기이하고 놀라운 일로 바뀐다. 주님은 앞으로도 우리 가운데 계속 이런 일을 하실 것이다. 주님이 하시는 신기하고 놀라운 일들을 바라본다는 것은 정말 가슴 두근거리는 일이다.[23]

이제는 내가 무엇을 한다고 생각하지 말자. 먹고 마시는 것도, 자녀를 양육하는 것도, 양을 치는 것도, 교회를 세우는 것도, 성도들을 목양하는 것도 다 주님이 하신다. 주님께 맡기자. 주님이 하시면 이제부터 우리는 자유다. 염려, 근심, 두려움, 눌림 이 모든 것으로부터 자유다. 그리고 소망이 넘치는 사역이 시작된다.

우리의 고백

주님이 하십니다.
자녀를 키우는 것도 주님이 하십니다.
사업도 주님이 하십니다.
교회도 주님이 하십니다.
건강도 주님이 주십니다.
주님이 모든 문제를 해결해 주십니다.
주님이 하시면 다 잘 됩니다.
"아멘." 주님께 영광!

주님이
하십니다

3
포도주 같은 인생

연회장은 물로 된 포도주를 맛보고도 어디서 났는지 알지 못하되 물 떠온 하인들은 알더라
(요 2:1-11).

주님은 당신의 자녀들이 **포도주** 같은

인생을 살기를 바라신다.

내가 주님을 섬기면서 날이 가면 갈수록 기쁘고,

즐겁고, 행복하면 나는 포도주 같은 인생이다.

나로 인해서 주님의 아름다운 향내가 난다면

나는 포도주 같은 인생이다.

내가 모든 형편에 배부르고, 목마르지 않고,

자족하는 삶을 산다면 나는 포도주 같은 인생이다.

반면 아무리 먹어도 목마르고, 배고프고,

신앙생활을 오래 할수록 공허와 허무를 느낀다면

나는 맹물 같은 인생이다.

염려와 근심이 그치지 않아도 맹물 같은 인생이다.

어떻게 포도주 같은 인생을 살 수 있는가?

주님이 우리 안에 오신 목적이 무엇인가? 영광스러운 하늘보좌를
버리고 이 누추한 세상에 오셨을 뿐 아니라 우리 안에 들어오시기까지
하신 이유가 무엇인가? 이는 자녀들인 우리가 생명을 얻고 더 풍성한

삶을 살도록 하기 위해서이다. 풍요롭고 행복하게 살아가는 것은 인생의 바람이지만 우리를 사랑하시는 하나님의 간절한 마음이다. 예수를 믿는 믿음의 사람들은 당연히 풍요를 누리며 행복하게 살아야 한다.

자녀들이 잘되고, 가정이 잘되고, 사회가 잘되고, 나라가 번영하는 것은 참으로 신나고 즐거운 일이다.

나는 신문이나 TV를 통해 세계 속의 한국인의 이야기들을 재미있게 본다. 한국의 국제무역 규모가 세계 10위, 한국의 삼성 휴대전화가 세계를 평정하고, 삼성전자와 LG전자가 세계 곳곳에서 인기를 끈다는 이야기, 한류 열풍으로 동남아와 유럽까지 술렁인다는 이야기, 러시아에서 LG 가전이 국가 브랜드가 되고, 한국 자동차가 캐나다에서 유명 메이커를 제치고 1위에 선정되었다는 이야기 등등 한국 기업의 해외 신화 창조 이야기를 들을 때면 나와 직접 상관이 없는데도 신이 난다.

이뿐 아니라 아들이 공부 잘한다는 이야기, 부모님이 건강하시다는 이야기, ○○○ 아들이 건강해졌다는 이야기, ○○○ 집사님이 사장이 되었다는 잘된 이야기는 아무리 들어도 싫지 않다. 잘된 이야기를 들어야지 가족 중에 한 사람이라도 안된 이야기를 들으면 속이 상한다. 우리 아버지 하나님의 마음이 그렇다.

하나님은 자신의 형상을 닮은 우리 자녀들이 문제아가 되어 연단 받고, 고난 받고, 힘들게 사는 것을 바라지 않으신다. 고생하며 근심하게 하는 것은 본심이 아니시다(애 3:33). 다 잘되기를 바라신다. 우리 영혼이 새사람으로 거듭나고, 범사가 잘되고, 강건해지고, 행복하게 사는 것이 하나님의 마음이다. 하나님은 우리에게 영원을 사모하는 마음을 주셨다. 영원한 생명, 영원한 기쁨, 영원한 행복…… 이를 위해 하나밖에 없는 독생자를 주셨다. 그리고 아들과 함께 모든 필요한 것과[24] 가장

주님이
하십니다

좋은 선물로 성령[25]을 주실 것을 약속하셨다. 그 약속대로 주님이 우리 안에 오셨다.

포도주가 모자란 인생

한번은 예수님이 어느 혼인 잔치에 제자들과 함께 초청을 받으셨다. 인륜지 대사 중에 가장 기쁘고 즐거운 날이 혼인 잔치이다. 장례식이 가장 슬픈 일을 상징한다면 혼인 잔치는 삶의 가장 행복한 날을 상징한다.

유대인들에게도 혼인 잔치는 최고의 날이었다. 결혼한 신랑은 군대도 가지 않고, 신랑 신부 모두 이날만큼은 왕과 황후 대접을 받고 손님들은 마음껏 즐기며 마셨다. 나그네도 거지도 이 날에는 잘 먹을 수가 있었다. 음식이 풍성하고, 볼거리도 많고, 놀거리도 많았다.

그런데 한창 흥이 무르익어 갈 무렵에 갑자기 포도주가 떨어지는 사건이 발생하였다.

> 포도주가 모자란지라(요 2:3b)

이로 인해 잔치 집에 흥이 깨어지고 위기가 닥쳤다. 잔치 집에 포도주가 떨어졌다! 이는 무엇을 말하는가? 아무리 열심히 수고하며 살아도 인간 스스로 추구하는 그런 행복은 곧 깨어지고 바닥이 난다는 것을 말해준다. 세상의 것은 수고하고 애써 얻어도 남는 것이 없다. 건강한 사람은 곧 늙고, 부요한 사람은 결국 빈털터리가 되고, 높은 지위의 사람은 낮아지고, 힘 있는 사람은 약한 자가 되어 지팡이를 의지하게 된다.

육체도 풀어지고 생명 줄도 끊어진다.[26] 세상 행복은 곧 목마르고, 바닥이 나고, 결국은 종신토록 수고하지만 다 흙으로 돌아가는 것이 인지상정(人之常情)이다. 그것이 인간 삶의 한계이다. 그러기에 이런 세상을 사랑하고 이런 세상에서 행복을 기대하는 사람들은 곧 실망하게 된다.

그 때 예수의 어머니 마리아가 예수님께 나아와 아뢰었다.

"그들에게 포도주가 없다."

예수님은 마리아에게 말씀하셨다.

"여자여 나와 무슨 상관이 있나이까? 내 때가 아직 이르지 못하였나이다."

마리아는 당혹스러운 예수님의 대답하심에 물러섬직도 했지만 이렇게 하인들을 준비시켰다.

"무슨 말씀을 하시든지 그대로 하라."

거기에 유대인의 결례를 따라 두세 통 드는 항아리 여섯 개가 놓여 있었다.

그 빈 항아리들은 우리 인생의 공허한 마음을 예표한다. 사람들은 행복을 위해서 그 빈 항아리에 무엇인가 열심히 채우려고 애를 쓴다. 재물을 채우기도 하고, 세상 권력과 명예를 채우기도 하고, 자식 자랑, 남편 자랑, 세상 자랑으로 채우기도 한다. 아니면 볼거리, 먹거리로 채운다. 그러나 인생의 빈 항아리는 이런 것들로 만족스럽게 채워지지 않는다. 인간이 오감(五感)으로 얻는 행복은 채워도 채워도 채워지지 않는다. 생명이 없기에 언제나 우리 영혼은 공허한 빈 항아리로 남게 된다.

전도서 저자는 무엇이든지 내 눈이 원하는 것을 금하지 아니하고 무엇이든지 마음이 즐거워하는 것을 막지 아니하였다고 했다. 그러나 나중에 보니 자신의 손으로 한 모든 일과 수고가 다 헛되어 바람을 잡으

주님이
하십니다

려는 것이며 해 아래 무익하다고 고백하였다(전 2:10-11).

　빈 항아리 여섯 개는 불완전한 숫자다. 근본이 채워지지 않는 수이다. 인간은 누구나 죄 중에 태어나서 애쓰며 살다가 죽어야 하는 불완전한 존재임을 알아야 한다. 인간의 삶 자체가 불완전하기에 추구하는 행복도 불완전하고 하는 모든 일들도 불완전할 수밖에 없다. 이것이 우리가 주님을 내 안에 모시고 주님으로 살아야 할 이유이다.

항아리를 채우라

　그 때 예수님이 그 빈 항아리들을 지시하시며 명령하셨다.

　"항아리에 물을 채우라!"

　하인들이 순종하여 아구까지 물을 채우자 주님은 두 번째 명령을 하셨다.

　"이제는 떠서 연회장에게 갖다 주라."

　하인들이 주님의 명령대로 항아리의 물을 떠서 갖다 주자 한순간 물이 포도주로 변하는 놀라운 역사가 일어났다. 연회장은 물로 된 포도주를 맛보고 감탄을 하며 신랑을 불러 칭찬하였다.

　"사람마다 먼저 좋은 포도주를 내고 취한 후에 낮은 것을 내거늘 그대는 지금까지 좋은 포도주를 두었도다."

　사람들은 최고의 포도주를 맛보게 되었고 이 포도주로 인해서 잔치집에는 다시 풍악이 울리기 시작했다. 침울했던 연회장은 새로운 즐거움과 행복이 넘치기 시작했다.

　우리 주님은 행복의 창조주이시다!

우리 주 예수님만이 인생의 그 빈 항아리를 행복으로 가득 채우실 수 있는 분이시다. 이 예수님은 우리에게 생명을 주시고, 빛을 비추시고, 평안과 즐거움과 행복을 채워주러 오신 하나님이시다. 이사야로 주님은 말씀하신다.

> 너희는 내가 창조하는 것으로 말미암아 영원히 기뻐하며 즐거워할
> 지니라 보라 내가 예루살렘을 즐거운 성으로 창조하며 그 백성을
> 기쁨으로 삼고"(사 65:18).

그러므로 행복하고 풍요로운 인생을 살려면 공허하고, 혼돈하고, 흑암이 깊음 위에 있는 우리 삶 속에 주님이 오셔야 한다. 그리고 즐거움과 기쁨을 창조하는 생명의 말씀이 임해야 한다. 그리하면 인생의 공허한 빈 항아리들은 가득 채워지고 여섯 개의 빈 항아리는 행복으로 충만한 완전수가 된다. 맹물 같은 우리 인생은 포도주 같은 인생으로 변하고 흥겨운 인생의 잔치는 계속된다. 아멘.

포도주[27]는 참 신비롭다. 나는 포도주를 즐겨 마시지 않았지만 유럽여행을 하면서 포도주는 맛뿐 아니라 빛깔과 냄새까지 음미할 수 있다는 것을 알게 되었다. 좋은 포도주는 한 병에 100만 원 이상 호가한다. 맹물은 빛도 없고 맛도 없지만 포도주는 맛이 있고, 빛깔이 있고, 향기가 있다. 묵을수록 값이 나간다.

주님을 섬기면서 날이 가면 갈수록 기쁘고, 즐겁고, 행복하다면 나는 포도주 같은 인생이다. 나로 인해서 주님의 아름다운 향내가 난다면 나는 포도주 같은 인생이다. 내가 모든 형편에 배부르고, 목마르지 않고, 자족하며 산다면 나는 포도주 같은 인생이다. 반면 아무리 먹어도

주님이
하십니다

목마르고, 배고프고, 신앙생활을 오래 할수록 공허와 허구를 느낀다면 나는 맹물 같은 인생이다. 염려와 근심이 그치지 않아도 맹물 같은 인생이다.

어떻게 포도주 같은 인생을 살 수 있는가? 내 인생의 잔치 집에 주님을 모시기만 하면 된다. 주님이 내 인생에 개입하시고 내 안에서 말씀하며 주님의 생명이 채워지면 된다. 그러기 위해서 몇 가지 영적 준비가 필요하다.

첫째, 마리아의 믿음

마리아에게는 '주님이 하신다.'는 믿음이 있었다. 사람들은 포도주가 떨어졌을 때 인간적 방법으로 해결하려 하였지만 마리아는 그 문제를 주님께 가지고 나아갔다. 주님이 거절하실지라도 낙심치 않았다. 주님이 맹물을 떠다 연회장에게 갖다 주라고 하셨을 때도 순종했다. 하인들에게 무슨 말씀을 하시든지 그대로 하라고 지시했다. 믿음은 부정적 현실을 보며 실망하고 낙심하는 것이 아니다. 어떤 형편에서도 주님이 하시면 된다는 확신이다. 주님은 이런 마리아와 같은 믿음을 축복하시고 물을 포도주로 변화시키셨다.

우리에게도 인생의 행복 문제, 생명 문제를 주님이 해결하신다는 믿음이 있어야 한다. 내가 쌓아온 인생의 행복이 바닥이 나도 상관이 없다. 주님이 하시면 된다. '주님이 하신다.'는 믿음만 있으면 주님이 개입하여 회복시켜 주신다. 아멘.

"그렇습니다. 나는 어떤 상황이나 형편, 환경과 조건 가운데서도 주님이 하신다는 것을 믿습니다." "아멘."

"나는 전적으로 주님을 의지하며 주님의 통치를 받습니다." "아멘."

둘째, 빈 항아리 준비

포도주 같은 인생을 살려면 또한 인생의 빈 항아리를 준비해야 한다. 빈 항아리는 자랑할 것 없는 인생의 모습을 보여준다. 옛날 항아리는 흙으로 빚었는데 크기가 커도 도자기와 달리 값이 아주 쌌다. 돈도 없고, 실력도 없고, 배경도 없고, 아무것도 없는 사람들이 자신을 볼 때 빈 항아리처럼 느껴진다. 그러나 우리 인생의 항아리가 완전히 비었을 때 오히려 주님이 채우실 수 있다. 빈 항아리가 오히려 주님께 더 귀하게 쓰임을 받을 수 있는 기회가 된다. 인생의 항아리가 어설프게 채워져 있으면 주님이 일하실 수 없다. 바리새인들은 스스로 안다고 함으로 무지한 자가 되었다. 본다고 함으로 소경이 되었다.[28] 의롭다고 생각함으로 주님의 구원을 보지 못하였다.

그러나 무식하다고 하면 주님이 지혜를 채워주시고, 죄인이라고 하면 의롭다 하시고[29], 가난하다고 하면 주님의 부요로 채워주시고, 무능하다고 하면 주님의 능력으로 채워주신다. 지금 우리에게 아무것도 없어도 감사하자. 주님이 채워 주신다. 주님은 고린도전서 1장 26-29절에서 말씀하신다.

> 형제들아 너희를 부르심을 보라 육체를 따라 지혜로운 자가 많지 아니하며 능한 자가 많지 아니하며 문벌 좋은 자가 많지 아니하도다 그러나 하나님께서 세상의 **미련한** 것들을 택하사 지혜 있는 자들을 부끄럽게 하려 하시고 세상의 **약한 것들**을 택하사 강한 것들을 부끄럽게 하려 하시며 하나님께서 세상의 천한 것들과 멸시받는 것들과 없는 것들을 택하사 있는 것들을 폐하려 하시나니 이는 아무 육체라도 하나님 앞에서 자랑하지 못하게 하려 하심이라(고전 1:26-29).

주님이
하십니다

사도 바울 역시 이 비밀을 알고 자기의 약한 것을 감사하고 자랑했다.

> 그러므로 내가 그리스도를 위하여 약한 것들과 능욕과 궁핍과 박
> 해과 곤고를 기뻐하노니 이는 내가 약한 그 때에 강함이라(고후
> 12:10).

셋째, 적극 나눠 주기

그 다음 나눠 줘야 한다. 하인들이 맹물이 포도주로 변한 것을 체험한 것은 나눠 줄 때였다. 주님이 항아리의 맹물을 포도주로 변화시키셨지만 하인들이 떠서 나눠 줄 때 변화를 체험할 수 있었다. 주님은 모든 것을 다 이루어 놓으시고 주는 자들에게 모든 것을 약속하셨다. 기적의 체험은 나눠 주는 자들의 몫이다. 나눠 주는 만큼 누리게 된다. 사랑을 주면 사랑의 부자가 되고, 생명을 나눠주면 생명이 충만한 자가 되고, 행복을 나눠 주면 행복이 배가 된다. 지금부터라도 나에게 있는 것들을 나눠 주는 연습을 하자. 무, 배추, 콩 반쪽이든 빈대떡이든 구제품이든 선교헌금이든 사랑의 메일이든 나에게 있는 것을 열심히 주는 연습을 하자. 주지 않는 사람은 부자가 되어도 주지 못한다. 주어본 사람이 계속 줄 수 있는 것이다. 주면 주님이 더 넘치도록 채워주신다.

> "주라 그리하면 너희에게 줄 것이니 곧 후히 되어 누르고 흔들어
> 넘치도록 하여 너희에게 안겨 주리라 너희가 헤아리는 그 헤아림
> 으로 너희도 헤아림을 도로 받을 것이니라"(눅 6:38).

그렇다. 인간은 행복한 삶을 바라나 스스로 얻은 행복은 바닥이 나고 곧 불행으로 바뀐다. 인생은 빈 항아리 같은 존재이다. 예수님은 힘

들고 슬픈 인생의 빈 항아리에 행복을 가득 채우러 오셨다. 불완전한 인생을 완성하러 오셨다. 이 예수님의 통치를 받고 생명의 말씀이 임하면 인생의 빈 항아리에는 행복이 채워진다. 포도주처럼 아름다운 인생이 된다. 건강하게 된다. 부요를 누리며 살게 된다. 믿는 우리는 이미 그렇게 되었다.

우리의 고백

나는 예수님의 십자가의 은혜를 누리며 사는 자이다.

나는 예수님 때문에 부요하고 형통한 새 사람이 되었다.

나는 예수님 때문에 생명이 채워지고 생명을 주는 새 사람이 되었다.

나는 예수님 때문에 행복한 사람이 되었다.

나는 예수님 때문에 사랑을 베풀고 축복을 나눠 주는 새 사람이 되었다.

나는 예수님 때문에 포도주처럼 아름다운 인생이 되었다.

예수님 감사합니다.

"아멘." 모든 영광 주님께!

주님이
하십니다

4
주님(왕)의 통치

좋은 소식을 전하며 평화를 공포하며 복된 좋은 소식을 가져오며 구원을 공포하며 시온을
향하여 이르기를 네 하나님이 통치하신다 하는 자의 산을 넘는 발이 어찌 그리 아름다운가
(사 52:7).

'하나님이 통치하신다' 는 것은

우리는 주님의 통치 없이 인생을 살 수 없음을 말해준다.

하나님과 자녀들의 관계는 마치 포도나무와 가지 같다.

언제나 주 안에 붙어 있어 끊임없이 통치를 받으며

살아야 한다. 계속 생명을 공급받고, 사랑도 공급받고,

삶에 필요한 지혜와 에너지도 공급받아야 한다.

그래야 형통할 수 있고 승리할 수 있다.

… 주님의 통치를 받지 않으면

인간은 순식간에 사단의 통치 하에 들어간다.

이 사단의 통치를 받으면 곧 죄의 포로가 되고,

불평불만이 터져 나오고, 금방 실망하게 되고,

낙심과 슬픔에 빠지게 되고, 허무한 생각에 사로잡히게 된다.

이러한 사단의 통치에서 벗어나는 유일한 길은

예수님을 왕으로 모시고 통치를 받는 것이다.

우리 안에 오신 예수님은 왕이시다! '만왕의 왕' 이시며 '만주의 주'
이시다(계 19:16). 마태는 그의 복음서에서 아브라함과 다윗의 자손으로

서 예수님의 족보를 가장 먼저 소개하고 있다. 다윗은 막강한 권력과 존경을 한 몸에 받았던 이스라엘의 위대한 왕이었다. 그는 하나님으로부터 자신의 몸에서 날 자가 왕이 될 것이며 그 나라가 영원히 견고케 될 것이라는 약속을 받았다.[30] 마태가 이 다윗 왕을 가장 중요한 족보의 시작으로 소개한 것은 예수님이 다윗의 후손으로 그 나라를 영원히 통치하시러 오신 하나님 나라의 **왕**이심을 말해 준다. 예수님이 왕이심은 일찍이 선지자 미가(5:2)로도 이렇게 예언되었다.

> 베들레헴 에브라다야 너는 유다 족속 중에 작을지라도 이스라엘을 다스릴 자가 네게서 내게로 나올 것이라 그의 근본은 상고에, 영원에 있느니라(미 5:2).

여기서 '다스릴 자'는 바로 통치하시는 왕을 상징한다. 예수님은 마귀를 멸하시고 영원한 하나님 나라를 다스리기 위해 왕으로 오신 분이시다. 예수님은 유대인의 왕으로 십자가에 죽으시고 부활하심으로 사단을 결박시키시고 모든 믿는 자들을 죄와 사망의 권세에서 해방시키셨다. 그리고 지금도 우리 마음 가운데 왕으로 좌정하셔서 우리를 통치하고 계신다.

우리에게 필요한 믿음

우리에게 정말 필요한 것이 바로 예수님이 '왕으로 통치하신다'는 믿음이다. 왜냐하면 왕이신 예수님의 통치를 받는 것만이 승리하는 삶의 비결이며 사단의 통치에서 벗어나는 유일한 길이기 떠문이다.

우리가 믿음으로 살면서도 많은 문제에 부딪히고 시험에 드는 이유는 노력을 안 해서가 아니다. 주님의 절대 통치하에서 벗어나기 때문이다. 사단 역시 교회와 하나님의 자녀들 위에 왕권 통치를 행사한다는 것을 알아야 한다. 사단도 흑암[31]의 나라를 통치하는 왕이다. 사단은 욕심쟁이, 살인자, 거짓말쟁이다(요 8:44), 온 천하를 꾀는 자이다. 사단도 사람들을 자기 수하에 두어 통치하기를 원한다. 이 사단은 교회를 풍비박산나게 하고, 성도들의 신앙을 무너지게 한다. 거짓달하고, 죽이고, 멸망시키는 것이 모두 사단이 하는 일이다(요 10:10). 예수님은 소아시아 버가모 교회를 책망하시면서 사단의 위가 있는 곳이라고 하셨다. 사단의 왕좌가 교회 안에 있다는 것은 정말 끔찍하고 놀라운 일이다. 성도들이 왕의 보좌를 사단에게 내어준 것이다.

하나님이 독생자 예수님을 이 땅에 보내신 이유는 단지 우리를 죄에서 구원하는 것만이 아니다. 사랑하는 자녀들을 계속 통치하시고 마귀에게서 보호하시기 위해서이다. 십자가가 구원의 복음이라면 '왕의 통치'는 삶의 복음이다. 이 주님의 왕권 통치를 받아야만 강한 사단을 이길 수 있고 승리하는 삶을 살 수 있다. 성경은 여러 곳에서 이 예수님의 통치 복음을 이야기하고 있다.

> 하늘은 기뻐하고 땅은 즐거워하며 모든 나라 중에서는 이르기를
> 여호와께서 **통치**하신다 할지로다(대상 16:31).

> 여호와께서 다스리시나니 땅은 즐거워하며 허다한 섬은 기뻐할지
> 어다(시 97:1).

보라 장차 한 왕이 공의로 **통치**할 것이요 방백들이 정의로 다스릴
것이며(사 32:1).

또 내가 들으니 허다한 무리의 음성과도 같고 많은 물 소리와도 같
고 큰 우렛소리와도 같은 소리로 이로되 할렐루야 주 우리 하나님
곧 전능하신 이가 **통치**하시도다(계 19:6).

이사야 역시 그의 책에서 분명히 구원의 복음과 더불어 주님의 통치
복음을 이야기하고 있다.

좋은 소식을 전하며 평화를 공포하며 복된 좋은 소식을 가져오며
구원을 공포하며 시온을 향하여 이르기를 네 하나님이 **통치**하신다
하는 자의 산을 넘는 발이 어찌 그리 아름다운가(사 52:7).

'하나님이 통치하신다'는 것은 주님의 통치 없이 우리는 인생을 살
수 없음을 말해준다. 하나님과 자녀들의 관계는 마치 포도나무와 가지
같다. 언제나 주 안에 붙어 있어 끊임없이 통치를 받으며 살아야 한다.
계속 생명을 공급받고, 사랑도 공급받고, 삶에 필요한 지혜와 에너지도
공급받아야 한다. 그래야 형통할 수 있고 승리할 수 있다. 그렇지 않으
면 나무에서 떨어진 가지처럼 시간이 지나면 점점 말라비틀어지고 버
려지게 된다.

주님이
하십니다

통치받기를 싫어하는 인간의 본성

그런데 옛 사람의 본성에는 하나님을 왕으로 인정하고 통치받는 것을 싫어하는 속성이 있다. 스스로 주인이 되고, 스스로 왕 노릇하고 싶어 한다는 것이다. 왕이신 주님의 통치를 받는 것이 승리의 길임에도 불구하고 통치에서 벗어나 신앙생활을 하려고 한다. 많은 사람들이 실제로 이 통치 복음(삶의 복음)을 모른 채 살아간다. 그래서 구원에는 실패가 없지만 삶 속에서는 쓰디쓴 실패의 맛을 보며 살아가는 신앙인들이 의외로 많다는 것이다.

한번은 이스라엘 민족이 사무엘 앞에 나아와서 왕을 구했다(삼상 8장). 이스라엘은 이방인들처럼 따로 왕이 필요 없었다. 하나님이 이들을 통치하시는 왕이셨기 때문이다. 그러나 이들은 이방인들처럼 힘 있게 보이는 왕을 원했다. 열방과 같이 그런 왕을 세워 자신들을 다스리게 해 달라고 했다. 사무엘은 기분이 몹시 상하여 하나님 앞에 나아가 기도하였다. 그 때 하나님께서 말씀하셨다.

> 백성이 네게 한 말을 다 들으라 그들이 너를 버림이 아니요 나를 버려 자기들의 왕이 되지 못하게 함이니라 내가 그들을 애굽에서 인도하여 낸 날부터 오늘날까지 그들이 모든 행사로 나를 버리고 다른 신들을 섬김같이 네게도 그리하는도다(삼상 8:7-8).

왕을 달라는 그들의 심중에는 하나님을 왕으로 인정하지 않으려는 의도가 깔려 있었다. 자신들이 열방처럼 왕을 뽑고 스스로 왕이 되겠다는 심사였다. 그 결과 이들은 왕의 제도[32] 아래 자신의 아들들을 전쟁터로 보내야 했고, 딸들을 궁으로 보내야 했고, 더욱 고통을 당하며 매이는 삶을 살아야 했다.

우리가 왕이신 예수님의 통치를 받지 않으면 인간은 순식간에 사단의 통치 하에 들어간다. 이 사단의 통치를 받으면 죄의 포로가 되고, 불평불만이 터져 나오고, 금방 실망하게 되고, 낙심과 슬픔에 빠지게 되고, 허무한 생각에 사로잡히게 된다. 사단은 자신에게 절하기만 하면 이 땅의 권세와 영광을 주겠다고 한다. 바로처럼 자신에게 굴복하면 고기도 먹여주고, 부추, 마늘, 파, 수박을 먹여주겠다고 한다. 그러나 사단은 거짓말쟁이다(요 8:44). 교만한 마음, 탐욕의 마음, 음란한 마음, 낙심하는 마음을 심고 결국은 왕이신 주님을 거역하고 불순종하여 죽게 만든다.

그렇게 충성스러웠던 베드로가 '주는 그리스도'라고 고백을 하고도 한 순간 사람의 생각을 하자 곧 바로 사단이 그의 마음을 지배하였다. 그는 오히려 예수님을 간하며 십자가를 방해하는 자가 되었고 주님으로부터 "사단아 내 뒤로 물러가라"라는 책망을 들어야 했다(마 16:20).

이런 사단의 통치에서 벗어나는 유일한 길은 예수님을 왕으로 모시고 통치를 받는 것밖에 없다. 예수님은 왕 중의 왕(the King of kings)이시다. 더 강하신[33] 분이시다. 이 예수님의 통치를 받아야 사단의 권세에서 벗어날 수 있고, 신앙생활의 자유와[34] 승리를 누리며 더 풍성한 삶을 살 수 있다.[35]

통치받는 신앙의 능력

예수님이 왕으로 오셨다는 것은 언제나 우리 안에 좌정하셔서 우리의 삶을 다스리시겠다는 뜻이다. 주님의 통치를 받는 신앙 안에서만이 모든 약속이 이루어진다. 그러므로 모든 약속된 승리와 풍요를 누리는 삶을 살기 위해서는 왕이신 주님을 열렬히 환영하며 그 분의 통치를 받아야 한다. "호산나!" 외쳤던 군중들의 일회적인 환영으로 그쳐서는 안 된다. 순간순간 나의 중심에 영원한 왕으로 모시고 통치 받도록 기도해야 한다.

"왕이신 주님, 오셔서 나를 통치하소서!"

우리 주 예수님은 겸손히 나귀를 타고 입성하셨다.[36] 평화의 왕[37]으로 오셨다. 이 예수님은 어떤 원수도 멸하시고 우리를 구원하실 수 있는 능력의 왕이시다.[38] 자연 만물까지 통치하시는 창조주[39]이시다. 사랑하는 자녀들을 위해서 모든 것을 해 주실 수 있는 분이시다. 장차는 악인과 의인을 공평과 정의로 심판하러 오실 분이시다.

이런 왕이신 예수님이 통치하시면 모든 일이 그대로 된다. 예수님이 "평안하라." 하시면 인생의 광풍이 잔잔해지고 평안이 임한다. 이 예수님이 통치하시면 내면에 뿌리 깊이 박혀 있는 부정적인 생각도 사라진다. 예수님이 "부자가 되라." 하시면 부자가 된다. "사업이 잘 되라." 하시면 잘 된다. 사업장에서 그물이 찢어질 정도로 많은 고기를 잡는 역사가 일어난다. 이 왕이신 예수님이 "생명이 있으라." 하면 생명이 있게 된다. 죽은 자도 살아나고 불치병도 깨끗해진다. 가정이 화목해지고, 자녀들이 달라진다. 교회가 바르게 세워지고, 불신자들도 굴복하여 돌아온다. 예수님이 통치하시면 무에서 창조의 역사가 일어나고 안 될 일이 된다. 합력하여 선한 역사가 일어난다. 왕이신 주님의 통치역사는 삶의 모든 영역 구석구석까지 나타난다.

이 예수님은 나에게 꼭 필요한 봉고차도 주셨다. 나는 그동안 타고 다녔던 고물 봉고와 10년 된 엑센트를 처분하고 장애차량 LPG 스타렉스를 얻고 싶었었다. 개인적으로나 교회적으로나 형편을 볼 때 도저히 구입할 수 있는 상황이 아니었다. 그러나 통치해 달라고 기도했을 때 주님은 한 분을 통해서 물질을 주시고 서울의 한 사람을 기이하게 만나게 하여 내가 꼭 원하던 그대로 LPG 차량 스타렉스 9인승 오토를 얻을 수 있도록 하셨다.

우리가 스스로 하면 할 수도 없고 또 오래 걸릴 문제들도 왕이신 주님이 통치하시면 다 해결된다. 자녀들의 문제도, 재정문제도, 교회와 성도들의 문제도, 사업장의 문제도 주님이 통치하시면 이루어진다. 왕이신 주님이 통치하시면 염려할 것이 없다.

이 주님이 통치하시면 우리 마음에 평안이 임한다. 절망 대신 소망이, 부정 대신 긍정이, 미움 대신 사랑이 임한다. 주님이 통치하시면 우리 마음도 우리 삶도 흔들리지 않는다. 자녀들도 굳게 서고 성도들의 신앙도 굳게 선다. 주님의 통치는 위대하다! 시편 96장 10절로 주님이 말씀하신다.

> 모든 나라 가운데서 이르기를 여호와께서 다스리시니 세계가 굳게 서고 흔들리지 않을지라 그가 만민을 공평하게 심판하시리라 할지로다(시 96:10).

왕의 통치 받는 신앙의 특징은 흔들리지 않는 것이다. 내 신앙이 사소한 문제들로 인해 흔들린다는 것은 나를 붙들어 줄 절대 왕이 내 안에 없다는 것이다!

이제부터는 구걸하듯이 "주시옵소서. 주시옵소서."라고 기도하지

주님이
하십니다

말자. 왕의 자녀로서 당당하게 왕이신 주님의 통치를 기도해 보자.

우리의 고백

왕이신 예수님, 나의 불안한 마음을 통치하소서.

왕이신 예수님, 나의 자녀들을 통치하소서.

왕이신 예수님, 재정문제를 통치하소서!

왕이신 예수님, 남편의 사업을 통치하소서!

왕이신 예수님, 우리 성도들의 문제를 통치하소서!

왕이신 예수님이 통치하시니 나는 자유입니다.

왕이신 예수님이 통치하시니

자녀들, 남편 사업, 성도들, 교회 모두 잘 됩니다.

왕이신 예수님이 통치하시니 나는 형통합니다.

왕이신 예수님이 통치하시니 나와 가정, 교회와 성도,

나라와 민족 그리고 세계가 견고합니다.

왕이신 주님이 통치하십니다.

"아멘." 주님께 영광!

5

옛 사람과 새 사람

> 너희는 유혹의 욕심을 따라 썩어져 가는 구습을 따르는 옛 사람을 벗어 버리고 오직 너희의 심령이 새롭게 되어 하나님을 따라 의와 진리의 거룩함으로 지으심을 받은 새 사람을 입으라(엡 4:22-24).

믿어도 여전히 주님의 통치를 받지 못하고
풍성함을 누리며 살지 못하는 이유가 무엇인가?
믿어도 여전히 약하고, 여전히 아프고,
여전히 힘든 문제들이 발생하는 이유가 무엇인가?
옛 사람이 반응하기 때문이다.
문제가 있을 때마다 옛 사람이 드러나기 때문이다.
옛 사람은 죄로 저주받아 죽을 사람이고
새 사람은 예수로 옷 입어 구원받고 축복 받을 사람이다.
옛 사람은 율법의 사람이고
새 사람은 은혜의 사람이다.
주님의 통치를 받으며 축복을 누리는 삶을 살려면
옛 사람을 철저히 벗어버리고 새 사람을 입어야 한다.

왕이신 주님의 통치를 받는 삶을 살기 위해서 항상 애써야 할 일이 있다. 옛 사람의 죽음을 선언하고 새 사람으로 사는 것이다. 이것이 인정되고 철저히 구분되어야 그 때부터 신앙이 달라진다!

하나님은 죄로 죽을 우리 인생을 구원하기 위해 육신을 입고 이 땅

주님이
하십니다

에 오셨다. 친히 골고다 산상에서 죄와 사망권세를 파하시고 사단을 굴복시키셨다. 그 결과 믿는 모든 자들에게 자유와 해방 그리고 승리가 선언되었다. 사망의 쏘는 고통도 사라졌고 율법 아래 있던 저주도 끝났다. 두려울 것도 없고, 염려할 것도, 근심할 것도 없는 은혜의 세계가 도래하였다. 누구든지 예수를 믿는 자들은 생명을 얻고 풍성한 삶을 받아 누릴 수 있게 되었다.

그런데 문제는 믿어도 여전히 주님의 통치를 받지 못하고 풍성함을 누리며 살지 못하는 그리스도인들이 많다는 것이다. 믿어도 여전히 약하고, 여전히 아프고, 여전히 힘든 문제들이 발생한다는 것이다. 그 이유가 무엇인가?

그 이유는 바로 옛 사람 때문이다. **옛 사람**은 죄로 저주받아 죽을 육의 사람이고, 율법의 사람이고, 마귀의 통치를 받는 탐욕의 사람이다. 성령을 좇아 그리스도로 옷 입고 은혜 속에 사는 새 사람과 대치되는 내 안에 또 다른 존재이다. 예수를 믿은 후에도 이 옛 사람이 그대로 남아 있어 우리를 괴롭힌다.

그러므로 왕이신 예수님의 통치를 받으며 축복을 누리는 삶을 살려면, 이 옛 사람을 철저히 벗어버리고 새 사람을 입어야 한다. 예수님은 에베소서 4장 22-24절로 옛 사람과 새 사람에 관해 말씀하신다.

> 너희는 유혹의 욕심을 따라 썩어져 가는 구습을 따르는 옛 사람을 벗어 버리고 오직 너희의 심령이 새롭게 되어 하나님을 따라 의와 진리의 거룩함으로 지으심을 받은 새 사람을 입으라(엡 4:22-24).

모세는 애굽의 모든 보화를 버리고 하나님의 백성과 함께 고난 받을 것을 각오한 사람이었지만 한 순간에 살인을 하고 40년 광야 훈련을 받았다. 인간적으로는 최고의 궁중교육을 받았어도 이스라엘의 영적 목자는 될 수 없었다. 광야생활은 모세의 옛 사람을 처리하는 기간이었다. 40년 동안 양치는 훈련을 받은 후, 그는 하나님으로부터 지상에 가장 온유한 사람이라고 인정받는 이스라엘의 목자가 될 수 있었다.

다윗은 어릴 때부터 믿음이 좋았다. 맨손으로 곰과 사자와 싸워 이겼고 물맷돌로 골리앗을 죽이고 이스라엘을 구원하였다. 그러나 그 안에 여전히 탐심, 간음, 살인, 자기자랑이라는 옛 사람이 있었다. 이 옛 사람 때문에 그는 인생의 오점을 남겼고 눈물로 회개하지 않을 수 없었다. 그 결과 자신도 똑같은 수치를 당했고 아들 압살롬에게 쫓기며 혹독한 대가를 치러야 했다.

사도행전에 아나니아와 삽비라는 하나님께 소유를 판 것을 가지고 나왔지만 거짓말을 하다 죽었다. 헌신하는 그들 속에 성령을 근심케 하는 거짓의 옛 사람이 있었다.

옛 사람을 벗고

옛 사람은 구원받은 성도들 속에 깊이 숨어 있다가 건드리면 밖으로 나와서 망하게 하는 요소이다. 옛 사람이 처리되지 않은 사람은 영적인 은혜의 깊은 세계로 들어갈 수 없다. 또 하나님이 쓰실 수가 없다. 우리가 믿음의 사람으로서 풍요로운 삶을 살며, 귀하게 쓰임 받는 인생이 되기 위해서는 무엇보다 먼저 이 옛 사람을 처리해야 한다. 그래야 왕이신 주님의 통치를 받을 수 있다. 예수님도 낡은 가죽 부대에는 새 포

주님이
하십니다

도주[40]를 담을 수 없다고 말씀하셨다. 그렇게 하면 포도주도 버리고 부대도 버린다는 것이다. 실제로 이 원리를 잘 모르고 살기 때문에 많은 사람들이 터진 부대처럼 신앙생활을 하고 있다. 교회를 들여다보라. 세상 냄새가 펄펄 나는 그리스도인들이 얼마나 많은가! 모두가 옛 사람의 냄새다.

이스라엘 백성들이 하나님의 거룩한 백성이 되는 비전을 갖고 출애굽을 하였으면서도 광야에서 망한 이유가 바로 이 옛 사람 때문이었다. 이들은 광야 길을 걸으며 끝없는 불평, 불만, 고기타령을 하며 애굽을 그리워하였다. 또 마음에 시기, 질투, 미움, 불신이 떠나지 않았다. 한 달이면 들어갈 수 있는 가나안 땅을 40년이나 걸려 갔다. 그리고 가나안 땅의 풍요를 누리기 전, 갈렙과 여호수아를 제외하고는 모두 광야에서 엎드러져 죽었다.

이스라엘의 광야생활 이야기는 남의 이야기가 아니다. 오늘날 나 자신을 비롯하여 교회 생활을 하고 있는 모든 성도들의 이야기이다. 많은 사람들이 예수를 믿고 구원을 받은 후에도 여전히 세상 탐욕을 벗지 못하고, 여전히 미운 감정을 버리지 못하고, 용서하지 못하고, 혈기를 극복하지 못하고, 여전히 추하고, 더럽고, 게으르고, 안일하게 살아간다. 한 입으로 비난하며 한 입으로[41] 주님을 찬양하고, 긍휼 없는 마음으로 긍휼을 구한다. 이 모두가 가증한[42] 옛 사람의 반응이다. 그런데도 문제의식을 갖지 못한다.

생각해 보자. 남을 미워하면서 어찌 하나님의 사랑을 받을 수 있겠는가? 인색한 마음을 갖고 있으면서 어찌 더 풍성한 축복을 누리게 해달라고 기도할 수 있겠는가? 다른 사람에게 긍휼을 베풀지 않고 어찌 주님의 긍휼을 기대할 수 있겠는가?[43] 하나님 사랑보다 시상을 더 사랑하면서 어찌 큰 능력을 달라고 기도할 수 있겠는가? 이런 옛 사람을 벗지 않고 달라질 수 없다. 주님의 통치를 받으며 살 수 없다. 풍성한 삶을 누리며 살 수 없다. 하나님은 이러한 옛 사람으로는 무수한 제물, 많은 기도가 아무 소용이 없다고 하신다(사 1:11,15). 많은 일, 많은 봉사가 능사가 아니라는 것이다.

새 사람을 입으라

그러므로 끊임없이 옛 사람을 벗어버리고 새 사람으로 옷을 입어야 한다. 그리하면 주님이 우리 안에 들어와 우리와 먹고, 마시며, 교제하신다(계 3:20). 아멘.

주님이 새 사람 안에 들어오셔서 우리와 교제하며 통치하시면 사고하는 모든 가치관과 신앙의 태도가 달라진다. 먼저 그의 나라와 의를 구하게 되고, 하나님을 사랑하게 되고, 이웃을 배려하게 된다. 새 사람 안에서 주의 모든 말씀은 실체가 되어 그대로 이루어진다. 통치하는 기도가 응답된다. 사람도 따르고 재물도 따르게 된다. 있으나 없으나 주님과의 사귐 속에 부러울 것 없는 풍성한 자가 된다. 아멘.

옛 사람을 벗고 새 사람을 입는 것은 또한 주님이 쓰시기에 합당한 그릇이 되는 길이다. 디모데후서 2장 21절에서 주님은 바울로 말씀하신다.

> 그러므로 누구든지 이런 것에서 자기를 깨끗하게 하면 귀히 쓰는 그릇이 되어 거룩하고 주인의 쓰심에 합당하며 모든 선한 일에 준비함이 되리라(딤후 2:21).

주님이
하십니다

바울 역시도 처음부터 깨끗한 그릇은 아니었다. 다메섹 도상에서 주님을 뜨겁게 만나고 충성스런 복음의 일꾼이 되었어도 자신 안에 여전히 옛 사람의 본성이 살아 있었다. 선을 행할수록 선을 행하기 원하는 자신 안에 악이 함께 하는 것을 보고 놀라지 않을 수 없었다(롬 7:21). 그는 열정적인 사람이면서 동시에 곤고함을 호소하는 사람이었다(롬 7:24). 이러한 그가 마침내 갈등을 끝내고 자유와 해방선언을 할 수 있었던 것은 바로 죽음의 선언 때문이었다.

"나는 날마다 죽노라"(고전 15:31).

옛 사람의 자신이 죽으면 주님이 하신다는 깨달음은 바울의 삶과 신앙에도 혁명적인 변화를 가져왔다.

자신의 죽음을 선언할 때 생명의 성령의 법이 죄와 사망의 법에서 자신을 곧 해방하는[41] 놀라운 기쁨을 체험하게 되었고, 비로소 온전히 승리하는 삶을 살 수 있었다. 수없이 매를 맞고, 굶주리고, 죽음을 당해도 죽지 않았다. 손을 얹은즉 병든 자가 고침 받고, 귀신이 떠나고, 죽은 자가 일어났다. 가는 곳마다 복음의 역사가 일어났다. 심지어는 신(神)으로 오인까지 받았다(행 14:13). 그러나 교만해지지 않았다. 자신의 죽음을 선언한 후 이루어진 모든 일들을 보면서 그는 자신이 한 일이 아니라는 것을 알았다.

"내가 모든 사도보다 더 많이 수고하였으나 내가 아니요 오직 나와 함께 하신 하나님의 은혜로라"(고전 15:10). 그는 오히려 "나를 본 받는 자가 되라"고 담대하게 외쳤다(고전 4:16). 왜냐하면 옛 사람이 죽은 후의 바울은 더 이상 바울이 아니었기 때문이다. 새 사람 바울의 삶은 곧 그 안에 사시는 그리스도의 삶이었다. 그는 감옥에서도 찬송하더 옥문을 열었고, 빌립보를 통해 유럽 복음의 길을 열었으며, 토마까지 정복하였다. 그리고 말년에는 로마 옥중에서 서신서들을 받아 기록하며 복음 안에서 비전을 불태우는 일을 하였다.

누구나 마찬가지이다. 옛 사람 그대로 살면 사울처럼 죄인의 괴수가 되는 것이고 옛사람이 죽으면 바울처럼 쓰임 받는 그릇이 되는 것이다. 옛 사람의 내가 살면 그의 발치도 따라갈 수 없지만, 새 사람이 되면 바울처럼 위대한 일을 할 수 있다. 바울처럼 능력의 사역도 세계선교도 꿈 꿀 수 있다. 새 사람이 되면 주님이 하신다. 주님이 하시면 불가능이 없다. "예수님은 살아계십니다!" 한 마디만 해도 3,000명, 5,000명이 회개하는 꿈같은 역사가 오늘날도 재현될 수 있다.

그러면 어떻게 옛 사람을 벗고 새 사람을 입을 수 있는가? 요한계시록 12장 11절을 보면 또 여러 형제가 예수의 피와 자기의 증거하는 말을 인하여 저를 이기었다는 말씀이 있다. 옛 사람이 죽고 깨끗해지는 길은 예수의 피 밖에 없다. 날마다 예수님의 십자가의 보혈 앞에 나아가야 한다. 피 뿌림을 받아야 한다. 여기서 중요한 것이 말이다. 주님은 죽이고 살리는 권세가 혀[45]에 있다고 하신다. 믿음의 말로 예수의 피를 시인하고 옛 사람의 죽음을 선언해야 한다. 그리고 말씀대로 한 가지씩 순종하다 보면 점점 옛 사람의 옷이 벗겨지고 대신 새 사람의 옷을 입게 된다. 이렇게 해서 그릇이 깨끗해지면 주님의 말씀이 내 안에서 생명의 실체가 되어 역사하게 된다.

중요한 것은 내 안에 옛 사람이 죄요 원수임을 인식하고 싸울 것을 결심하는 것이다. 옛 사람이 일어날 때마다 철저히 회개하고 십자가에 못 박는 것(부인)이다. 그리고 곧바로 예수님의 십자가의 은혜를 덧입고 새 사람을 선언하면 된다.

주님이
하십니다

우리의 고백

나 ○○○는 더 이상 유혹의 욕심을 따라 썩어져가는
옛 사람이 아니다.

유혹의 욕심을 따르는 ○○○의 옛 사람 마귀자식은
예수님과 함께 십자가에 죽었다.

구습을 따르는 안일, 게으름, 무절제, 늦잠은
예수님과 함께 십자가에서 죽었다.

구습을 따르는 과격한 말, 상처 주는 말, 부정적인 말하는 옛 사람은
십자가에서 죽었다.

구습을 따르는 비판, 정죄, 남 비방, 수근수근하는 옛 사람은
예수님과 함께 십자가에서 죽었다.

구습을 따르는 ○○○의 옛 사람 불신, 불평, 불만, 원망은
십자가에서 죽었다.

나는 사랑의 예수님의 십자가의 은혜로 심령이 새롭게 된
새 사람이 되었다.

나는 이제 의와 진리를 따라 거룩함으로 지으심을 받은 새 사람이다.

나는 하나님을 최고로 사랑하며 영광 돌리는 새 사람이다.

나는 주님의 십자가의 은혜로 남을 사랑하고, 축복하고, 칭찬하는
새 사람이다.

나는 언제나 감사를 잘 하는 새 사람이다.

나는 언제나 주님의 통치를 받는 새 사람이다.

"아멘." 주님께 영광!

6
지시할 땅으로!

여호와께서 아브람에게 이르시되 너는 너의 고향과 친척과 아버지의 집을 떠나 내가 네게 보여줄 땅으로 가라(창 12:1).

하나님의 약속하신 복을 누리는 삶을 살기 위해서는
반드시 하나님의 말씀을 순종해야 하고
또한 하나님의 경륜을 알아야 한다.
하나님의 경륜은 당장의 복을 받게 하는 것이 아니다.
먼저 **복 받는 나라**를 이루는 것이다.
그로 큰 민족을 이루시고, 복된 나라를 세우시고,
그리하여 후손 만대까지 복을 받게 하시는 것이다.
나라는 행복할 수 있는 터전이다.
나라가 잘 되어야 백성들이 잘 되고
지속적으로 행복할 수 있다.
어떤 나라에서 누구의 통치를 받으며 사는가에 따라
삶의 질이 달라진다.

왕의 통치를 받으며 새 사람으로 살려면 그 명령에 순종하는 삶을 살아야 한다. 어느 날 하나님이 아브라함을 부르시고 약속의 말씀과 함께 다음과 같이 명령을 하셨다.

주님이
하십니다

너는 너의 고향과 친척과 아버지의 집을 떠나 내가 네게 보여줄 땅으로 가라 내가 너로 큰 민족을 이루고 네게 복을 주어 네 이름을 창대하게 하리니 너는 복이 될지라(창 12:1-2).

말씀에 순종하여 하나님의 지시하시는 땅으로 가면 큰 민족을 이루고, 복을 주어 이름을 창대케 하고, 복의 근원이 되게 하시겠다는 것이다. 당시 아브라함은 75세 나이에 정든 고향을 떠나야 했고, 부모형제를 떠나야 했고, 재산을 포기해야 했고, 삶의 터전을 떠나야 했다. 히브리서를 보면 그가 부름을 받아 떠날 때 갈 바를 알지 못했다고 하였다(히 11:8). 순종해서 약속의 땅에 들어갔지만 당장에 손바닥만한 땅 한조각도 소유하지 못했다. 가나안에 거하면서 줄곧 장막을 치는 삶을 살아야 했다. 100세가 되도록 자식도 하나 없었다. 주님이 약속하신 말씀은 복과는 현실적으로 너무나 거리가 멀게 느껴졌다. 약속의 말씀과 달리 현실은 힘들고 일이 잘 풀리지 않았다. 그러나 그는 하나님 말씀에 순종하였다.

하나님의 경륜

하나님의 약속하신 복을 누리는 삶을 살기 위해서는 반드시 하나님의 말씀을 순종해야 하고 또한 하나님의 경륜을 알아야 한다. 하나님의 경륜은 당장의 복을 받게 하는 것이 아니다. 먼저 **복 받는 나라**를 이루는 것이다. 그로 큰 민족을 이루시고, 복된 나라를 세우시고, 그리하여 후손 만대까지 복을 받게 하시는 것이다.

나라는 백성들이 행복할 수 있는 터전이다. 나라가 잘 되어야 백성들이 잘 되고 지속적으로 행복할 수 있다. 어떤 나라에서 누구의 통치를 받으며 사는가에 따라 삶의 질이 달라진다. 자유가 없고 먹을 것이 넉넉지 못한 북한이나 아프리카에 사는 사람들은 늘 배고프고 힘들다. 영양실조로 배가 불룩 나오고 다리가 썩어 들어가도 제대로 치료를 받지 못한다. 반면 국민소득 4만 달러가 넘고 복지시설이 잘된 스위스 같은 나라는 전 국민이 먹을 것이 풍족하고 건강과 부의 혜택을 누리며 살아간다. 먹고 사는 것은 기본이고 전 국토가 그림 같은 공원이다. 한쪽은 지상의 지옥이고 한쪽은 지상의 천국과 같다.

그러므로 진정 복을 누리는 삶을 살려면 먼저 본토 친척 아비 집을 떠나라는 명령에 순종해야 한다. 왜냐하면 본토 친척 아비 집은 죄악의 소굴이요 사단의 본거지로 원천적으로 복을 받을 수 없는 곳이기 때문이다. 그곳은 하나님이 새 역사를 이룰 수 없는 곳이다. 성경은 아브라함의 아비 데라가 강 저편에 거하여 다른 신들을 섬겼다고 기록하고 있다(수 24:2).

왜 하나님이 소돔과 고모라에서 롯을 이끌어 내셨는가? 왜 하나님이 애굽에서 그리고 바벨론에서 그 백성을 이끌어 내셨는가? 소돔과 고모라, 애굽, 바벨론 역시 사단이 다스리는 귀신의 처소[46]였기 때문이다. 이런 본토에 있으면 복은커녕 모두가 죽게 된다. 그래서 요한계시록 18장 4절로 주님은 말씀하신다.

> 또 내가 들으니 하늘로부터 다른 음성이 나서 가로되 내 백성아, 거기서 나와 그의 죄에 참여하지 말고 그의 받을 재앙들을 받지 말라 (계 18:4).

주님이
하십니다

아브라함이 본토 친척 아비 집을 떠나는 것은 일회적 사건이 아니다. 본토 친척 아비 집을 떠나는 것은 하나님의 복을 누리기 위한 첫 단계이다. 하나님의 복된 나라가 이루어지기까지 하나님의 자녀들이 계속 순종해서 떠나야 할 곳이다.

떠나야 할 본토와 지시하시는 땅

그렇다면 우리가 떠나야 할 본토는 어디이며, 가야 할 하나님이 지시하시는 곳은 어디인가? 죄악을 생산하고 죄악과 타협하는 곳이라면 어떤 곳이든지 떠나야 할 곳이다. 무엇보다도 우리 안에 옛 사람의 본토를 떠나야 한다. 그리고 새 사람의 지시하는 땅으로 가야 한다. 우리의 마음은 땅과 같다. 좋은 열매를 맺으려면 좋은 땅으로 옮겨야 하듯이 좋은 마음 밭을 소유해야 한다. 주님은 우리가 순간순간 구습을 따르던 옛 사람을 벗고 의와 진리와 거룩하심으로 지으심을 입은 새 사람을 입으라고 하신다.

옛 사람은 마귀의 통치영역으로 하나님의 나라를 이루지 못하는 나쁜 땅이다. 저주의 땅이다. 옛 사람이 발동하면 혈기가 오르고, 미움이 일어나고, 불신이 생기고, 화가 나고, 포기, 절망, 두려움, 성령 훼방, 저주의 말이 입에서 나온다. 나쁜 열매가 나타난다.

반면 **새 사람**은 하나님이 직접 통치하시는 축복의 땅이다. 우리 안에 있는 심령 천국이다. 새 사람의 땅은 풍요로운 열매가 맺히는 곳이다. 이런 땅에서는 사랑, 희락, 화평, 오래 참음, 자비, 양선, 충성, 온유, 절제 등 성령의 열매들(갈 5:22–23)이 줄줄이 맺게 된다.

    이런 새 사람이 누리는 축복은 옛 사람으로 누리는 축복과 비교가 안 된다. 이스라엘은 과거 애굽의 고기 가마 밑에서의 삶을 그리워하였지만, 하나님이 지시하시는 땅 가나안은 젖과 꿀이 흐르는 땅이었다. 그들은 가나안에 들어가 포도 한 송이를 두 사람이 둘러메고 나왔다. 주님은 이스라엘이 그곳에 들어가면 스스로 채우지 아니한 아름다운 물건이 가득한 집을 얻게 하시며, 스스로 파지 아니한 우물을 얻게 하시며, 스스로 심지 아니한 포도원과 감람나무를 얻게 하사 너로 배불리 먹게 하시겠다고 약속하셨다(신 6:11). 옛 사람의 본토에서 나오는 것을 지체하거나 아쉬워할 필요가 하나도 없다. 약속의 땅의 축복과 비교할 수 없다.

    그런데 문제는 사람들이 이 옛 사람의 산문[47]에서 지체를 한다는 것이다. 롯이 그의 처와 함께 소돔 고모라에서 나올 때 롯의 처는 아쉬워 뒤돌아보았다가 소금기둥이 되었다. 출애굽 한 이스라엘은 광야의 길에서 애굽을 추억하다가 길에서 멸망당하였다.

    오늘날도 이렇게 옛 사람의 본토에서 지체하는 사람들이 많다. 하나님의 경륜을 모르기 때문에 사람들은 현실의 지엽적인 문제로 불평하며 '옛 사람을 떠나라' 는 이 명령에 불순종한다. 떠났다가도 감사치 못하고 과거의 죄악의 나라로 돌아가려고 한다. 그래서 약속이 더디고 축복의 문이 쉽게 열리지 않는다. 우리는 결코 옛 사람에 머무는 어리석은 자가 되어서는 안 된다. 예수님은 옛 사람의 본토를 떠나지 않고 대적하는 바리새인들을 이렇게 책망하셨다.

> 너희는 너희 아비 마귀에게서 났으니 너희 아비의 욕심대로 너희
> 도 행하고자 하느니라 그는 처음부터 살인한 자요 진리가 그 속에

주님이
하십니다

없으므로 진리에 서지 못하고 거짓을 말할 때마다 제 것으로 말하나니 이는 그가 거짓말쟁이요 거짓의 아비가 되었음이니라(요 8:44).

이들은 입술로는 하나님을 사랑한다고 하였지만 실지로는 예수님에게서 멀었다. 겉으로는 하나님을 잘 섬긴다고 하였지만 마음으로는 마귀를 섬기며 그의 통치를 받고 있었다. 경건의 모양은 있었지단 능력은 없었다. 이들은 옛 사람의 본토를 떠나지 않았다. 예수님은 이들을 마귀의 자식이라고 하셨다. 진리가 없고 거짓말쟁이이고 살인자라는 것이다.

아무리 하나님을 사랑한다고 해도 옛 사람의 본토를 떠나지 않으면 다 그렇게 된다. 배와 부친과 그물을 버리고 주님을 따른 제자들이 예루살렘의 회복이라는 옛 사람의 꿈을 버리지 않았을 때 결국 십자가 앞에서 다 도망가고 말았다. 베드로는 인간적 생각에 잡혔고, 도마는 의심에, 유다는 욕심에 사로잡혔다. 사람의 일을 생각하는 것, 하나님의 일을 훼방하는 것 모두가 사단 마귀의 일이다. 옛 사람으로 반응하면 나도 모르는 사이에 마귀의 통치를 받게 된다. 마귀는 두려워하는 마리아와 마르다의 옛 사람 속에 들어와서 하나님의 영광을 보지 못하게 하려고 하였다. 마귀는 아나니아와 삽비라의 거짓의 옛 사람을 충동하여 성령을 속이고 죽게 하였다. 마귀는 데마에게 들어와 서상을 사랑하여 세상으로 가도록 하였다. 옛 사람을 떠나지 않으면 누구나 다 이처럼 심각한 상태에 처하게 된다. 옛 사람은 속히 떠나야 할 우상의 땅이다.

우리의 고백-1

나는 탐심을 가진 옛 사람이 아니다.

나는 의심하는 옛 사람이 아니다.

나는 두려워하는 옛 사람이 아니다.

탐심을 가진 옛 사람, 의심하는 옛 사람, 두려워하는 옛 사람

ㅇㅇㅇ는 예수님과 함께 십자가에 죽었다.

나는 예수님의 십자가의 은혜로

하나님만 사랑하고 섬기는 새 사람이다.

나는 하나님의 일만 생각하는 믿음의 새 사람이다.

나는 언제나 새 사람으로 사는 순종의 사람이다.

새 사람의 언어(말)

그렇다면 우리가 어떻게 옛 사람의 본토를 떠나 하나님의 지시하시는 새 사람의 땅으로 갈 수 있을까? 창세기 12장 4절을 보면 이에 아브라함이 말씀을 따라갔고 롯도 그와 함께 하였다고 했다. 자기 생각을 하며 꾀를 따르는 사람은 옛 사람의 본토를 떠나지 못한다. 말씀을 따르는 사람만이 옛 사람을 떠나 새 사람으로 나아갈 수 있다. 말씀은 하나님의 지시하시는 땅으로 가는 길에 등이요 빛이다. 말씀을 사랑하며 붙들고 사는 사람들은 결코 길을 잃지 않는다. 주야로 말씀을 묵상하며 고백하는 지혜!

또한 새 사람으로 살려면 말이 달라져야 한다. 과거 사사시대에 입

주님이
하십니다

다와 길르앗 사람이 에브라임 사람과 싸울 때 요단 나루턱에 있다가 땅을 건너는 사람들을 가려서 잡아 죽인 일이 있었다. 그 대 입다는 에브라임 사람들에게 '십볼렛' 이란 말을 발음하도록 하였다. 에브라임 사람들은 부산 사람들이 '쌀' 발음을 못하여 '살' 하듯이 '십볼렛'[48]을 못해서 '씹볼렛' 이라고 발음하였다. 이렇게 발음한 사람들은 다 죽었다. 말한마디로 살고 죽었다. 야고보 3장 2절로 주님이 말씀하신다.

> 우리가 다 실수가 많으니 만일 말에 실수가 없는 자라면 곧 온전한
> 사람이라 능히 온 몸도 굴레 씌우리라(약 3:2).

말은 곧 옛 사람에서 새 사람으로 확실하게 넘어가는 방법이다. 옛 사람의 말을 부인하고 새 사람의 말을 적극 시인하여 입에 달라붙어야 한다. 자기감정과 생각을 따르는 말을 해서는 안 된다. 하나님 말씀을 따라서 나오는 말을 해야 한다. 남이 욕해도 욕하지 않고 고난 받아도 위협하지 않아야 한다(벧전 2:23). 늘 십자가로 부정적 언어를 부인하고, 주님으로 칭찬과 축복의 말을 해야 한다. 힘들어도 힘들다고 하지 않고 "주님이 잘 하십니다."하고 고백해야 한다. 아파도 "나는 예수님의 십자가의 은혜로 건강한 새 사람이 되었다."고 고백한다. "죽겠다."는 말을 하지 않는다. 현재 소유하고 가진 것이 없어도 "나는 예수님 때문에 부자다."라고 믿음의 말을 선언한다. 그리고 '주님의 뜻이라면' 이라든가 '할 수 있거들랑' 이런 애매한 말은 하지 않아야 한다. 언제나 확신에 찬 말을 해야 한다. "주님은 하실 수 있습니다." "반드시 됩니다!" "아멘." 이렇게 살리는 언어와 영의 언어를 써야 한다.

주님은 제자들에게 너희 아버지와 같이 온전하라고 하셨다.[49] 하나

님의 언어로 말이 달라진 사람이 새 사람이요 온전한 사람이 된 증거이
다. 이렇게 말이 달라지면 삶이 달라진다. 주님의 쓰시기에 합당한 사
람이 되어 주님의 통치를 받게 된다. 그 때부터 생명의 열매가 주렁주
렁 맺히고 축복의 열매가 맺혀지는 놀라운 역사가 일어나게 된다. 창세
기 12장 3절로 주님 말씀하신다.

> 너를 축복하는 자에게는 내가 복을 내리고 너를 저주하는 자에게
> 는 내가 저주하리니 땅의 모든 족속이 너로 말미암아 복을 얻을 것
> 이라(창 12:3).

우리는 이미 예수님의 은혜로 축복받은 사람, 축복을 나눠주는 사람
이 되었다.

우리의 고백 - 2

나는 예수님의 은혜로 건강한 새 사람이다.
나는 예수님의 은혜로 부요한 새 사람이다.
나는 예수님의 은혜로 생명을 누리는 새 사람이다.
나는 언제나 주님으로 축복의 말을 하는 새 사람이다.
나는 예수님 때문에 복이 넘친다.
나는 천하 만민에게 복을 나눠주는 삶을 산다.
나로 인해 내 자녀, 내 친족, 내 이웃들, 내 나라 내 민족,
열방이 복을 받는다.
이제 주님으로 사는 나는 들어가도 복을 주며,
나가도 복을 주는 자이다.
"아멘." 주님께 영광!

주님이
하십니다

7

율법과 은혜

그에게 들어가 이르되 은혜를 받은 자여 평안할지어다 주께서 너와 함께 하시도다 하니(눅 1:28).

도대체 율법은 무엇이고 은혜는 무엇인가?

이 율법과 은혜의 차이를 명확하게 구분할 수 있다면

이제 우리는 자유와 해방의 신앙을 맞게 된다.

… 간단히 요약하면 **율법**은 하나님의 말씀이 사람의

차원에서 전달되고 행해지는 것이다.

구약의 말씀이든 신약의 말씀이든 어떤 말씀이든

사람에게 요구되고 사람이 지키려 하면 율법이 된다.

하나님의 말씀을 사람에게 요구해도 율법이 된다.

하나님의 말씀을 사람의 언어로 전달해도 율법이 된다.

사람의 말로 들어도 율법이 된다.

… 그러나 똑같은 말씀도 성령으로 듣고 성령으로 전달되면

복음이 되고, **은혜**가 된다.

은혜의 복음에는 하나님의 사랑이 들어 있고

지극히 큰 능력이 개입되기 때문이다.

그리고 반드시 말씀이 이루어지기 때문이다.

하나님의 지시하시는 새 나라에서 계속 복된 인생을 누리며 살려면

율법과 은혜의 차이를 명확하게 구별할 수 있어야 한다. 우리는 그동안 오랜 신앙생활을 하면서 율법과 은혜의 복음에 대해서 설교 말씀도 듣고, 공부도 하고, 생각도 하고, 묵상도 많이 하였다. 그런데도 율법과 은혜의 차이를 명확하게 구분한다는 것이 쉽지 않다. 분명히 성경은 예수님이 오심으로 은혜의 해가 도래하였고, 우리 믿는 자들은 은혜를 누릴 수 있는 기회가 왔다고 한다.[50] 누가복음 4장 18-19절로 주님이 말씀하신다.

> 주의 성령이 내게 임하셨으니 이는 가난한 자에게 복음을 전하게 하시려고 내게 기름을 부으시고 나를 보내사 포로 된 자에게 자유를 눈먼 자에게 다시 보게 함을 전파하며 눌린 자를 자유하게 하고 주의 **은혜의 해**를 전파하게 하려 하심이라 하였더라(눅 4:18-19).

이 말씀을 보면 은혜의 신앙은 영적으로 보고, 듣고, 자유를 누리는 해방의 신앙이다. 그렇다면 말씀 그대로 이런 은혜를 누리는 삶을 살고 있는가? 솔직히 하루에도 수없이 은혜와 율법을 오가며 살고 있지 않는가? 이것이 우리 자신의 모습이다. 어쩌면 율법 속에 더 갇혀 살고 있다고도 할 수 있다. 은혜를 말하면서도 삶은 율법적일 수 있다. 문제는 이 율법과 은혜의 차이를 구분하지 못하면 은혜의 시대가 왔어도 여전히 율법 아래 갇혀 살게 된다는 것이다.

주님이
하십니다

율법과 은혜에 대한 오해

사람들은 율법과 은혜를 이렇게 구분한다. 구약의 말씀은 율법이고 신약의 말씀은 은혜이다. 요구하고 판단하고 정죄하는 것은 율법이고, 감당하고 품는 것은 은혜이다. 물론 맞는 말이다. 그러나 이렇게만 구분하면 계속 오리무중에 빠지게 된다. '구약과 신약', '지시하고 요구하거나 감당하는 것', 이런 것이 율법과 은혜의 근본적인 차이가 아니다.

구약 시대에도 은혜 가운데 산 사람이 있고 신약 시대에도 율법 속에 산 사람들이 있다. 대표적으로 노아와 다윗과 같은 사람들은 구약시대에도 은혜를 누리며 살았다. 성경은 이들이 '하나님 앞에 은혜를 입었다'고 한다. 다윗의 경우는 엄격한 율법 시대에도 불구하고 제사장 외에는 먹을 수 없는 진설병을 먹고, 언약궤를 만지고도 죽지 않았다. 반면 신약 시대에 바리새인들과 율법사들은 예수님의 은혜의 시대에 살면서도 율법적인 삶을 살았다. 일주일에 두 번씩 금식을 하고, 십일조를 철저히 바치고, 율법의 규례를 조목조목 지키며 살았다. 이들은 은혜의 예수를 핍박했다. 그런가 하면 예수님의 경우, 때로는 아주 온유하셨다가 때로는 채찍 끈을 만들어 성전에서 장사하는 자들을 무섭게 쫓아내시는 모습을 보이셨다.

도대체 율법은 무엇이고 은혜는 무엇인가? 이 율법과 은혜의 차이를 명확하게 구분할 수 있어야 우리는 자유와 해방의 신앙을 누리며 살수 있다.

누가복음 1장에서 주님은 은혜와 율법의 차이가 무엇인가 명확히 구별해 주신다.

어느 날 다윗의 자손 요셉이라는 청년과 정혼한 시골 처녀 마리아에게 천사가 나타나 놀라운 메시지를 전했다. "은혜를 받은 자여 평안할지어다. 주께서 너와 함께 하시도다." 처녀 마리아는 그 말을 듣고 놀라 이런 인사가 어찜인고 생각하였다. 그 때 천사가 말하였다. "마리아여 무서워 말라. 네가 하나님께 은혜를 입었느니라. 보라 네가 잉태하여 아들을 낳으리니 그 이름을 예수라 하라. 그가 큰 자가 되고 지극히 높으신 이의 아들이라 일컬어질 것이요 주 하나님께서 그 조상 다윗의 왕위를 그에게 주시리니 영원히 야곱의 집을 왕으로 다스릴 것이며 그 나라가 무궁하리라." 천사의 메시지는 마리아가 수태하여 하나님의 아들을 낳는 축복을 받게 된다는 것이었다.

그 아들은 지극히 높으신 이의 아들이며, 인생의 구원자시며, 장차 다윗의 위에 앉아 영원히 야곱의 집에 왕 노릇하실 분이시다. 반면 마리아는 시골 계집종이다. 즉 마리아는 하나님 나라의 왕을 잉태하는 황후가 되는 은혜와 하나님 나라의 구속역사에 성모로 쓰임 받는 은혜를 누리게 된 것이다. 시골 처녀가 하나님 나라 왕을 잉태하는 황후가 된다는 것은 정말로 큰 은혜가 아닐 수 없다.

그런데 이런 하나님의 택정함과 축복을 받는 마리아의 반응이 어떠하였는가?

> 마리아가 천사에게 말하되 나는 남자를 알지 못하니 어찌 이 일이 있으리이까(눅 1:34).

마리아는 하나님의 축복의 말씀을 듣고서 이렇게 생각했다. "나는 사내를 알지 못한다. 어찌 이런 일이 있을 수 있을까?" 사내를 알지 못하는 인간적인 자신의 조건 그리고 그 모든 일을 자신이 감당해야 한다

주님이
하십니다

고 생각할 때 마리아에게 하나님의 은혜로운 말씀은 오히려 두렵고 무거운 짐이었다.

모든 하나님의 말씀은 생명이며 지키는 자에게 축복이지만, 그 말씀이 사람에게 전해지고 사람의 관점에서 지키려 하면 율법이 된다. 사람은 하나님의 말씀을 지킬 수 없는 연약한 존재이다. 은혜로운 말씀도 지킬 수 없으면 두렵고 무거운 것이다. 그 때 천사가 대답했다.

> 천사가 대답하여 이르되 성령이 네게 임하시고 지극히 높으신 이의 능력이 너를 덮으시리니 이러므로 나실 바 거룩한 이는 하나님의 아들이라 일컬어지리라 보라 네 친족 엘리사벳도 늙어서 아들을 배었느니라 본래 임신하지 못한다고 알려진 이가 이미 여섯 달이 되었나니 대저 하나님의 모든 말씀은 능치 못하심이 없느니라 (눅 1:35-37).

천사는 성령이 임하시고 지극히 크신 이의 능력이 마리아를 덮어 거룩하신 하나님의 아들을 낳게 된다고 전했다. 은혜는 위로부터 오는 선물이다. 그리고 은혜의 복음을 전하고 이루시는 분은 성령이시다. 하나님의 능력으로 말씀이 이루어지는 것이 바로 은혜의 복음이다.

율법과 은혜의 정의

간단히 요약하면 **율법**은 하나님의 말씀이 사람 차원에서 전달되고 행해지는 것이다. 구약의 말씀이든 신약의 말씀이든 어떤 말씀이든 사람에게 요구되고 사람이 지키려 하면 율법이 된다. 하나님의 말씀을 사람의 언어로 전달되어도 율법이 된다. 사람의 말로 들어도 율법이 된다. 사람이 하나님의 말씀을 가지고 요구하는 것, 판단하는 것, 정죄하는 것, 모두가 율법이다.

그러나 똑같은 말씀도 성령(주님)으로 듣고 성령(주님)으로 전달되면 복음이 되고 은혜가 된다. 예수님이 독사의 자식들이라고 욕하는 것, 채찍을 만들어 쫓아내시는 것, 죄인을 판단하시는 것 모두가 은혜이다.

왜 사람이 하면 율법이고, 하나님이 하시면 은혜인가? 은혜의 복음에는 하나님의 사랑이 들어 있고 지극히 큰 능력이 개입되기 때문이다. 그리고 반드시 그 말씀이 이루어진다.

어떤 청년이 예수님께 나아와 영생을 얻는 길을 물었다. 예수님은 계명을 지키라고 하셨다. 그는 어릴 때부터 다 지켰다고 대답했다. 예수님께서 그 청년에게 네 재물을 다 팔아서 가난한 자에게 나눠 주고 와서 나를 따르라고 하셨다. 그러자 청년은 그 말씀을 듣고 고민하며 돌아갔다. 사실 그 청년은 계명의 가장 중요한 사랑을 실천할 수 없었던 것이다. 예수님이 그 청년에게 요구하신 것은 이 계명을 스스로 지킬 수 있다고 믿으셨기 때문이 아니었다. 자신이 스스로 할 수 없다는 것을 인정하고 돌아오도록 하신 것이다. 만일에 사람이 하나님의 말씀을 지킬 수 있을 것 같으면 예수님이 오시지 않으셨을 것이다. 로마서에서 왜 예수님이 오시게 되었는가? 그 목적을 이렇게 말씀하셨다.

> 율법이 육신으로 말미암아 연약하여 할 수 없는 그것을 하나님은
> 하시나니 곧 죄로 말미암아 자기 아들을 죄 있는 육신의 모양으로
> 보내어 육신에 죄를 정하사(롬 8:3).

주님이
하십니다

인간은 율법을 지키는 데 실패하였다. 하나님 사랑도, 이웃 사랑도, 자기 사랑도 실패하였다. 결국 생명을 살려야 할 율법은 무거운 짐이 되고 저주가 되었다. 이 율법의 요구를 이루고 우리 인간을 구원하기 위해서 오신 분이 예수 그리스도이시다. 예수님이 우리 죄를 다 짊어지시고 율법의 저주 아래 십자가에 매달려 죽으셨다. 그리고 우리 안에 들어오셔서 율법의 모든 요구를 이루시는 주체 자[51]가 되셨다. 예수님은 죄와 구원의 문제만을 해결하신 것이 아니다. 믿는 자들 안에 오셔서 율법의 완성인 사랑을 이루셨다. 거듭남, 우리 안에 사시는 것 그리고 말씀을 이루는 모든 일들을 다 주님이 하시는 것이다. 그래야 율법의 요구가 이루어지고 신앙생활이 가능하게 된다. 우리 힘과 능[52]으로가 아니다. 주님으로 되는 것이다. 주님이 하시면 율법드 선한 것이며 신앙생활은 가벼운 것이 된다. 그 때 주님의 모든 말씀은 승리의 복음이 되는 것이다.

나도 과거에 율법과 은혜의 복음을 구분하지 못한 즈이 있었다. 한 번은 신앙생활을 잘 하지 못하고 있는 한 형제를 심방 갓다. 삶의 열매가 없는 그를 보고 나는 요한복음 15장 5절 말씀을 주었다. "나는 포도나무요 너희는 가지니 저가 내 안에 내가 저 안에 있으면 이 사람은 과실을 많이 맺나니 나를 떠나서는 너희가 아무 것도 할 수 없음이라." 이 말씀은 내가 보기에도 그 형제에게 딱 맞는 말씀이라고 생각되었다. 나는 이 형제가 주님 주신 말씀을 인정하고, 회개하고 돌이키기를 원했다. 주님께 붙어서 열매 맺는 삶을 살기를 바랐다. 그러나 그 형제는 오히려 이 말씀으로 정죄를 받고 마음이 굳어졌다. 그리고 이 말씀을 준 나와 관계가 더 안 좋아졌다. 나는 이 형제가 교만해서 말씀을 받지 않는다고 생각하였다. 돌이켜볼 때 그 형제에게 준 말씀은 사람의 생각을 통하여 전해진 먹물로 쓴 율법에 불과하였다. 그 말씀 속에는 사랑이 없었다. 오히려 예수에게 붙어 있으라는 요구의 말씀은 무거운 율법이 되어 그 형제를 더욱 짓눌렀던 것이다. 그런데도 당시 나는 복음으로 그 형제를 잘 도왔다고 생각을 했던 것이다.

또 한 형제는 과거에 목사님이 왜 자신에게 '중국에 선교사로 가라'는 말을 하였는지 섭섭하다고 하였다. 이 때문에 너무나 마음고생을 하였다는 것이다. 선교사로 가라고 한 것 자체가 문제가 되진 않는다. 그러나 아무리 명령의 말씀이라도 성령으로 전해지지 않는 것이라면 그 말씀 역시 받는 자에게 무거운 짐이 될 수 있는 것이다.

반면 또 다른 한 형제는 가족을 부양해야 하는 장남의 어려운 입장에 있으면서 세계선교의 명령을 받았다. 그는 그 말씀에 순종해서 노부모를 주님께 맡기고 평신도로서 일본 선교사로 떠났다. 그 분은 선교사로 가라는 목자의 말을 하나님의 뜻으로 알았고 성령으로 받아들였다. 그런 결단으로 인해 오히려 노부모를 비롯하여 온 가정의 복음화까지 이루어지고 지금까지 열심히 선교사의 삶을 살아가고 있다.

다윗의 경우 압살롬을 피해서 도망을 갈 때 사울의 집의 사람인 시므이가 쫓아와서 욕을 하였다. "시므이가 저주하는 가운데 이와 같이 말하니라 피를 흘린 자여 비루한 자여 가거라 가거라"(삼하 16:7). 측근 아비새가 이를 듣고 당장에 죽이려 하였지만 다윗은 이렇게 말했다. "스루야의 아들들아 내가 너희와 무슨 상관이 있느냐 저가 저주하는 것은 여호와께서 저에게 다윗을 저주하라 하심이니 네가 어찌 그리하였느냐 할 자가 누구겠느냐?" 욕마저도 성령으로 듣는 다윗에게는 하나님이 주시는 말씀이 되었다.

율법과 은혜는 잘하고 못하는 것, 요구하는 것과 요구하지 않는 것,

주님이
하십니다

억지와 자연스러운 것 등 이런 차이가 아니다. 주님이 하시는 것과 사람이 하는 차이이다. 구약의 말씀을 율법이라고 하는 것은 다른 의미가 아니다. 성령이 오시기 전에 사람에게 요구된 하나님의 말씀이다. 지금 성령으로 구약의 말씀들이 전달된다면 구약 역시 예수로 가득한 생명의 말씀이요 지킬 수 있는 은혜의 복음이 된다. 그러나 예수님이 주시는 신약의 복음서들도 사람이 지키려 하면 하나도 지킬 수 없는 무거운 율법이 된다.

이제 우리 자신을 진지하게 생각해 보자. 나는 과연 은혜의 말씀 속에 자유를 누리며 살고 있는가? 아니면 율법에 갇혀 무겁게 신앙생활을 하고 있는가? 내가 지금 무엇인가를 하지 못하고 있음에 매여 있다면 그것은 율법이다. 내가 전도하지 못하고 있음으로 눌려 있어도 율법이다. 내가 형제를 사랑하지 못하고 있음으로 편치 못해도 율법이다. 왜냐하면 은혜는 사랑의 강권함과 축복으로 오는 것이지 의무감과 무거운 짐으로 오는 것이 아니기 때문이다.

은혜 신앙에 들어가는 길

그러면 어떻게 해야 우리가 자유와 은혜의 신앙에 들어갈 수 있는가? 속히 주님 안으로 들어가야 한다. 주님의 십자가의 사랑에 빠져야 한다. 그리고 주님이 내 안에 사시고, 내 안에서 행하시는 것을 보아야 한다. 그러면 무엇이든지 자유고 무엇이든지 은혜이다. 주님은 우리가 육신으로 인하여 연약하여 할 수 없는 것을 하시려고 오셨다.[53] 우리를 위해 십자가에 죽으시고 부활 승천 후에도 영원히 떠나지 않으시고 오히려 우리 안에 깊이 들어오셨다. 영원히 함께 하시겠다고 약속하셨다. 이는 주님이 우리를 위해 모든 것을 하시겠다는 것이다. 그렇다. 주님이 하셔야 우리는 하나님의 뜻대로 살 수 있고, 주님이 하셔야 구원의 완성에 이를 수 있고, 주님이 하셔야 천국에 이를 수 있다. 우리가 할 일은 이 주님을 내 안에 모시어 들이고 주님과 일체(연합)가 되는 것이다. 주님과 함께 죽고 주님과 함께 사는 것이다. 내가 주 안에 거하고 주님이 내 안에 거하시는 것이다(요한 15:7). 그러면 우리는 주님이 하시는 일을 보게 된다. 이것이 은혜의 신앙이다.

비로소 마리아는 천사의 말을 듣고 깨달았다. 하나님이 하신다는 믿음을 갖고 순종하며 받아들였다. "주의 계집종이오니 말씀대로 내게 이루어지이다." 마리아는 빨리 달려가 엘리사벳을 문안하였고 엘리사벳은 성령의 충만함을 입어 큰 소리로 불러 말했다. "여자 중에 네가 복이 있으며 네 태중의 아이가 복이 있도다." 자유와 은혜의 복음을 받은 마리아는 복 있는 자가 되었다. 주님으로 사는 모든 그리스도인들이 다 복 받은 자들이다. 은혜는 주님이 하시는 일을 받아들이는 것이다!

우리의 고백

주님으로 사는 나는 자유다.
나는 더 이상 율법의 옛 사람이 아니다.
자기 의와 성실로 살고자 하는 율법의 옛 사람은
예수님이 십자가에 죽으실 때 함께 죽었다.
나는 예수님의 사랑으로 사는 은혜의 새 사람이다.
나는 자유의 새 사람이다.
"아멘." 주님께 영광!

주님이
하십니다

8

생명의 떡

요셉도 다윗의 집 족속이므로 갈릴리 나사렛 동네에서 유대를 향하여 베들레헴이라 하는
다윗의 동네로 그 약혼한 마리아와 함께 호적하러 올라가니(눅 2:4-5)

예수님은 우리에게 생명을 주시는 구주가 되시기 위해

베들레헴 떡집에 나셨다.

우리는 베들레헴 떡집을 찾아가야 한다.

거기서 **생명의 떡**을 먹어야 한다.

생명의 떡을 잘 먹어야 영혼이 살찌고 건강하게 된다.

그래야 다른 사람에게도 생명 양식을 나눠 줄 수 있다.

생명이 없으면 생명을 나눠 줄 수 없다.

인생에 있어서 생명의 열매를 맺는 것처럼 중요한 것이 없다.

우리 스스로는 어떤 일을 해도 생명의 열매를 맺지 못하지만

주님을 먹고 마시는 자는 저절로 생명의 열매를 맺게 된다.

우리는 이 세상을 사는 동안 쭉정이가 되어서는 안 된다.

생명의 열매를 맺는 자가 되어야 한다.

누가복음 2장 4-7절로 주님은 우리 삶 속에 아주 중요한 떡 이야기를 하신다.

하나님의 아들이 인류를 구원하시기 위해서 하늘 보좌를 버리시고 베들레헴이라는 작은 마을에 오셨다. 요셉이 정혼한 처녀 마리아와 함께

베들레헴이라는 다윗의 동네로 호적하러 올라갈 때 마리아는 이미 잉태 되었고 만삭이었다. 거기서 아기를 낳아 강보에 싸 구유에 뉘었다. 그 때 밖에서 밤에 양치는 목동들에게 천사가 나타나서 온 백성에게 미칠 큰 기쁨의 좋은 소식을 전했다. 구주 예수님이 베들레헴이라는 다윗의 동네에서 나신다는 것이다(눅 2:10-11).

미가서를 보면 베들레헴에서 나시는 예수님의 탄생을 이렇게 기록하고 있다.

> 베들레헴 에브라다야 너는 유다 족속 중에 작을지라도 이스라엘을
> 다스릴 자가 네게서 내게로 나올 것이라 그의 근본은 상고에, 영원
> 에 있느니라(미 5:2).

베들레헴이란 당시 이름도 없는 아주 작은 마을이었다. '떡집'이란 뜻을 지니고 있다. 예수님은 곧 떡집에 나신 것이다. 왜 떡집에서 나셨을까? 떡 문제를 해결해 주러 오신 것이다. 영적으로나 육적으로나 생명이 자라고 보존되기 위해 떡보다 더 중요한 것이 없다.

떡 문제

한 번은 신문에서 한 안타까운 기사를 읽은 적이 있다. 떡이 없어서 한 어린아이가 굶어 죽었다는 것이다. 어머니도 정신지체자였고 그 아이 역시 정신지체자였다. 누가 도와주지 않으면 제대로 먹지도 못하는 아이였다. 그러나 본인도 무식하고 도와주는 사람도 없어서 국가 장애

주님이
하십니다

혜택도 받지 못하고 있었다. 아버지가 막노동 벌이로 생계를 유지하였지만 벌이가 시원찮아 아이는 무관심 속에 버려져서 굶어 죽었다. 아버지는 두려워서 죽은 아이를 장롱 속에 넣어 두었다. 나중에 그 집에 가서 냉장고를 열어보니 감기용 물약 외에는 아무것도 먹을 것이 없었다고 한다. 내 집 냉장고는 먹을 것이 넘치는데……. 떡이 넘치는 세상에서 먹을 것이 없어 죽는 아이도 있다는 이야기를 듣고 내내 미안함과 안타까운 마음이 들었다. 아무리 어렵고 힘들다고 해도 그래도 한국은 떡이 넘치는 나라이다. 이런 나라에서 그 아이는 떡이 없어서 굶어 죽었다.

① 떡 문제는 **살아가는 문제**이다.

떡을 먹어야 힘이 난다. 떡을 먹어야 활동이 가능하고 삶이 유지된다. 떡은 삶의 기본권이며 에너지 공급원이다. 육신은 날마다 하루 세 끼 떡을 먹어야 유지된다. 떡 문제가 해결되지 않으면 삶이 짜증나고, 힘들고, 어렵다. 이런 떡 문제가 해결되어야 여유가 생기고, 건설적인 일들을 할 수 있다.

② 떡 문제는 또한 **즐거움의 문제**이다.

떡은 삶의 에너지만이 아니다. 맛난 떡을 먹을 수 있다는 것은 즐겁고 행복한 일이다. 사람들은 생존 문제가 해결되면 "오늘은 무엇을 먹을까? 오늘은 어떤 맛있는 것을 먹을까?" 하고 먹거리에 관심을 갖는다. 대학 다니는 딸이 한 번은 길을 지나가다가 외식 이야기를 하였다. 친구 언니들이 돈을 버는데 셋이 30만 원이나 되는 점심을 먹었다는 것이다. 맛있는 떡을 먹는 일이 이제 더 이상 부자들만의 이야기는 아니다.

③ 더 나아가서 떡은 **생명의 문제**이다.

떡은 육신의 생명과 직결된다. 떡을 잘 먹어야 성장 발달한다. 떡을 먹어야 생명이 유지된다. 떡을 잘 먹지 못하면 키도 잘 자라지 못하고 결국 죽는다. 방글라데시, 필리핀 등 가난하게 사는 나라 청소년들을 보면 키가 작다. 생김새는 한국보다 오히려 잘 생긴 것 같은데 왜소하다. 떡 문제이다.

떡이 얼마나 중요한지 모른다. 떡이 인생에서 차지하는 비중은 너무나 크다. 학생들이 공부하고, 취업에 힘쓰고, 일생 수고하는 근본이 떡 문제이다. 예술을 하는 것도, 문학을 하는 것도, 고등 학문을 하는 것도 모두가 떡 문제가 해결되어야 한다. 떡 문제는 모든 삶의 기초이다. 이 떡 문제를 가볍게 여길 수 없다.

떡 문제는 살아가는 문제다.
떡 문제는 즐거움(행복)의 문제다.
떡 문제는 생명의 문제다.

주님이 가르쳐 주신 주기도문에서 우리를 위한 기도의 첫째도 "오늘날 우리에게 일용할 양식을 주옵시고"(마 6:11)이다. 이스라엘 백성들이 출애굽 한 후에 광야에서 무너진 것도 떡 문제였다. 애굽의 400년 굴레에서 해방이 되고 홍해를 건너는 기적을 체험하고, 하늘에서 내리는 만나를 먹으면서도 이들을 가장 어렵게 하고, 힘들게 하고, 시험에 들게 한 것은 떡 문제였다. 한 달이라는 기간만 수고하고 애쓰면 젖과 꿀이 흐르는 땅에 이를 수 있음에도 불구하고 이들은 홍해를 건너자마자 먹는(떡) 문제로 불평, 불만을 하였다. 결국 모두가 가나안을 눈앞에 두고 쓰러졌다.

주님이
하십니다

예수님께서 이 땅에 오셔서 사역을 하시기 위해서 광야에서 첫 번째 받은 사단의 시험도 떡 문제였다. 시험하는 자가 예수께 나아와서 "네가 만일 하나님의 아들이어든 명하여 이 돌들로 떡덩이가 되게 하라"(마 4:3)고 하였다.

제자들이 예수님을 따르면서 가장 근심하며 걱정한 문제도 떡 문제였다. 제자들은 모든 것을 버리고 주님을 따르면서도 늘 "무엇을 먹을까? 무엇을 마실까? 무엇을 입을까?" 염려와 근심이 떠나지 않았다. 예수님이 염려하거나 근심하지 말라고 하셨어도 이 떡 문제는 제자들의 삶에 집요하게 따라 붙었다. 오병이어로 5,000명을 먹이신 사건이 있은 후 예수님이 제자들에게 바리새인과 사두개인의 누룩을 주의하라고 하자 제자들은 곧바로 떡으로 연결하여 생각하다가 책망을 들었다. 주님이 십자가에 달려 죽으신 후에도 이들은 떡 문제를 생각하며 고기를 잡으러 갔다. 반면 기가 죽어 엠마오로 가는 제자들의 경우는 부활의 주님을 만나 떡을 뗄 때 눈이 떠지기도 하였다. 떡 문제는 사람을 둔하게도 하지만 눈을 뜨게도 한다. 떡을 먹으면 닫힌 마음의 문도 열려진다. 떡 목회만 잘해도 교회가 부흥될 수 있다. 떡 문제는 전적으로 얽매일 수도 소홀히 여길 수도 없는 문제이다. 어떻게 하면 이런 떡 문제를 뛰어넘어 승리하는 신앙생활을 할 수 있을까?

더 좋은 떡(생명의 떡)

주님은 떡 문제에 대해서 마태복음 6장 25-33절로 말씀하셨다.

> 그러므로 내가 너희에게 이르노니 목숨을 위하여 무엇을 먹을까 무엇을 마실까 몸을 위하여 무엇을 입을까 **염려하지 말라** 목숨이 음식보다 중하지 아니하며 몸이 의복보다 중하지 아니하냐 … 그러므로 염려하여 이르기를 무엇을 먹을까 무엇을 마실까 무엇을 입을까 하지 말라 이는 다 이방인들이 구하는 것이라 너희 하늘 아버지께서 이 모든 것이 너희에게 있어야 할 줄을 아시느니라 그런즉 너희는 먼저 그의 나라와 그의 의를 구하라 그리하면 이 모든 것을 너희에게 더하시리라(마 6:25-33).

목숨을 위하여 무엇을 먹을까 무엇을 마실까 몸을 위하여 무엇을 입을까 염려하지 말라고 하신다. 중요하지 않다는 것이 아니다. 하나님이 우리에게 필요한 것이 무엇인지 아시니 먼저 그의 나라와 의를 구하라는 것이다. 그러면 먹고, 마시고, 입는 것은 더하여 주시겠다는 것이다.

주님은 육신적이라고 해서 소자들의 떡 문제를 소홀히 여기신 적은 한 번도 없으시다. 40년 광야 길에 백성들을 위해 만나를 내리셨고, 기근에 고생하는 엘리야를 위해서 까마귀로 떡을 물어다주셨고, 춥고 지친 제자들을 위해 갈릴리 해변에서 숯불에 떡과 고기를 구워 비치 파티를 열어 주셨다.

그러나 그의 나라와 의의 핵심은 바로 우리 주 **예수님**이시다. 예수님이 하나님의 말씀으로 오신 더 좋은 떡이다. 생명의 떡이다. 이 떡을 구하고 먹는 것이 곧 육신의 떡 문제를 극복하는 길이며 승리하는 길이라는 것이다. 요한복음 6장 35절로 주님이 말씀하신다.

> 예수께서 이르시되 나는 생명의 떡이니 내게 오는 자는 결코 주리지 아니할 터이요 나를 믿는 자는 영원히 목마르지 아니하리라(요 6:35).

주님이
하십니다

육신의 떡은 육신이 있는 동안만 생명을 유지시켜 준다. 그 떡을 먹은 자는 반드시 죽는다. 그러나 예수님은 참된 양식이요 참된 음료이다(요 6:55). 이 예수님을 먹고 마시면 주리고 목마르지 않는다. 영원한 만족과 행복을 준다.

떡 문제는 결국 **생명**(영생)과 직결되는 문제이다. 그렇다면 먹고 죽는 생명이 없는 떡을 위해 살 것인가? 아니면 먹으면 영원히 죽지 않는 생명이 있는 떡을 위해 살 것인가? 이스라엘 백성들은 모세가 광야에서 먹게 하였던 그 떡을 구하다가 죽었다. 육신의 떡만 먹으면 결국 모두 죽고 망한다.

생명 문제는 참 신앙의 기준이다. 세상에 많은 종교가 있고 많은 성인들이 있음에도 예수님을 따라야 할 이유는 그 안에 생명(영생)이 있기 때문이다. 하나님은 우리에게 구원을 얻을 만한 다른 이름을 주신 적이 없다. 우리가 성경을 연구하는 것도 생명을 얻기 위함이다. 교회에 가는 것도 생명을 얻기 위해서이다. 생명을 얻지 못한다면 모든 말씀은 지식에 불과하다. 많은 선행도 생명을 주지 못한다면 자기 의에 불과하다. 열심히 교회를 다녀도 생명이 채워지지 못하면 종교 행위에 불과하다. 생명의 열매가 없으면 많은 수고도 헛되다. 전도서 저자도 일평생 수고하고 애쓰지만 열매가 슬픔뿐이라고 하였다(전 2:22-23). 참 떡이신 예수를 먹지 않으면 그렇게 된다.

오병이어 사건 후 사람들이 주님으로부터 육신의 양식을 추구할 때 주님은 내가 생명의 떡이니 나를 먹으라고 하셨다. 또한 썩는 양식을 위하여 일하지 말고 영생하도록 있는 양식을 위하여 하라고 삶의 방향도 주셨다(요 6:27). 그러나 그들은 다 떠나가 버렸다. 주님은 육신의 떡을 구하던 사람들이 떠나버린 후 제자들에게 물으셨다.

"너희도 가려느냐?"

그 때 제자 중에 베드로가 대답했다.

"주여 영생의 말씀이 계시매 우리가 뉘게로 가오리이까?"(요 6:68)

우리도 선택해야 한다. 계속 생명이 없는 떡을 구할 것인가, 아니면 영생의 말씀을 따를 것인가? 열매 없는 헛된 일에 인생을 허비할 것인가, 아니면 영생하도록 있는 열매를 맺는 인생을 살 것인가? 영생을 취할 것이면 날마다 베들레헴 떡집으로 가서 생명의 떡을 먹어야 한다. 주님을 먹고 마시는 양식만이 생명 양식이다. 이 양식만이 배로 들어가서 생명 실체가 되고 우리를 변화시킨다. 또한 풍성한 생명의 열매를 맺게 한다.

하나님은 나에게도 오랜 목회 후에 지식을 전달하는 율법 목회는 변화를 주지 못하니 생명 목회를 해야 한다는 깨달음을 주셨다. 나는 그동안 젊은이들과 더불어 오직 강해 설교와 성경공부에 많은 시간을 투자하며 목회를 하였다. 내가 섬기는 성도들에게는 최고의 말씀을 주겠다는 포부를 늘 가지고 말이다. 그러나 정작 내 마음에 쌓이는 혈기 감정이나 극복할 수 없는 것이 자신이었다. 이러한 자신이 성도들에게 영적 변화를 외치며 설교한다는 것은 모순이었다. 지식을 전달하는 목회는 윤리 도덕의 변화를 가져다주지만 영적 변화는 주지 못했다. 내 자신이 성경지식은 많았지만 영은 어린아이 수준에 머물러 있는 모습을 보며 목회의 한계를 느껴야 했다. 결국 40년 선교단체의 개혁이 일어날 때 나는 죽을 각오로 앞장섰다. 무엇보다 나 자신을 위해서였다. 그리고 교회도 성도들도 다 내려놓고 절실한 떡 문제 앞에 기도를 하지 않으면 안 되었다.

그러나 나부터 '다 안다'는 지식을 내려놓고 주님의 말씀을 생명의 양식으로 받아먹기 시작할 때 나의 영이 조금씩 변화되는 것을 체험할 수 있었다. 어려운 형편 속에서도 평강의 열매가 맺혀지고, 믿음의 열매가 맺혀지고, 참 소망의 열매가 맺혀지기 시작하였다. 생명의 말씀은 심령과 삶을 변화시키기 시작했다. 50세가 되도록 몸무게 60kg를 넘지 못했는데 그 한계를 넘어 지금은 65kg가 되었다. 영도 살찌고, 몸도 살쪘다.

외지에 있는 한 형제가 교회를 방문하여 대화하는 중에 신기하고 아이러니하다고 하였다. 인간적인 상황으로 보면 힘들고 어려워해야 하는데 목사님, 사모님이 아주 밝은 모습을 하고 있기 때문이라는 것이다.

영은 상황에 지배받지 않는다. 영이 달라지면 육체도 삶도 달라진다. 성도들의 마음과 삶 가운데도 변화가 일어난다. 열심히 생명의 떡을 먹고 생명을 채우면 삶에도 열매가 나타난다. 영혼이 잘 되고 범사가 잘 되고 강건해진다. 머리에 다 안다는 지식들을 내려놓고 이렇게 고백해 보자.

우리의 고백

주님은 생명의 떡이시다.
나는 주님의 살과 피를 먹고 마시는 영의 새 사람이다.
나는 주님의 십자가의 은혜로 생명이 채워지고,
생명 열매를 맺는 영의 새 사람이다.
내 안에 말씀이 생명 실체가 되었다.
내 안에 생명이 흘러넘친다.
나는 생명의 말씀을 보고, 듣고, 먹고, 만지는 자다.
"아멘." 주님께 영광!

9
아멘이시요

아멘이시요 충성되고 참된 증인이시요 하나님의 창조의 근본이신 이가 이르시되(계 3:14).

아멘이란 본래 '진실로', '참으로'의 뜻이다.
다른 사람의 말에 동의한다는 것이다.
그런데 요한계시록 3장 14절을 보면 **예수님**을 아멘이시라고
말하고 있다.
… 아멘이란 단지 기도를 마친 후에 쓰는 예배 용어가
아니다. 예수님의 말씀, 예수님 자신을 받아들이는
영적인 행위이다.
모든 하나님의 말씀을 받을 때 실체의 예수님으로
시인하는 것이 아멘이다. 예수님은 우리 영혼의
떡이시다. 그러므로 아멘을 잘 하는 것은
예수님을 순간순간 먹고 마시는 것이다.
그만큼 우리의 영이 잘 자라고 성숙하게 된다.

생명의 떡을 잘 먹으려면 아멘의 뜻을 잘 이해하고 말씀 앞에 아멘을 잘 해야 한다. 아멘이 무엇인가?

아멘[54]이란 본래 '진실로', '참으로'의 뜻이다. 다른 사람의 말에 동의한다는 것이다. 그런데 요한계시록 3장 14절을 보면 예수님 자신을

주님이
하십니다

아멘이라고 기록하고 있다.

> 아멘이시요 충성되고 참된 증인이시요 하나님의 창조의 근본이신
> 이가 이르시되(계 3:14).

주님의 이름

아멘은 주님의 이름이다. 엄청난 보화가 담긴 비밀스런 이름이다. 단지 기도 후나 찬송이 끝날 때 사용되는 예배의 용어가 아니다. 아멘이란 모든 말씀을 들을 때마다 실체의 예수님으로 시인하고 받아들이는 영적인 행위이다. 곧 구원의 이름, 능력의 이름으로서 예수님을 시인하는 것이다. 예수님은 누구신가? 예수님은 우리 영혼의 떡이시다. 예수님은 우리의 밥이시다. 먹으면 살과 피가 되시는 분이시다. 아멘을 하는 것은 곧 예수님을 순간순간 먹고 마시는 것이다. 이렇게 아멘으로 예수님을 먹고 마실 때 우리의 영이 자라고 성숙하게 된다.

그런데 사람들은 예수님의 말씀을 떡과 음료로 먹고 마시기보다 지식적으로 연구하거나 분석하기를 좋아한다. 이야기를 들어보니 성경을 100독, 1,000독을 한 사람도 있다고 한다. 물론 성경을 닳이 읽고 은혜 입는 것은 좋은 일이다. 그러나 성경을 100번 1,000번 읽어도 지식으로 머리에 담는 말씀이라면 생명 양식이 아니다. 주님은 언제나 살아 있는 밥으로 자신을 먹으라고 하신다. 아멘.

어릴 적에 부모님들은 자녀들이 밥 잘 먹는 것에 신경을 많이 썼다. 그저 밥 잘 먹고 건강하게 자라는 것이 부모의 바람이었다. 그래야 공

부도 잘 할 수 있고, 건강하여 일도 잘 할 수 있고, 성공도 할 수 있기 때문이다. 밥 잘 먹는 것은 육신의 성장을 위한 가장 기초적인 일이다. 입 "쩍, 쩍" 벌리고 잘 받아먹는 아이들을 보면 얼마나 대견스럽고 예쁜지 모른다.

영적인 것도 마찬가지다. 우리의 영이 잘 자라려면 하나님의 모든 말씀이 양식이라는 깊은 인식을 하고 먹는 차원으로 접근해야 한다. 주님은 모든 하나님의 말씀이 우리 영의 양식이요 신령한 젖임을 말씀하신다.[55] 밥으로 먹으라는 것이다. 아멘. 요한복음 6장 53-55절로 주님이 말씀하신다.

> 인자의 살을 먹지 아니하고 인자의 피를 마시지 아니하면 너희 속에 생명이 없느니라 내 살을 먹고 내 피를 마시는 자는 영생을 가졌고 마지막 날에 내가 그를 다시 살리리니 내 살은 참된 양식이요 내 피는 참된 음료로다(요 6:53-55).

요한복음 4장 32절로 주님이 말씀하신다.

> 이르시되 내게는 너희가 알지 못하는 먹을 양식이 있느니라(요 4:32).

이 말씀들을 보면 하나님의 모든 말씀을 지식이라고 표현하지 않고 양식으로 표현하고 있다. 이는 말씀을 머리에 담을 것이 아니라 받아먹어야 할 것임을 말하는 것이다. 하나님 말씀이 떡이요 신령한 젖으로써 영혼의 양식이라면, 이 말씀을 잘 받아먹는 행위가 바로 **아멘**이다. 아

주님이
하십니다

멘. 아멘. 아멘!

그런데 이 아멘의 의미를 잘 모르고 아멘을 잘 하지 않는 사람들이 있다. 어떤 사람이 한번은 교회에 들어갔는데 말씀이 하도 은혜로워 "아멘." 하였다고 한다. 그런데 모두가 자신을 쳐다보더라는 것이다. "왜 그런가? 아멘이 작아서 그런가?" 생각하고 더 크게 "아멘!" 했더니 이번에는 "집사입니까, 전도사입니까?" 묻더라는 것이다. "집사도 아니고 전도사도 아니고 성도입니다." 했더니 하는 말. "조용히 하-시오. 여기는 떠드는 곳이 아닙니다.' 그 교회는 하나님의 말씀을 조용히 지성적으로 듣고 받는 것으로만 생각을 했던 모양이다.

우리도 마찬가지이다. 많은 성경 공부와 성경 연구 그리고 많은 지식을 소유하고서 믿음이 성숙한 줄로 착각하였다. 그러나 그 결과 혈기, 감정, 분노, 미움의 문제들 하나 극복하지 못했다. 솔직히 어려운 환경에 부딪혀보면 우리를 지켜주고, 삶의 문제들을 해결해 줄 한 말씀이 없다. 지식은 많지만 먹어서 생명화 된 말씀이 많지 않기 때문이다.

과거 바리새인들은 성경 박사였다. 하나님의 말씀을 이성적 지식으로 받고, 귀로 듣고, 머리에 저장을 하였다. 영생을 얻고자 성경을 상고하였다. 그러나 머리에 담은 무수한 성경 지식은 영적으로 생명이 되지 못했다. 그 많은 지식에도 불구하고 예수를 발견하지 못했다. 오히려 모세의 자리에 앉아 그 지식으로 다른 사람들을 정죄하고 심지어 예수님마저 판단하였다. 예수님은 이들을 가리켜 천국 문을 닫고 자기도 들어가지 못하고 다른 사람도 들어가지 못하게 하는 자들이라고 하셨다 (마 23:13).

지식은 사람을 율법적이 되게 하고 교만하게 한다.[56] 또 많은 지식은 오히려 무거운 짐이 되게 한다. 말씀은 먹는 양식이 되어야 한다.

받아먹는 행위

그러므로 에스겔 2장 8절로 주님은 우리가 어떻게 하나님의 말씀인 양식을 받아야 할 것인가를 말씀하신다.

인자야 내가 네게 이르는 말을 듣고 그 패역한 족속 같이 패역하지 말고 네 입을 벌리고 내가 네게 주는 것을 먹으라 하시기로(겔 2:8).

에스겔 3장 1절로 주님은 또 말씀하신다.

또 그가 내게 이르시되 인자야 너는 발견한 것을 먹으라 너는 이 두 루마리를 먹고 가서 이스라엘 족속에게 말하라 하시기로(겔 3:1).

마태복음 26장 26절로 주님이 말씀하신다.

그들이 먹을 때에 예수께서 떡을 가지사 축복하시고 떼어 제자들에게 주시며 이르시되 받아서 먹으라 이것은 내 몸이니라 하시고(마 26:26).

이렇듯 하나님의 말씀은 받아먹는 것이다. "아멘, 아멘." 말씀을 먹는데 육신의 입을 열고 "아멘." 할 필요가 무엇이 있는가 생각할 수 있다. 그렇지 않다. 육의 입을 열어야 영의 입도 열린다. 영의 깊은 기도에 몰입하기 위해서 먼저 부르짖는 기도가 필요한 것과 같다. 이렇게 의식적으로 "아멘."하며 받아먹을 때 생명의 말씀이 우리 뱃속 깊이 들

주님이
하십니다

어가 영의 살이 되고 피가 된다. 그리고 우리의 영이 자라 장성한 분량에 이르게 되면 예수 생명이 운동하기 시작한다(히 4:12). 어린 예수가 그 육신이 자라신 후에 그리스도의 사역을 이루신 것과 같이 예수님의 영이 우리의 성숙한 영 안에서 능력으로 역사하실 수 있다. 아멘.

나는 대학시절부터 선교 단체에서 말씀 훈련을 받았기 때문에 나름대로 성경 연구와 강해 설교에 자부심을 갖고 있었다. 그런데 늘 한 가지 의문이 있었다. 하나님 앞에서 나의 영의 모습을 보면 언제나 어린아이의 모습을 벗어나지 못하고 있었다는 것이었다. 하나님과의 관계도 어린아이가 엄마를 의존하는 관계 수준을 벗어나지 못했다. 경건의 모양은 있지만 능력이 없었다. 그 이유는 말씀을 영의 양식으로 먹지 못하고 지식으로 듣고 배워서 머리에 쌓았기 때문이었다.

지식의 말씀은 이성과 혼을 변화시키지만 영은 자라지 못한다. 영이 너무 어리면 하나님의 뜻을 제대로 분별하거나 깨닫지 못한다. 자연히 인간의 의지와 뜻이 앞서게 되고 영적 성장의 한계를 벗어나지 못하게 된다.

물론 아멘을 안 한 것은 아니지만 아멘의 의미를 잘 몰랐다는 것이다. 말씀을 먹어야 한다는 영적 의미도 알지 못했다. 이렇게 나 자신 뿐만 아니라 많은 사람들이 말씀을 먹는다는 것을 인식하지 못하고 지적으로 연구만 한다. 그래서 많이 알아도 달라지지 않는다. 그러나 이제부터 하나님의 말씀을 아멘으로 먹어보라! 반드시 달라진다!

헐떡이는 심령으로

시편을 보면 다윗은 하나님의 말씀을 입을 열고 헐떡이며 받았다고 기록하고 있다. 그 역시 말씀을 먹는 차원에서 말하고 있는 것이다. 시편 119장 131절에서 주님은 다윗으로 말씀하신다.

> 내가 주의 계명들을 사모하므로 입을 열고 **헐떡였나이다**(시 119:131).

다윗처럼 갈급한 심령이 되어 말씀을 먹는 것이다. 우리의 영혼이 필요한 것은 무수한 지식의 말씀이 아니다. 갈급한 심령으로 배속에 삼켜지는 생명의 말씀이다. "아멘, 옳습니다. 동의합니다." "그 말씀은 곧 예수님이십니다." 이렇게 시인하며 받아들이는 것이다. 이렇게 영의 양식으로 먹는 말씀은 지식의 말씀과는 차원이 다르다. 에스겔 3장 3절로 주님이 말씀하신다.

> 내게 이르시되 인자야 내가 네게 주는 이 두루마리를 네 **배**에 넣으며 네 **창자**에 채우라 하시기에 내가 먹으니 그것이 내 입에서 달기가 꿀 같더라(겔 3:3).

이렇게 배로 받아먹는 말씀은 너무나 달아 입에 꿀과 같다.[57] 그리고 이처럼 말씀이 달아야 피가 되고 살이 된다. 주리지도 않고 목마르지도 않는다.[58] 배에서 생수가 영생하도록 흘러넘친다.[59] 영이 쑥쑥 자라게 된다. 그런 하나님의 말씀은 우리의 영을 성장시키고 우리의 삶을 변화

주님이
하십니다

시킨다. 요한복음 7장 38절 말씀도 풀어진다. 말씀이 배로 들어가 배에서 생수의 강이 흘러넘치면 열매가 맺혀지고, 병이 치유되고, 건강해지고, 만사가 형통하게 되고,[60] 사랑이 샘솟고, 용서와 평화가 샘솟고, 기쁨의 기름이 넘치게 된다. 아멘. 결과 이사야 61장 3절이 그대로 이루어진다.

> 무릇 시온에서 슬퍼하는 자에게 화관을 주어 그 재를 대신하며 기쁨의 기름으로 그 슬픔을 대신하며 찬송의 옷으로 그 근심을 대신하시고 그들이 의의 나무 곧 여호와께서 심으신 바 그 영광을 나타낼 자라 일컬음을 받게 하려 하심이라(사 61:3).

이런 하나님의 모든 은혜를 체험하려면 적극적인 반응을 토여야 한다. 돼지 새끼도 적극적인 반응을 보이며 엄마 젖을 빠는 돼지가 젖을 많이 먹고 살이 찐다고 한다. 옆 동네에 돼지 치는 사람의 이야기를 들어보니 새끼들이 젖을 빠는데 경쟁이 얼마나 치열한지 형제가 없다고 한다. 같은 날 태어난 돼지라도 앞 쪽에 젖꼭지를 차지한 돼지 새끼는 통통하게 살이 찌고 뒤 쪽으로 밀려서 젖이 잘 안 나는 젖꼭지를 물게 된 돼지 새끼는 비쩍 말라 죽기도 한다는 것이다. 하나님은 이렇게 말씀에 적극적인 반응을 보이며 사모하는 영혼[61]을 만족케 하신다.

예수님도 어릴 때부터 아버지 집인 성전에서 사시며 듣기도 하고, 묻기도 하며 말씀에 적극적 반응을 보이셨다. 항상 말씀을 들은 대로 하셨고, 말씀 앞에 '예.'[62]만 하셨다. 이렇게 하셔서 우리가 어떻게 하나님의 말씀에 반응해야 하는지 그 본을 보여주셨다. 우리도 '아멘'으로 먹는 연습을 해 보자. 모든 말씀이 생명 실체가 될 때까지 "아멘." 해 보자.

우리의 고백

예수님의 십자가의 은혜로 나 ○○○는 아멘으로
모든 말씀을 먹는 새 사람이 되었다.

예수님의 십자가의 은혜로 나 ○○○는 하나님의 말씀을
머리로 받지 않고 양식으로 먹는 새 사람이 되었다.

예수님의 십자가의 은혜로 나 ○○○는 예수님의 살과 피를
먹고 마시는 새 사람이 되었다.

나 ○○○는 이제 예수님과 생명 연합이 되었다.

나 ○○○는 뱃속에서 생수의 강이 흘러넘친다.

"아멘." 주님께 영광!

주님이
하십니다

2부
너희 구원을 이루라

10
너희 구원을 이루라

그러므로 나의 사랑하는 자들아 너희가 나 있을 때뿐 아니라 더욱 지금 나 없을 때에도 항상 복종하여 두렵고 떨림으로 너희 구원을 이루라(빌 2:12).

구원은 하나님의 공평한 사랑이다.

인간의 어떤 의도 개입될 수 없는 일방적인

은혜이며 선물이다.

그러나 이 구원은 시작에 불과하다. 약속어음과 같다.

어음은 약속이 이행될 때 비로소 가치가 나타난다.

온전한 구원 역시 약속이 이루어져야 한다.

그 약속이 효력을 발생하기까지

우리는 성령의 인도하심을 받아 아버지의 뜻대로

살아야 한다.

천국에 이르기까지 인내로 구원을 지켜야 하고

두렵고 떨림으로 **구원을** 이루어야 한다.

　그리스도인의 삶 속에서 **구원론**은 기본적이면서도 매우 중요하다. 일반적으로 사람들은 예수를 믿는다는 한 가지 사실만으로 구원을 받고 자동으로 천국에 이르는 것으로 생각한다. 그러나 성경은 또한 '두렵고 떨림으로 너희 구원을 이루라' 고 한다.

준비가 안 된 자들

한국계 미국인 주남 여사[1]는 천국에 17번이나 갔다 왔다고 한다. 그녀는 거기서 울었다. 40세에 돌아가신 어머니가 지옥에 있었고, 믿지 않는 조카와 친구도 있었고, 많은 죄 지은 크리스천들도 있었다. 그러나 한 번 지옥에 떨어진 영혼은 다시 돌아오지 못함을 알면서 마음이 아파 슬퍼할 때 주님은 이러한 사실을 그대로 말하라고 하시며 이렇게 말씀하셨다.

"천국은 준비가 다 되었고 재림의 때가 가까운데 내 백성들이 준비가 안 되었다."

그러면 우리는 준비되었는가? 구원을 확신하는가? 천국에 들어갈 확신이 있는가? 성경적으로 청함을 받은 자는 많지만 택함을 입은 자는 적다고 한다. 혼인 잔치에 청함 받은 사람들 중에 합당치 않은 사람들이 있다고 한다(마 22:8). 예복을 입지 못해서 쫓겨난 자들이 있다고 한다.[2] 히브리서 저자 역시 그 안식에 들어갈 약속이 남아 있을지라도 혹 미치지 못할 자가 있을까[3] 두렵다고 한다. 구원을 등한히 여기지 말라고 한다.[4] 이 말씀들을 어떻게 이해해야 하는가? 베드로전서 4장 17-18절로 주님은 이렇게 말씀하신다.

> 하나님 집에서 심판을 시작할 때가 되었나니 만일 우리에게 먼저 하면 하나님의 복음을 순종하지 아니하는 자들의 그 마지막은 어떠하며 또 의인이 겨우 구원을 얻으면 경건하지 아니한 자와 죄인은 어디에 서리요(벧전 4:17-18).

주님이
하십니다

실제로 믿는 자들 중에도 구원의 확신과 천국에 들어갈 확신이 없는 사람들이 많다고 한다. 이는 우리의 구원이 단지 죄에서의 구원만이 아니라 천국으로 들어가는 구원에까지 이르러야 한다는 것을 말해 주고 있는 것이다.

또 천국을 체험하였던 하워드 피트만의 고백을 들어보면 50명의 신자가 천국에 들어오는 같은 시간대에 1,950명의 다른 사람들이 죽었는데 그곳에 이들은 없었다고 한다. 그의 증언으로는 2,000명 중에 1,950명(97.5%)은 천국에 들어갈 준비가 안 되었고, 겨우 2.5%만 준비되었다는 것이다.[5]

세상에 태어난 육신의 생명도 모두 끝까지 잘 자라는 것이 아니다. 세상에 태어나기도 전에 낙태나 유산되는 경우가 미국에만 1년에 120만 건, 우리나라에서도 모자보건법 시행 이후 연간 60-120만 건의 낙태[6]가 공공연히 시행되고 있다고 한다. 거기다가 자라면서 사고나 질병으로 죽는 경우도 이루 헤아릴 수 없다. 영적인 구원도 마찬가지다. 예수를 믿고 구원을 받았지만 유산되어 천국에 이르지 못하는 영혼들이 많이 있다는 것이다.[7]

약속 어음

구원은 하나님의 공평한 사랑이다. 인간의 어떤 선한 행위나 노력도 개입될 수 없는 일방적인 은혜이며 선물이다. 그러나 이 구원은 시작에 불과하다. 약속어음과 같다. 어음은 약속이 이행될 때 비로소 가치가 나타난다. 온전한 구원 역시 약속이 이루어져야 한다(히 4:1). 그 약속이 효력을 발생하기까지 성령의 인도함을 받아 아버지의 뜻대로 살아야 한다. 천국에 이르기까지 인내로 구원을 지켜야 하고[8] 두렵고 떨림으로 구원을 이루어야 한다. 주님이 빌립보서 2장 12절로 말씀하신다.

> 그러므로 나의 사랑하는 자들아 너희가 나 있을 때뿐 아니라 더욱
> 지금 나 없을 때에도 항상 복종하여 두렵고 떨림으로 너희 구원을
> 이루라(빌 2:12).

'구원을 이루라' 이 말은 카테르가조마이($\kappa\alpha\tau\epsilon\rho\gamma\acute{\alpha}\xi o\mu\alpha\iota$)라는 뜻으로 애써 완성하라 애써 성취하라(work out; niv)는 의미를 갖고 있다. 구원은 완성될 때까지 두렵고 떨림으로 이루어야 한다는 것이다.

이스라엘 백성들은 애굽에서 노예로 종노릇하며 430년간을 살았다. 하나님은 모세를 보내어 이들을 구원하셨다. 하나님은 기적적으로 홍해 바다를 가르시고 바로의 압제에서 이들을 구원해 내셨다. 이들은 홍해를 건너면서 세례[9]를 받았고, 광야라는 교회에서[10] 양육을 받았다. 날마다 하늘에서 내리는 만나라는 하나님의 양식을 받아먹었다. 하나님은 이들에게 율법을 주셨고 이를 지키도록 하여 하나님의 백성으로 빚어 가셨다. 그러면서 이들에게 젖과 꿀이 흐르는 가나안 땅의 소망을 심어 주셨다.

이들이 건넌 홍해는 구원을 상징하고 가나안은 구원의 완성으로 천국을 상징했다. 그런데 구원의 감격을 체험한 이들 중에 젖과 꿀이 흐르는 가나안 땅에 들어간 사람은 겨우 두 사람 뿐이었다는 것이다. 나머지는 광야 길에서 불평하고, 원망하며, 낙심하다 죽었다. 그 중에는 다시 애굽으로 돌아가려 한 사람도 있었고, 우상 숭배로 심판을 받은

주님이
하십니다

사람도 있었고(출 32:28), 음란으로 죽은 사람도 있었고, 탐심으로 망한 사람도 있었다(수 7:22–26). 이렇게 가나안의 목적지에 이르지 못하고 대부분이 광야 길에서 엎드러져 유산되었다.

온전한 구원의 길

고린도전서에서 주님은 이 역사적 사실을 거울로[11] 삼으라고 하신다. 그들과 같이 되지 말라는 것이다. 구원받은 성도들이 걸어가야 할 문은 좁고 길은 협착하니 그들처럼 넓고 쉬운 길로 가다가 망하지 말라는 것이다. 지금 우리가 가는 길이 넓고, 쉽고, 평탄하다면 잘못 가고 있는 것이다. 멸망의 길로 가고 있는 것이다(마 7:13). 그러면 우리는 어떻게 해야 하는가? 마태복음 7장 21절로 주님이 말씀하신다.

> 나더러 주여 주여 하는 자마다 천국에 다 들어갈 것이 아니요 다만 하늘에 계신 내 아버지의 뜻대로 행하는 자라야 들어가리라"(마 7:21).

하나님 아버지의 뜻대로 행해야 한다. 아버지의 뜻은 순종의 길이다. 자기 부인의 길이다. 탐욕을 버리는 길이다. 이 세상을 사랑하지 않는 길이다. 정욕을 피하는 길이다. 우상 숭배하지 않는 길이다. 돈을 사랑하지 않는 길이다. 부모나 형제 자식을 하나님보다 더 사랑하지 않는 길이다(마 10:37–38). 하나님을 마음을 다해, 성품을 다하, 목숨을 다해 사랑하는 길이다. 이웃을 내 몸과 같이 사랑하는 길이다. 날마다 죽는 길이다. 이 길은 좁은 길이다. 그러나 생명의 길이다. 이런 좁은 길로 가야 구원의 완성에 이르게 된다. 이런 좁은 길로 갈 수 있겠는가?

한 부자 청년이 주님께 나아와서 어떻게 하면 영생을 얻을 수 있는가 질문했다. 예수님은 율법을 지키라고 하셨다. 그는 어릴 때부터 다 지켰다고 하였다. 그는 도적질도 하지 않았고, 남을 속이지도 않았고, 해치지도 않았고, 십일조도 꼬박꼬박 드렸고, 안식일도 한 번도 빠지지 않고 지켰다. 그는 선한 일을 하며 스스로 모든 계명을 잘 지켰다고 생각하였다. 그러나 "재산을 다 팔아 가난한 자에게 주고 나를 따르라."는 주님의 한 말씀에 그는 고민하고 돌아갔다. 그렇게 할 자신이 없었다.

성도들이 하나님의 뜻대로 온전히 살아야 구원을 받는다면 부자 청년처럼 돌아갈 사람이 많을 것이다. 그렇다면 다시 율법의 행위로 돌아가는 것이 아닌가 생각이 된다. 온전한 행위로 구원에 이른다면 이신득의(以信得義)와 배치되는 것이 아닌지 의문이 일어난다. 구원에 의구심이 일어날 수 있다.

한 번은 예수님께서 제자들에게 이런 말씀을 하셨다. "다시 너희에게 말하노니 약대가 바늘귀로 들어가는 것이 부자가 하나님의 나라에 들어가는 것보다 쉬우니라 하신대"(마 19:24). 제자들이 깜짝 놀라 이렇게 대답했다. "그런즉 누가 구원을 얻을 수 있으리이까?" 예수께서 저희를 보시며 마태복음 19장 26절로 말씀하셨다.

> 이르시되 사람으로는 할 수 없으나 하나님으로서는 다 하실 수 있느니라(마 19:26).

온전한 구원에 이르기 위해서 우리는 분명히 하나님의 뜻대로 살아

주님이
하십니다

야 하고, 모든 율법을 지켜야 한다. 주님은 내가 율법을 폐하러 온 것이 아니라 완성하러 오셨다고 하셨다. 그러므로 더 철저히 업그레이드 된 율법을 지켜야 한다. 구약의 율법은 살인하지 말라고 하였지만 우리는 형제를 미워해서도 안 된다. 구약의 율법은 간음하지 말라고 하였지만 우리는 여자를 보고 음란한 마음을 품어서도 안 된다. 구약의 율법은 우상을 숭배하지 말라고 하였지만 우리는 마음을 다해 목숨을 다해 하나님을 사랑해야 한다. 구약의 율법은 남의 물건을 탐내지 말라고 하였지만 우리는 내 이웃을 내 몸과 같이 사랑해야 한다. 믿음으로 의롭다 함을 받지만 믿음 역시 모든 계명을 행함으로[12] 지키라고 한다.

그렇게 행함으로 지키는 것이 우리가 구원을 얻을 수 있는 길이라면 과연 이런 구원을 이룰 수 있는 사람이 얼마나 되겠는가? 우리 스스로 하나님이 요구하시는 수준으로 지킬 수 있는 계명은 하나도 없다. 하나님 사랑도, 이웃 사랑도, 어떤 것도 우리는 할 수 없다. 이것이 우리가 처음부터 끝까지 믿음으로 살아야 할 이유이다.

> 복음에는 하나님의 의가 나타나서 믿음으로 믿음에 이르게 하나니
> 기록된 바 오직 의인은 믿음으로 말미암아 살리라 함과 같으니라
> (롬 1:17).

'믿음으로 믿음에 이른다(by faith from first to last; r.iv).' 이 말은 믿음으로 구원받을 뿐 아니라 구원을 이룰 때까지 믿음으로 살아야 한다는 것을 의미한다(갈 3:3). 그 믿음은 '주님이 하신다' 는 것을 믿는 것이다. 처음의 구원뿐 아니라 후의 성도의 삶도 내 의지가 아니라 주님으로 사는 것을 믿는 것이다.

연약한 인간은 구원을 받았어도 삶 속에서 죄를 이길 수 없다. 하나님 뜻대로 살 수 없다. 하나님이 성령을 보내신 이유가 바로 이 때문이다. 인간이 할 수 없는 그것을 이루고자 하심이다. 에스겔 36장 27절, 갈라디아서 5장 25절[13]에서 주님은 키(Key)가 되는 중요한 말씀을 하신다.

또 내 영을 너희 속에 두어 너희로 내 율례를 행하게 하리니 너희가
내 규례를 지켜 행할지라(겔 36:27).

만일 우리가 성령으로 살면 또한 성령으로 행할지니(갈 5:25).

NIV 성경은 이 말을 성령과 보조를 맞추라고 해석하고 있다. 주님과 함께 멍에를 매라는 것이다. 인간의 관점에서 보면 매이는 것 같지만 그것이야말로 확실한 자유와 구원의 보장이다. 구원은 철저히 주님과 한 멍에를 맨 관점에서 생각해야 한다. 많은 사람들이 믿음으로 구원에 이르고도 긴 광야 과정의 신앙생활에서 실패하는 이유는 자기 의로 살아가기 때문이다. 내가 주 안에 거하고 주님이 내 안에 사시면 모든 율법을 이룰 수 있다. 성령(주님)으로 살면 우리 안에 아홉 가지 성령의 열매를 맺을 수 있다. 성령(주님)으로 살면 죄를 이길 수 있다. 성령(주님)으로 살면 하나님의 깊은 뜻이라도 분별할 수 있다. 성령(주님)으로 살면 모든 것은 주님이 책임지신다. 성령(주님)이 우리 죽을 몸도 마지막 날에 다시 살리시고 우리는 천국에까지 이를 수 있다.

그러므로 구원을 받았다는 생각으로 세상을 좇아 안연히 살아서는 안 된다. 죄악된 세상에 흘러 떠내려가지 않도록 늘 주의하며 살아야 한다. 끝까지 믿음으로 믿음에 이르러야 한다. 주님의 멍에에서 벗어나

주님이
하십니다

서는 안 된다. 끝까지 주님으로 살며 두렵고 떨림으로 구원의 약속을 이루어야 한다. 끝까지 믿음의 순결을 지키고, 천국의 혼인 잔치에 참석하는 자가 되어야 한다. 그리스도로 옷 입고 주님(성령)으로 살면 된다. 성령이 확실한 보증이시다(고후 5:5). 하나님의 영으로 인도함을 받는 그들이 진정 하나님의 아들이다(롬 8:14). 아멘.

우리의 고백

나는 예수님의 십자가의 은혜로 구원을 받은
하나님의 자녀이다.
나는 유혹의 욕심을 따라 흘러 떠내려가는 옛 사람이 아니다.
나는 자기 의로 사는 옛 사람이 아니다.
나는 끝까지 믿음으로 믿음에 이르는 새 사람이다.
나는 왕이신 예수님(성령)으로 사는 새 사람이다.
나는 주님으로 구원의 약속을 이루는 새 사람이다.
"아멘." 주님께 영광!

11
거룩하라

나는 너희의 하나님이 되려고 너희를 애굽 땅에서 인도하여 낸 여호와라 내가 거룩하니 너
희도 거룩할지어다(레 11:45).

하나님의 관심사도 구원한 백성들을 거룩하게
구별시키는 것이다.
순결한 신부를 만드는 일을 하시는 것이다.
이것이 세상 끝에 하시는 주님의 마지막 작업이다.
타작마당의 쭉정이 중에서 알곡을 갈라내시고(마 3:12),
그물을 내려 각종 물고기 중에서 쓸만한 고기를
구별해 내시고(마 13:47), 열 처녀 중에서 기름을 준비한
다섯 처녀를 구별해 내시고(마 25:1-13),
양과 염소를 구별하시듯이(마 25:32)
아버지의 뜻대로 행한 자들과
불법을 행한 자들을 갈라내신다(마 7:23).
그런데 이렇게 구별하는 특징을 보면 모두가
주를 믿는 자들 중에서라는 것을 알 수 있다.

구원을 이루어가야 할 그리스도인들에게 거룩한 삶처럼 중요한 것
이 없다. '거룩'은 하나님의 성품이며 또한 하나님의 백성들의 특징이
다. 구원 받은 그리스도인들이 하나님의 나라, 재림신앙의 확신을 갖고

주님이
하십니다

끝까지 승리하기 위해서는 반드시 거룩하게 살아야 한다. 그래야 죄악된 세상을 이기며 영향력 있는 삶을 살다가 마침내 천국에 들어갈 수 있다.

구별

'거룩'이라는 단어에는 성별, 순결이라는 뜻이 있다. 그리고 '**구별**'이라는 중요한 의미도 있다. 하나님이 거룩하시다는 것은 수많은 종류의 잡신들(gods)과 구별되신다는 것을 말한다. 이것이 하나님의 백성들이 세상에서 구별된 사람들이 되어야 하는 이유이기도 하다. 성경이 그리스도인들을 성도(聖徒)라 칭하는 것도 세상에서 구별된 자들이라는 뜻이다. 성도는 세상을 살아가지만 이 땅에서 나그네, 외국인, 이방인들과 같은 자들이다. 믿음이 없는 세상과 다를 수밖에 없다. 가치관이 다르고, 생각이 다르고 삶의 태도가 다르다.

사도행전 11장 26절을 보면 바나바가 사울을 데리고 안디옥에 와서 일 년간 모여 큰 무리를 가르친 내용이 나온다. 그 때 제자들이 비로소 안디옥에서 그리스도인이라 일컬음을 받게 되었다고 했다. 당시 예수 믿는 사람들이 세상 사람들과 구별되었다는 것이다. 하나님의 백성으로 살면서 세상 사람들과 삶의 자세와 태도가 다르지 않고, 언어가 다르지 않다면 그리스도인이라고 할 수 없다. 성도는 거룩하게 구별되어야 인정을 받는다.

그런데 죄악된 이방 문화와 섞여 살아가는 하나님의 백성들이 많이 있다. 믿으면서 불신하고, 과거의 욕심을 버리지 못하고 계속 탐욕 속에 살아간다. 때로는 온유하였다가 때로는 분노하고, 한 번은 "사랑합니다." 고백하였다가 한 번은 미워하고, 비판과 정죄를 한다. 하나님을 사랑한다고 하면서 돈을 더 사랑하고 사랑과 음란을 구별하지 못한다. 하나님의 뜻이 이루어지기를 기도하면서 자기 꿈과 이상을 고집한다. 한 입에서 단물과 쓴물이 나온다(약 3:11)는 말 그대로이다. 이런 사람들에 대해서 주님은 베드로후서 2장 22절로 말씀하신다.

> 참된 속담에 이르기를 개가 그 토하였던 것에 돌아가고 돼지가 씻었다가 더러운 구덩이에 도로 누웠다 하는 말이 그들에게 응하였도다(벧후 2:22).

예수님은 두 주인을 섬기지 말라고 하신다. 하나님을 섬기면서 또 다른 주인을 섬기는 것은 우상 숭배하는 것과 같다는 것이다.

거룩의 반대는 섞이는 것이다. 신앙생활에 문제가 있고 삶에 영향력이 없는 것은 섞여 살기 때문이다. 하나님은 섞이는 것을 아주 싫어하신다. 구약 성경에서 하나님은 네 육축을 다른 종류와 교합시키지 말라[14]고 하셨다. 네 밭에 두 종자를 섞어 뿌리지 말라고 하셨다. 두 재료로 직조한 옷을 입지 말라고 하셨다. 이 모두가 섞여서 순수성을 잃는 것을 막도록 하는 것이다. 섞이면 순수성이 사라지고 순수성이 사라지면 생명력을 잃어버린다. 기름과 물은 섞여 있는 것 같아도 섞일 수 없다. 섞인다는 것은 가짜이기 때문이다. 우리 신앙인도 세상과 섞이면 가짜이다.

2006년 11월 7일자 《국민일보》에 미국의 한 유명한 목사가 동성연애를 했다는 기사가 실렸다. 이 H 목사님은 미국 보수교단의 거물급 목사

주님이
하십니다

로 신도수 3,000만 명의 전미복음주의연합(NAE)을 이끌며 동성결혼 합법화에 극렬히 반대해온 인물이었다. 2004년 매사추세추 주가 동성결혼을 합법화하자 전국을 순회하며 반대 모임을 조직하였고, 그리고 1년 후에는 다른 교단 지도자들과 함께 콜로라도 주에 상정된 동성결혼 금지법 안이 통과되도록 지원하는 등 동성애 반대운동의 최일선에서 활동도 했다. 그런데 이런 분이 인터넷상에서 만난 한 남자와 3년 동안 돈을 주고 동성애를 즐겼다는 것이다. 이 발표를 듣고 많은 사람들이 충격을 받았다. 어떻게 동성애를 반대하던 사람이 동성애를 할 수 있느냐는 것이다. 그것도 복음주의 최고지도자로서 말이다.

드러나지 않아서일 뿐이지 세상에 이처럼 이중적으로 살아가는 사람들이 한둘이겠는가! 이 목사뿐이 아니다. 나도 주님이 하신다는 믿음을 붙들지 못했을 때는 육신의 정욕을 이기지 못하고 음란 싸이트를 뒤진 적이 있다. 성직자도 연약한 인간이다. 어느 누구라도 거룩함을 지키지 않으면 이렇게 순식간에 무너질 수 있다. 당대 의로웠던 노아를 보라. 두 장 건너 뛰어 창세기 9장에서 포도주를 마시고 취하여 벌거벗은 채 장막에 눕지 않았는가(창 9:21)!

봄철에 산에 가 보면 칡넝쿨이 나무를 칭칭 감고 뻗어간다. 넝쿨인지 나무인지 잘 구분이 안 될 때가 있다. 칡이나 엉겅퀴 등 잡 넝쿨이 나무를 감아 질식케 한다. 그런 나무는 자라지 못하거나 시들시들해진다. 그리스도인도 섞여 살아가면 생명이 시들해지고 마른다. 거룩하지 않은 것들을 순간순간 분리해내야 한다.

하나님께서 모세를 보내어 이스라엘 백성들을 출애굽 시킨 목적도 이들을 바로에게서 분리해내기 위함이셨다. 400년 동안 이스라엘은 이방 땅 애굽에 살면서 노예근성에 젖어 선민의 모든 순수성을 다 잃어버렸다. 그들을 거룩하게 구별하여 하나님의 백성을 삼고자 하신 것이다. 주님은 레위기 11장 45절로 말씀하신다.

> 나는 너희의 하나님이 되려고 너희를 애굽 땅에서 인도하여 낸 여
> 호와라 내가 거룩하니 너희도 거룩할지어다(레 11:45).

하나님이 그의 백성들을 구원하신 목적은 거룩한 백성을 삼고자 하심이었다. 이스라엘 백성들은 출애굽 후에도 400년의 노예근성에서 빠져나오지 못했다. 젖과 꿀이 흐르는 가나안으로 가면서도 애굽을 그리워하였고, 광야 길에서 조금 어려움이 생기면 고기 가마 밑에서 먹던 것, 생선과 참외와 수박과 부추와 파와 마늘들을 먹은 것을 생각하였다(민 11:5). 욕심과 교만, 반역과 원망, 음란이 그치지 않았다. 40년 광야 생활은 바로 이러한 애굽의 더러운 물을 뽑아내고, 이들을 거룩한 백성으로 만드는 훈련 과정이었다. 그러나 그들은 40년간 광야 길을 걸으며 거룩이라는 성화과정에서 실패를 하였다.

이는 구원은 쉽지만 거룩한 백성이 되어 천국에 들어가는 것이 얼마나 어려운가를 말해 주는 것이다. 구원받은 성도들은 '거룩'을 목표로 살아가야 한다. 거룩에 도달한 성도만이 합격이다! 예수님이 제자들에게 좁은 문[15]으로 들어가라고 경고하신 것도 거룩하게 살아야 할 것을 말씀하신 것이다.

사실 이 혼탁한 세상에서 거룩한 삶을 산다는 것은 쉽지 않다. 경건의 모양을 갖추는 것은 쉬워도 세상과 구별하여 산다는 것이 쉽지 않다. 세상을 버렸다고 하지만 내 안에는 여전히 욕심이 있고, 여전히 미움이 있고, 여전히 음란이 있고, 여전히 분노가 있고, 여전히 용서하지

주님이
하십니다

못하는 문제가 있다. 그리고 두려움과 근심도 떠나지 않는다. 선을 원하는 마음속에 악이 함께 하고 있다.[16)

이것이 세상을 바르게 살아가려고 애쓰는 그리스도인들의 딜레마이며 바울의 딜레마였다. 우리가 이렇게 세상과 구별되지 못한 채 섞여 살아간다면 천국에 들어갈 확신도 가질 수 없다. 주님은 에베소서 5장 5절로 말씀하신다.

> 너희도 정녕 이것을 알거니와 음행하는 자나 더러운 자나 탐하는 자 곧 우상 숭배자는 다 그리스도와 하나님 나라에서 기업을 얻지 못하리니(엡 5:5).

> 개들과 점술가들과 음행하는 자들과 살인자들과 우상 숭배자들과 거짓말을 좋아하며 지어내는 자는 다 성 밖에 있으리라(계 22:15).

의인 중에 악인

그러므로 그리스도인들은 믿고 구원을 받은 후에도 끊임없이 거룩한 백성들로서의 순례의 길을 가야 한다. 그것이 좁은 길이지만 승리의 길임을 확신해야 한다. 하나님의 관심사도 구원한 백성들을 거룩하게 구별시켜 순결한 신부를 만드는 일을 하시는 것이다. 이것이 세상 끝에 하시는 주님의 마지막 작업이다. 타작마당에서 쭉정이와 알곡을 갈라 내시고(마 3:12), 그물을 내려 각종 물고기 중에서 쓸만한 고기를 구별해 내시고(마 13:47), 열 처녀 중에서 기름을 준비한 다섯 처녀를 구별해 내시고(마 25:1-13), 양과 염소를 구별하시듯이(마 25:32) 아버지의 뜻대로 행한 자들과 불법을 행한 자들을 갈라내신다(마 7:23).

그런데 이렇게 구별하는 공통 기준이 모두가 주를 믿는 자들 중에서라는 것이다(마 7:22-23). 마태복음 25장의 열 처녀 비유에서는 "주여 주여 우리에게 열어 주소서" 하는 다섯 처녀들에게 "진실로 너희에게 이르노니 내가 너희를 알지 못하노라" 하시면서 그런즉 깨어 있으라고 하셨다. 믿는 자와 불신자를 가르는 것이 아니라, 의인 중에서 악인을 갈라내는 일을 하신다. 마태복음 13장 49-52절로 주님이 말씀하신다.

> 세상 끝에도 이러하리라 천사들이 와서 의인 중에서 악인을 갈라내어 풀무 불에 던져 넣으리니 거기서 울며 이를 갈리라 이 모든 것을 깨달았느냐 하시니 대답하되 그러하오이다 예수께서 이르시되 그러므로 천국의 제자된 서기관마다 마치 새 것과 옛 것을 그 곳간에서 내오는 집주인과 같으니라(마 13:49-52).

추수할 때까지 사람들은 다 섞여서 살아간다. 잘 구별이 안 된다. 그러나 추수 끝에는 하나님이 반드시 구분하신다. 그리고 준비된 자들을 신부 단장을 시켜 천국에 입성시키신다. 신부의 특징이 순결(거룩)이다. 고린도후서[17]에서도 주님은 바울을 통해 옛 사람과 새 사람을 분명히 구별하며 살아야 할 이유를 말씀하셨다.

우리는 믿음으로 구원을 받았지만 어린양의 피로 정결한 신부가 되어야 한다. 그래야 주님의 재림을 예비하는 자들이 될 수 있다. 그래야 어린양의 혼인 잔치에 참여하는 자가 될 수 있다.[18] 그러므로 이저는 애매한 신앙인의 모습을 벗고 분명한 태도를[19] 취하자.

주님이
하십니다

십자가의 능력

그렇다면 어떻게 세상과 구별하여 거룩한 삶을 살 수 있는가? 우리 힘으로는 할 수 없지만 주님은 하실 수 있다. 스가랴 4장 6절르 주님은 말씀하시기를 이는 힘으로 되지 아니하며 능으로 되지 아니하고 오직 **나의 신으로** 된다고 하셨다. 다 이루신 **주님의 십자가** 앞에 나아가서 날마다 옛 사람의 죽음을 선언하면 된다. 십자가는 하나님의 능력이다. 죄를 사하고 깨끗케 하는 능력이며 치유하는 능력이다. 또한 옛 사람과 새 사람을 분명하게 구별해 주는 능력이다.

만일 우리가 깨와 쌀이 한 말씩 섞여 있는 것을 분리하려면 어렵다. 그러나 기계에 집어넣으면 완벽하게 분리할 수 있다. 이처럼 주님의 십자가의 피를 통과하면 옛 사람과 새 사람이 완벽하게 갈라진다. 거룩한 삶을 살기 위해서 우리의 말과 행실이 언제나 십자가를 통과하는 삶을 살아야 한다. "나는 날마다 죽노라!" 날마다 십자가 앞에 나아가 믿음으로 옛 사람의 죽음을 선언하고 새 사람을 선언하는 것이다. 그러면 주님(성령)의 통치를 받게 된다. 주님의 통치를 받으며 살면 마귀가 우리 심령 안에 가라지를 뿌리지 못한다. 주 안에서 거룩한 삶을 살 수 있다.[20] 십자가에 죽고 부활의 주님과 함께 사는 삶, 이것이 그리스도인의 승리하는 삶의 비결이다. 아멘.

우리의 고백

불의한 옛 사람 ○○○은 주님의 십자가와 함께 죽었고,

믿음의 새 사람이 되었다.

○○○의 옛 사람 미움은 십자가에 죽었고, 주님의 은혜로

사랑과 용서의 새 사람이 되었다.

○○○의 옛 사람 음란은 예수님의 십자가에 함께 죽었고,

나는 순결하고 성결한 새 사람이 되었다.

○○○의 옛 사람 탐욕은 죽었고 나는 예수님의 십자가의 은혜로

하늘을 소망하는 새 사람이 되었다.

나는 언제나 부활의 주님과 함께 사는

거룩한 하나님의 자녀이다.

"아멘." 주님께 영광!

주님이
하십니다

12
다 이루었다

예수께서 신 포도주를 받으신 후에 이르시되 다 이루었다 하시고 머리를 숙이니 영혼이 떠나가시니라(요 19:30).

'다 이루었다.'는 주님의 말씀은

인류를 향한 하나님의 엄청난 선포의 메시지이다.

다 이루었다는 것은 과거의 일회적 사건이지만

우리들에게는 완료의 사건이다.

하나님이 계획하시고 시행하여 오신 모든 일들이

다 완료되었다는 것이다.

구원의 계획도 완료되고, 하나님 나라 경륜도 완료되고,

천국도 완료되고, 모든 것이 완료되었다는 것이다.

'다 이루었다.'는 이 한 말씀은 우리들의 신앙생활에

분명한 방향을 설정해 준다.

이제 **누리는 삶**이 시작되었다.

자유를 누리고, 건강을 누리고, 부요를 누리고…

이 땅에서 이미 풍성한 삶의 천극이 시작되었다는 것이다.

　'다 이루었다.'는 주님의 말씀은 인류를 향한 하나님의 엄청난 선포의 메시지이다. 다 이루었다는 것은 과거의 일회적 사건이지만 우리에

게는 완료의 사건이다. 하나님이 계획하시고 시행하여 오신 모든 일들이 다 완료되었다는 것이다. 구원의 계획도 완료되고, 하나님 나라의 경륜도 완료되고, 천국도 완료되고, 모든 것이 완료되었다는 것이다.

골로새서 2장 14-15절은 주님은 십자가의 사건을 이렇게 기록하고 있다.

> 우리를 거스르고 불리하게 하는 법조문으로 쓴 증서를 지우시고 제하여 버리사 십자가에 못 박으시고 통치자들과 권세들을 무력화하여 드러내어 구경거리로 삼으시고 십자가로 그들을 이기셨느니라(And having disarmed the powers and authorities, he made a public spectacle of them, triumphing over them by the cross)(골 2:14-15).

공동번역은 이렇게 번역하고 있다. "또 하나님께서는 여러 가지 달갑지 않은 조항이 들어 있는 우리의 빚 문서를 무효화하시고 그것을 십자가에 못 박아 없애 버리셨습니다. 그리고 십자가로 권세와 세력의 천사들을 사로잡아 그 무장을 해제시키시고 그들을 구경거리로 삼아 끌고 개선의 행진을 하셨습니다."

'빚 문서를 무효화시키고', '무장을 해제시키고' 이는 주님의 십자가의 사건은 죄와 마귀의 세력에 대한 승리의 사건임을 말해 주고 있다. 죄와 마귀의 권리행사가 끝났고, 빚 문서의 효력이 끝났고, 율법의 모든 요구가 끝났다는 것이다.

'다 이루었다.'는 이 한 말씀은 우리들의 신앙생활에 분명한 획을 긋게 해 준다. 이제 누리는 삶이 시작되었다는 것이다. 그리스도 안에

주님이
하십니다

서 자유를 누리고, 권세를 누리고, 부요를 누리고, 건강을 누리고…, 이
땅에서도 이제 풍성한 삶의 천국이 시작되었다는 것이다.

이제 우리의 신앙은 다시 거꾸로 돌아가서는 안 된다. 인간의 의로
율법의 요구를 이루려는 시도를 해서도 안 되고, 죄와 사단의 세력에
대한 두려움을 가져서도 안 된다.

믿으면서도 여전히 죄의 공격을 받고, 사단의 종노릇을 하고, 저주
의 고통 아래 신음을 한다는 것은 아직도 십자가의 깊은 의미를 모르고
있다는 것이다. 하나님의 의를 모르면 자기 의를 세우려고 힘쓰게 되어
있다. 로마서 10장 6-7절로 주님은 말씀하신다.

> 믿음으로 말미암는 의는 이같이 말하되 네 마음에 누가 하늘에 올
> 라가겠느냐 하지 말라 하니 올라가겠느냐 함은 그리스도를 모셔
> 내리려는 것이요 혹 누가 무저갱에 내려가겠느냐 하지 말라 하니
> 내려가겠느냐 함은 그리스도를 죽은 자 가운데서 모셔 올리려는
> 것이라(롬 10:6-7).

하나님이 하시는 일

하나님의 구속 역사는 사람이 이루는 것이 아니다. 근본 하나님이
하시는 것이다. 종교개혁도 사람이 하는 것이 아니다. 하나님의 경륜
가운데 이루어지는 것이다. 하나님이 계획하시고 하나님이 시행하시고
하나님이 완료하시는 일을 보지 못하면, 우리의 신앙은 인본주의가 되
어 사람들의 다툼과 싸움에 말려들게 된다. 종교 전쟁, 교회 분열, 이단

의 출현 등 모든 일들이 다 믿는다고 하는 사람들 가운데서 나오는 것들이다. 하나님이 하시는 일을 보지 못하고 사람이 하려 하면[21] 이런 문제들이 생긴다. 우리는 먹든지, 마시든지, 무엇을 하든지 주 안에서 하고, 주님이 하시는 것을 보며 따라가야 한다.

때로 우리는 이런 생각이 든다. "하나님이 다하시면 우리가 할 일이 무엇인가?" 물론 하나님이 하셔도 우리가 할 일이 있다. 그러나 근본적으로 우리 스스로 할 수 있는 일은 하나도 없다는 것을 깊이 인식해야 변화가 온다. 우리가 열심히 일해서 많은 재물을 얻었다 하자. 그 재물 얻을 능을 주신 분은 누구신가? 하나님이시다(신 8:18) 하나님 없이 우리 스스로 할 수 있는 일은 아무것도 없다. 있다면 그것은 단지 생명이 없는 일들뿐이다. 우리는 오직 주의 은혜 안에서 행할 뿐이다.

얼마 전에 아내와 영화 "타이타닉"을 다시 한 번 보았다. 영국이 건조한 초호화 여객선인 타이타닉 호는 당시 4만 톤급으로 최고의 선박이었다. 사람들은 절대로 침몰할 수 없는 배라고 장담을 하였다. 그래서 구명조끼도 인원수의 반밖에 준비를 하지 않았다. 그런데 빙산을 만나서 2,280명 중 1,513명이 죽었다. 작은 얼음덩이를 만났는데 속수무책이었다.

모세가 이스라엘을 이끌고 출애굽 할 때 앞에는 검푸른 홍해가 있었고, 뒤에는 바로의 병거가 추격을 하고 있었다. 진퇴양난(進退兩亂)의 무섭고 두려운 상황에서 백성들이 소요할 때 주님은 모세로 이렇게 말씀하셨다. "가만히 서서 하나님의 하시는 일을 보라."

또 마태복음 8장에 회당장 야이로의 사랑하는 딸이 죽게 되자 예수님을 모시고 고치러 가는 내용이 나온다. 집으로 가는 도중에 사람들로부터 아이가 죽었다는 전갈을 듣고 야이로가 엄청난 두려움과 좌절을 느낀다. 그 때 주님은 단 한 말씀을 주셨다.

"두려워 말고 믿기만 하라!"

우리가 할 일

병들어 죽게 될 때, 갑자기 교통사고를 만났을 때, 높은 고층에서 불이 났을 때, 망망한 대해에 빠져 죽게 될 때 사실 우리가 할 수 있는 일은 아무것도 없다. 하나님이 하시는 모든 영역 속에 우리가 할 수 있는 일은 가만히 서서 하나님의 하시는 일을 바라보는 것뿐이다. 하나님은 언제나 우리 안에서 행하시는 분이심을 믿고 시인하며 그 가운데 사는 것이다(빌 2:13). 그리고 하나님이 이루신 일을 아멘으로 받아들이고 누리며 영광 돌리는 것이다. 주님이 하심을 믿는 것, 이것이 우리가 할 수 있는 모든 일이다.[22] 행함이란 단지 이 믿음에서 나오는 결과적인 것들이다. 그래서 바울 역시 모든 사도보다 더 많이 수고를 했으면서도 내가 아니라(yet not I)고 고백을 했던 것이다. 그 행함 역시 주님의 은혜라는 것이다(고전 15:10).

16세기 종교 개혁자 루터는 구원의 문제를 해결하기 위해서 무던히 애를 쓴 사람이었다. 그는 구원을 얻기 위해서 로마로 갔다. 신앙의 답을 알고 문제를 해결하기 위해서 예수님이 오르신 빌라도의 계단을 무릎으로 기어올랐다. 오르면서 주기도문을 외우고 연옥에서 한 영혼이라도 구원해 보겠다는 일념으로 각 계단에 입을 맞추었다. 한 계단 한 계단 거리에 따라 되풀이되는 '주기도문' 그리고 그 때마다 했던 키스,

그런데 맨 윗 계단에 선 루터는 몸을 일으키며 소리쳤다. "그게 사실이라는 것을 누가 알지?" 구원의 확신이 아니라 자신 안에 일어난 의심이었다. 그는 회개도 얼마나 많이 하였고 잘했는지 모른다. 그는 하루에도 몇 차례씩 어떤 때는 내리 여섯 시간이나 고해를 하였다. 그는 죄란 어느 것이나 토해내야 용서를 받을 수 있다고 생각하며, 영혼을 샅샅이 뒤져 이 잡듯이 털며, 갖가지 동기를 저울질하였다. 당시 참회자에게 도움이 되는 것이 있는데 큰 죄(교만, 탐심, 욕정, 화, 과식, 시기, 게으름)와 십계명이었다. 루터는 고해할 때마다 이를 근거로 하나도 빠뜨리지 않고 자신의 일생을 검토하였다. 얼마나 샅샅이 죄를 회개하였는지 한 번은 고해를 들어주던 사제가 지겨워서 화를 냈다. "이봐요, 하나님께서 당신에게 화내시고 있는 것이 아니라 당신이 하나님께 화를 내고 있군요. 소망을 가지라는 하나님의 명령을 잊었나요?" 이렇게 회개를 하다 보니 어느 정도 큰 죄는 제거되었다. 그러나 찌꺼기 죄들이 조바심나게 만들었다. 사제는 그에게 이렇게 말했다. "여보게 그리스도께 사죄를 받고 싶거든 뭐 좀 용서할 근거를 가지고 들어오라고. 이 따위 시시껄렁하고 자질구레한 죄가 아니라 어버이 살해니, 신성모독이니, 간음이니 하는 걸로 말이야." 그러나 루터에게 문제는 죄의 크고 작음이 문제가 아니라 모조리 토해내었는가 하는 것이었다.[23]

그 후 루터는 의인은 믿음으로 말미암아 구원을 얻는다는 엄청난 사실을 깨닫고 종교개혁을 하게 되었다. 예수님이 십자가에서 이루신 구원을 사람의 노력이나 고행으로 얻는 것이 아니라는 것을 발견한 것이다.

주님이 십자가에서 다 이루셨다는 것은 우리의 모든 죄를 다 해결해 주셨다는 것을 말한다. 과거의 죄, 현재의 죄, 미래의 죄까지 다 사하셨

주님이
하십니다

다는 것이다. 우리가 할 수 있는 것은 내가 근본 죄인이라는 것을 인식하고 주님의 죄 사함의 은총을 그대로 받아들이는 것뿐이다. 죄 문제 해결을 위해서 우리가 스스로 노력해야 할 것은 아무것도 없다. 물론 예수를 믿고 용서를 받았다고 죄를 짓지 않는 것은 아니다. 그 때도 죄가 있는 모습 그대로 주님께로 나아가기만 하면 된다. 그리고 주 안에서 발견되어지는 대로 나의 연약한 육신이 짓는 죄를 인정하고 옛사람을 십자가에 못 박으면 된다.

우리의 고백 - 1

나는 음란의 옛 사람이 아니다.
나는 탐욕의 옛 사람이 아니다.
나는 교만의 옛 사람이 아니다.
주님의 십자가의 은혜로 ○○○의 옛 사람
음란, 탐욕, 교만은 이미 죽었다.
나는 음란과 탐욕과 교만과 아무 관계가 없다.
나는 주님의 십자가의 은혜로 모든 죄를 용서받은 의인이다.
나는 예수님의 십자가의 은혜로 겸손한 사람,
경건한 새 사람이 되었다.
"아멘." 주님께 영광!

자유와 해방

예수님이 십자가에서 죽으시고 다 이루셨기 때문에 이렇게 믿음으로 고백하고 시인하기만 하면 마귀는 우리를 결코 정죄할 수 없다. 우리는 즉시로 자유한 자가 된다. 해방을 누리는 자가 된다.

"나는 예수님의 십자가의 은혜로 자유다! 해방이다." "아멘."

그런데 이 자유를 누리지 못하고 여전히 정죄 받으며 죄에 매여 살아가는 사람들이 많다. 열심히 해도 죄의 소원이 함께 일어나고 곤고하다.[24] 왜 그런가? 십자가가 부족해서인가? 사실은 다 이루신 주님의 십자가의 복음을 잘 모르는 것이다. 첫째는 십자가 앞에 즉시 담대히 나가지 못하는 것이고, 둘째는 주님이 십자가의 구원을 이루었지만 이제 남은 것은 내가 해야 하지 않겠는가 생각을 하는 것이다. 이런 생각 가운데 스스로 현실의 죄 문제를 해결하려고 시도하기 때문에 십자가는 십자가 사건으로 내 문제는 내 문제로 남아 있게 되는 것이다. 주님은 십자가의 사건이 이미 완료된 사건임을 이렇게 말씀하신다.

> 그는 실로 우리의 질고를 지고 우리의 슬픔을 당하였거늘 우리는
> 생각하기를 그는 징벌을 받아 하나님에게 맞으며 고난을 당한다
> 하였노라 그가 찔림은 우리의 허물 때문이요 그가 상함은 우리의
> 죄악 때문이라 그가 징계를 받음으로 우리가 **평화**를 누리고 그가
> 채찍에 맞음으로 우리가 나음을 받았도다(사 53:4-5).

주님이 징계를 받음으로 우리는 평화를 누리고, 주님이 채찍에 맞으심으로 우리는 나음을 받았다. 우리는 이제 죄와 상관이 없는 사람이

주님이
하십니다

되었다. 우리는 언제나 하나님의 자녀인 의인이 되었다. 다시 죄를 짓는다 할지라도 예수 안에서 정죄 받지 않는다. 또한 우리는 질병에서도 자유이다. 주님은 채찍에 맞으심으로 질병에서도 우리를 치유하셨다. 우리는 다 나았음을 선포하고 받아들이면 된다.

"나는 질병의 옛 사람이 아니다." "아멘."

"사랑의 주님이 채찍에 맞으심으로 ○○○의 옛 사람 질병 …은 죽었다. 질병과 나는 아무 관계가 없다." "아멘."

"나는 왕이신 예수님의 사랑으로 사는 건강한 새 사람이 되었다." "아멘."

'다 이루신' 주님의 십자가의 은혜는 모든 삶의 영역에 능력으로 역사하신다. 저주에서도 자유이다. 주님은 십자가에서 모든 저주를 다 끊으셨다. 사람들은 아담과 이브가 죄를 지은 후부터 이 땅이 저주를 받고 있다고 생각한다. 믿음의 가정에도 저주가 흘러 가난하고 고통당한다고 생각한다. 가계에 흐르는 저주에 속아서는 안 된다. 예수님은 이미 저주를 끊으셨다. 주 안에 있는 자에게 저주는 더 이상 없다. 그것은 단호히 부인해야 할 허상일 뿐이다. 인정 자체를 해서는 안 된다. 주님은 갈라디아서 3장 13절에서 말씀하신다.

> 그리스도께서 우리를 위하여 저주를 받은 바 되사 율법의 저주에
> 서 우리를 속량하셨으니 기록된 바 나무에 달린 자마다 저주 아래
> 에 있는 자라 하였음이라(갈 3:13).

또한 우리는 **가난**과 **고통**에서도 벗어나 부요하고 형통한 자가 되었다. 더 이상 가난이 없다. 주 안에 있는 자는 궁핍에 처해도 풍부에 처

해도 자족하는 자이다. 주님은 우리의 모든 가난을 짊어지시고 우리로 부자가 되게 하셨다. 나는 부자다. 아멘.

> 우리 주 예수 그리스도의 은혜를 너희가 알거니와 부요하신 이로
> 서 너희를 위하여 가난하게 되심은 그의 가난함으로 말미암아 너
> 희를 **부요하게** 하려 하심이라(고후 8:9).

우리는 구원받은 자들이다. 우리는 이미 예수님의 은혜로 승리한 자들이다. 주님 오시는 날까지 믿음으로 계속 승리를 선포해야 한다. 요한계시록에서 주님은 끝까지 '이기는 자'[25]만이 생명의 열매를 먹는다고 하셨다. 승리하는 삶의 비결은 생명의 성령의 법의 지배를 받는 것이다(롬 8:1-2). 내 안에서 사시는 주님의 다스림을 받으면 언제나 믿음의 생각 믿음의 말을 하게 된다. 아무에게도 정죄를 받지 않는다. 악한 자가 만지지도 못한다.[26] 주 안에 승리만 있다. 우리의 이김도 이미 주님이 이루어 놓으셨다. 우리는 이미 이긴 싸움을 싸우는 것이다. 요한복음 16장 33절로 주님은 담대하라고 하신다.

> 이것을 너희에게 이르는 것은 너희로 내 안에서 평안을 누리게 하
> 려 함이라 세상에서는 너희가 환난을 당하나 **담대하라** 내가 세상
> 을 이기었노라(요 16:33).

이제 십자가와 부활의 권능으로 우리에게 이김을 주신 주님을 찬양하며 이렇게 승리를 선포하자.

주님이
하십니다

우리의 고백 - 2

나는 예수님의 십자가의 은혜로 의인이 되었다!

나는 예수님의 십자가의 은혜로 부요한 자가 되었다.

나는 예수님의 십자가의 은혜로 건강한 새 사람이 되었다.

나는 예수님의 십자가의 은혜로 강하고 담대한 자가 되었다.

나는 예수님의 십자가의 은혜로 형통한 자가 되었다.

나는 예수님의 십자가의 은혜로 세상을 이겼다.

"아멘." 주님께 영광!

13
빛이 있으라!

하나님이 이르시되 빛이 있으라 하시매 빛이 있었고(창 1:3).

빛은 켜서 말 아래 두려고 하는 것이 아니다.
등경 위에 두어 온 방을 비추려 하는 것이다.
… 내 안에 계신 예수님의 빛을 적극 드러내어 높은 곳에
보이도록 해야 한다.
때론 어둠이 내 생각을 가리고 덮어도
우리는 **빛을** 밝혀야 한다.
슬프지만, "나는 주 안에서 기쁘다!"고 외치며
주님의 빛을 드러내야 한다.
절망적인 생각이 다가와도,
"나에게는 예수님 때문에 희망이 있다!"고 외쳐야 한다.
"나는 예수님의 십자가의 은혜로 소망의 사람,
기쁨의 사람이 되었다."고 외쳐야 한다.
가난하고 힘들어도
"나는 예수님 때문에 이미 부요 형통한 자가 되었다"고 외쳐야 한다.
어둡지만 빛을 선포하는 것이다.

십자가에서 우리를 위해 죽으시고 부활하신 주님은 어두운 세상을

주님이
하십니다

살고 있는 우리들에게 유일한 희망이요 '빛'이 되셨다. 이 빛을 믿음으로 받아들이면 모든 어두움은 즉시 사라진다. 아멘.

생명의 빛

어두움은 인간에게 두려움을 주고 절망을 준다. 희망을 앗아간다. 슬픔, 근심, 걱정, 염려 모두가 어두움이다. 세상에는 어두움에 지배당하며 고통당하는 사람들이 많다. 때로는 빛을 따르는 나 자신도 어두운 생각의 포로가 될 때가 있다. 죄와 죽음으로 고통당하는 세상에서 어두움은 아무도 이길 수 없는 권세이다. 어두움은 사단의 통치 영역이다. 사단은 이 어두운 세계의 권세자이다. 우리가 이 세상을 살면서 승리하는 삶을 살려면 반드시 이 어두움의 세력과 싸워야 하고 이겨야 한다. 세상은 늘 이런 어두움과 빛이 싸우는 전쟁터라고 할 수 있다. 어두움의 권세를 이기지 못하고 우리는 세상을 이길 수 없다. 그렇다면 이 어두움을 이길 수 있는 참 빛은 무엇인가?

과거 그리스의 철학자 디오게네스도 대낮에 등불을 들고 아테네의 거리를 다니면서 "어둡다. 어둡다!"고 외쳤다. 그는 철학으로 세상의 어두움을 비추고자 하였다. 인간의 훌륭한 사상이나 철학, 도덕도 혼을 밝히는 빛이 되어 준 것은 사실이다. 그러나 세상의 빛은 영혼 깊은 곳까지 비추지 못한다. 그리고 그 비추이는 곳에 그림자가 있다. 사람들은 여러 사상과 글을 통해서 정신적 위로를 얻으려 하다가 결국은 죽었다. 세상의 빛은 생명을 주지 못한다.

그러나 또 다른 빛이 세상에 임했다. 태초에 빛이 있으라 하신 하나님이 어두운 세상을 밝히러 직접 우리 가운데 빛으로 오셨다.

> 그 안에 생명이 있었으니 이 생명은 사람들의 빛이라(요 1:4).

이 생명의 빛은 바로 예수님이시다. 아멘. 이 예수님의 빛에는 변함도 회전하는 그림자도 없다.[27] 이 빛은 사람들 속에 있는 숨겨진 어두움까지 밝히며 사람들에게 생명을 주는 능력이다.

우리는 이 예수의 생명을 소유한 빛의 자녀들이다. 흑암의 권세에서 빛의 나라로 옮긴 자들이다. 세상에서 어두움을 이긴 자들이다. 빛의 자녀들은 잠시라도 어두움에 갇혀 어둡게 살 수 없는 자들이다.

그런데도 빛의 자녀들이면서 슬퍼하고, 낙담하고, 부정적인 말을 하고, 근심 걱정을 하며 사는 것은 속는 것이다. 그것은 어두움이 강하기 때문이 아니라 내 안에 빛이 덮여 있기 때문이다. 빛은 강하고 위대하지만 속성상 영접치 않고 말(bowl, 덮개) 아래 가려지면 힘을 잃게 된다.

빛의 선포

그러므로 어두움을 이기고 승리하는 빛의 자녀들이 되려면 우리 안에 빛을 담대하게 드러내야 한다. 불을 밝히되 말[28] 아래 두지 말고 등경 위에 두어야 한다.

> 누구든지 등불을 켜서 그릇으로 덮거나 평상 아래에 두지 아니하
> 고 등경 위에 두나니 이는 들어가는 자들로 그 빛을 보게 하려 함이

주님이
하십니다

라(눅 8:16).

옛날에 전등이 들어오지 않던 시절이 있었다. 해가 넘어가면 석유 등잔에 불을 밝혔다. 오후 6시쯤 저녁을 먹고 8시가 되면 잠 잘 시간이었다. 옛날의 밤은 무척 길었다. 한밤중에 몇 번씩 소변을 보러 일어나야 했다. 캄캄한 밤중에 일어나 불을 켜려면 애를 먹었다. 행여나 성냥을 다른 곳에 떨어뜨려 두건 한참이나 어둠 속에서 더듬어야 했다. 그러나 일단 성냥 한 개비라도 찾아서 불을 밝히면 주변이 환해지면서 모든 것이 보였다. 옛날의 어머니들은 이런 어두운 밤중에 희미한 등잔불 밑에서 인내로 식구들의 양말이며 옷가지들을 꿰매었다. 어둡다고 포기하지 않았다. 등잔불을 밝혀 깊은 밤을 극복하였다.

빛을 등경 위에 두어 밖으로 드러내면 어두움은 순식간에 사라지고 온 방은 환하게 비춰진다.

마찬가지로 빛의 자녀들은 어둡다고 포기해서는 안 된다. 어두움을 어둡다고 말해서도 안 된다. 부정적인 말, 더러운 말 등 입단속을 잘해야 한다. 때론 슬픈 생각이 나를 어둡게 덮으려 다가와도 빛을 밝혀야 한다. 슬프지만 "나는 주 안에서 기쁘다!"고 외치며 예수님의 빛을 드러내야 한다. 절망적인 생각이 다가와도 "나에게는 예수님 때문에 희망이 있다!"고 외쳐야 한다. "나는 예수님의 십자가의 은혜로 소망의 사람, 기쁨의 사람이 되었다."고 외쳐야 한다. 가난하고 힘들어도 "나는 예수님 때문에 부자다. 예수님 때문에 형통한 자다."라고 외쳐야 한다. 어둡지만 빛을 선포하는 것이다. "빛이 있으라! 빛이 있으라!" "○○○에게 빛이 있으라!" 그럴 때 혼돈하고 공허하고 흑암이 깊음 위에 있던 세상에 빛이 밝혀진다.

한 번은 예수님이 제자들을 데리고 길을 가시는데 날 때부터 소경된 사람을 보게 되었다(요 9장). 그를 본 순간 제자들의 마음에 혼적인 어두운 생각이 일어났다. "랍비여 이 사람이 소경으로 난 것이 뉘 죄로 인함이오니까? 자기이오니까? 그 부모이오니까?" "아니면 하나님의 실수입니까?" 그러나 예수님은 이렇게 말씀하셨다.

"아니다. 어느 누구의 잘못이 아니다. 그에게서 하나님의 하시는 일을 나타내고자 하심이니라. 내가 세상에 있는 동안에는 세상의 빛이로라."

그리고 침을 진흙에 이겨 눈에 발라 주시고 실로암 못에 가서 씻으라고 하셨다. 그 소경은 곧 눈을 뜨는 기적을 체험하였다.

또 한 번은 예수님이 제자들과 길을 가실 때 마리아, 마르다 집에서 나사로가 병들어 죽게 되었다는 전갈을 가지고 왔다(요 11장). 예수님은 그 소리를 듣고 이틀을 더 유하셨다. 그리고 유대로 가자고 하셨다. 이미 나사로는 죽은 때였다. 제자들은 나사로가 죽었겠다고 하였다. 그러나 예수님은 죽었다고 말하지 않고 잔다고 하셨다. "나사로가 잠들었으니 깨우러 가자."

마르다와 마리아는 너무나 슬픈 나머지 원망을 하였다. "주께서 여기 계셨더라면 내 오라비가 죽지 아니하였겠나이다"(21, 32절). "주여 죽은 지가 나흘이 되었으매 벌써 냄새가 나나이다"(39절). 그러나 주님은 이렇게 말씀하셨다.

"내 말이 네가 믿으면 하나님의 영광을 보리라 하지 아니하였느냐"

그리고 돌을 굴려 놓게 하시고, 기도하시고, 외치셨다.

"나사로야 나오라!"

주님의 빛의 선포 앞에 죽은 나사로가 수족을 베로 동인 채 나왔다.

주님이
하십니다

주님의 빛 앞에 죽음도 물러가고, 슬픔도 사라지고, 하나님의 영광이 나타났다. 아멘.

사울이라는 유대 청년은 율법에 능통한 자였다. 일찍이 가말리엘 문하에서 사사를 받았다. 그는 스스로 하나님께 열심이라고 생각하였지만 율법에 눈이 멀어 예수를 핍박하였다. 자신이 하는 일이 어떤 일인지 몰랐다. 열심히 교회를 핍박하고 성도를 잡아들이는 일을 하면서 하나님을 위한다고 생각하였다. 그는 영적으로 어두운 자였다. 그러나 이런 사울도 주님의 빛이 비츠일 때 변했다. 다메섹 도상으로 가는 중에 부활의 주님을 만났고 주님의 빛 앞에 고꾸라졌다. 주님은 그에게 물으셨다. "사울아, 사울아 어찌하여 네가 나를 핍박하느냐?" "주여 뉘시오니까?" "나는 네가 핍박하는 예수라." 거기서 사울은 완전히 변화되었고, 전과 반대로 빛의 증인이 되었다. 후에 이렇게 고백하였다.

> 어두운 데에 빛이 비치라 말씀하셨던 그 하나님께서 예수 그리스도의 얼굴에 있는 하나님의 영광을 아는 빛을 우리 마음에 비추셨느니라(고후 4:6).

빛의 자녀들처럼

그 빛이 우리 마음에도 비취었다. 우리 안에 이 예수의 빛이 있다. 그러므로 이제 우리는 빛의 자녀들처럼 행해야 한다. 적극 빛을 비추어야 한다.

너희가 전에는 어두움이더니 이제는 주 안에서 빛이라 빛의 자녀
들처럼 행하라(엡 5:8).

문제 있는 아이들, 가정, 병으로 누워 있는 사람들, 문제 있는 사업
장, 문제 있는 교회 등등……. 이러한 어려운 상황들이 섰을지라도 더
이상 속아서는 안 된다. 어두움을 향해 믿음의 말을 하고 빛을 선포해
야 한다. 문제보다 주님의 소망을 말해야 한다.

왜 나만 겪는 고난이냐고

왜 나만 겪는 고난이냐고 불평하지 마세요.
고난의 뒤편에 있는 주님의 주실 축복 미리 보면서 감사하세요.
너무 견디기 힘든 이 순간에도 주님이 일하고 계시잖아요.
남들은 지쳐 앉아 있을지라도 당신만은 일어서세요.
힘을 내세요. 힘을 내세요. 주님이 손잡고 계시잖아요.
주님이 나와 함께 함을 믿는다면 어떤 역경도 이길 수 있잖아요.
왜 이런 슬픔 찾아왔는지 원망하지 마세요.
당신이 잃은 것보다 주님께 받은 은혜 더욱 많음에 감사하세요.
너무 견디기 힘든 지금 이 순간에도 주님이 일하고 계시잖아요.
힘을 내세요. 힘을 내세요. 주님이 손잡고 계시잖아요.
주님이 나와 함께 함을 믿는다면 어떤 역경도 이길 수 있잖아요.

이제는 "왜 나만 힘든가?" 어두운 상황을 불평해서는 안 된다. 오히
려 어두움 속에서 비추이는 주님의 빛을 보며 더욱 감사와 찬양을 해야
한다. 아멘.

주님이
하십니다

그리하면 네 빛이 새벽 같이 비칠 것이며 네 치유가 급속할 것이며 네 공의가 네 앞에 행하그 여호와의 영광이 네 뒤에 호위하리니(사 58:8).

다시는 네 해가 지지 아니하며 네 달이 물러가지 아니할 것은 여호와가 네 영원한 빛이 되고 네 슬픔의 날이 끝날 것임이라(사 60:20).

그리고 주님은 이제 일어나 빛을 발하라고 하신다. 너희 착한 행실의 빛을 모든 사람들에게 비추라고 하신다.

일어나라 빛을 발하라 이는 네 빛이 이르렀고 여호와의 영광이 네 위에 임하였음이니라(사 60:1).

이같이 너희 빛이 사람 앞에 비치게 하여 그들로 너희 착한 행실을 보고 하늘에 계신 너희 아버지께 영광을 돌리게 하라(마 5:16).

우리는 세상의 빛이다. 게으르고 나태하지 말자. 부지런히 섬기고, 사랑하고, 베풀며 새 사람의 선한 행실을 보이자. 그리하면 여호와의 영광이 임하고 가족들, 친구, 주변의 불신 영혼들이 우리 안에 영광의 빛을 보고 주께로 나오게 될 것이다. 열방과 열 왕이 우리 빛으로 나올 것이다. 그 빛으로 인해 수많은 영혼들이 어둠의 포로에서 해방되고, 빛의 자녀로서 부요를 누리고, 형통하게 되는 역사가 일어날 것이다. 주님이 하신다. 아멘. 이렇게 믿음으로 담대하게 빛을 선포해 보자.

우리의 고백

빛이 있으라!

○○○에게 빛이 있으라!

○○○ 가정에 빛이 있으라.

○○○ 사업장에 빛이 있으라!

나는 예수님 때문에 소망의 사람이 되었다.

나에게 빛이 있다. 나는 잘 된다.

나의 자녀들에게 빛이 있다. 나의 자녀들은 잘 된다.

성도들 안에 빛이 있다. 우리 성도들은 잘 된다.

우리 주님은 빛이시다.

빛이 있으라!

"아멘." 주님께 영광!

주님이
하십니다

14
도적맞지 말라

도둑이 오는 것은 도둑질하고 죽이고 멸망시키려는 것뿐이요 내가 온 것은 양으로 생명을
얻게 하고 더 풍성히 얻게 하려는 것이라(요 10:10).

영적인 세계에도 인생을 해롭게 하는 '해자' 와

인생을 이롭게 하는 '이자' 가 있다.

마귀는 '해자(害者)' 이고 예수님은 '이자(利者)' 이다.

예수님은 우리의 선한 목자이시고 마귀는 도적이다.

인생을 사는 날 동안 마귀를 만나면 비참하게 살다 죽는다.

이런 마귀를 만나지 않으려면 날마다 우리를 이롭게 하시는

예수님을 영접하고 살아야 한다.

예수님을 만나면 **생명**을 얻고 더 **풍성함**을 누리게 된다.

요한복음 10장 10절에서 주님이 말씀하신다.

도적질하고 죽이는 것은 사단이 온 목적이고,

생명을 얻게 하고 더 풍성히 얻도록 하는 것은

예수님이 오신 목적이다 …

이 예수님을 영접하면 내 안에 있는 도적놈이 쫓겨난다.

어둠이 물러간다. 사망 권서가 쫓겨나고

대신 생명의 빛이 흐른다.

건강하고 행복하게 오래 사는 것은 모든 사람의 바람이며 하나님의

뜻이다. 하나님은 에덴동산을 창설하실 때 인간이 행복하게 살도록 그곳에 선악을 알게 하는 나무와 생명나무 실과를 두셨다. 각종 먹기 좋은 과목과 풍요의 강이 흐르게 하셨다. 그리고 인간이 타락한 후에도 생명을 얻고 더 풍성한 삶을 누리도록 하시기 위해 예수 그리스도를 구주로 보내주셨다.

그런데 현재 인간의 삶을 보라! 그 속에서 끊임없이 불행한 이야기, 슬픔의 이야기, 고통의 이야기들이 들려온다. 왜 사람들은 병들어 죽고, 굶어 죽고, 사고로 죽는가? 왜 산불이 나서 온 재산이 타 버리고, 홍수가 나서 수많은 수재민들이 생기는가? 왜 예수를 믿으면서도 상처를 받고, 손해를 보고, 병들어 고통하는가? 왜 세상의 빛이 되어야 할 성도들의 삶이 어두운가?

인생의 도적놈

도적놈 때문이다. 도적에게 빼앗기기 때문이다. 우리 안에 빛이 어두우면 도적이 들어온다. 인생의 풍요로운 삶을 누리며 살려면 많이 얻는 것도 중요하지만 도적을 맞지 말아야 한다.

세상에는 크게 두 종류의 사람이 있다. '주는 자' 와 '빼앗는 자' 이다. 소설「상도」를 보면 한 대감이 상단 대행수와 만난 자리에서 한 가지 수수께끼를 내는 장면이 나온다. 이 성에 들어가는 자들은 몇 종류의 사람이 있느냐? 수많은 사람들을 어찌 나눌 수 있는가? 아무도 대답을 하지 못했는데, 곁에 있던 시종 드는 여인이 대답을 했다. '이자(利者)' 와 '해자(害者)' 입니다.'' 수많은 사람들이 성을 들락날락하지만 실제로는 대감을 이롭게 하는 자와 해롭게 하는 자 두 종류가 있다는 것이다. 기이한 대답에 사람들은 술렁거렸고 대감은 상을 내렸다.

이와 같이 영적인 세계에도 인생을 이롭게 하는 자와 해롭게 하는 자가 있다. '이자(利者)'는 예수님이시고, '해자(害者)'는 마귀이다. 예수님은 우리의 선한 목자시고, 마귀는 도적이다. 예수님을 만나면 살고, 마귀를 만나면 망하게 된다. 도적 마귀를 만나지 않으려면 날마다 우리를 이롭게 하시는 예수님을 영접하고 살아야 한다. 그래야 생명을 얻고 더 풍성함을 누릴 수 있다. 요한복음 10장 10절에서 주님이 말씀하신다.

> 도둑이 오는 것은 도둑질하고 죽이고 멸망시키려는 것뿐이요 내가 (예수님) 온 것은 양으로 생명을 얻게 하고 더 풍성히 얻게 하려는 것이라 나는 선한 목자라 선한 목자는 양들을 위하여 목숨을 버리거니와 삯꾼은 목자가 아니요 양도 제 양이 아니라 이리가 오는 것을 보면 양을 버리고 달아나나니 이리가 양을 물어 가고 또 헤치느니라(요 10:10-12).

도적질하고 죽이는 것이 사단이 온 목적이고, 생명을 얻게 하고 더 풍성히 얻도록 하는 것은 예수님이 오신 목적이다. 마귀는 거짓의 아비이다.[29] 주님은 그 속에 진실이 없다고 하셨다. 그는 거짓말쟁이요 살인자다. 마귀는 에덴동산에서부터 사람을 속였다. 선악을 알게 하는 나무의 실과를 먹게 하여 아담과 이브가 하나님께 죄를 짓게 하고 죽게 하였다. 이 마귀는 예수님이 오셨을 때도 예수님을 유혹하였다. 천하의 권세, 만국의 영광을 줄 터이니 나에게 절하라고 하였다. 그리고 지금까지 끊임없이 천하를 속이며 인생을 넘어뜨리는 일을 해 왔다.

어떤 부자가 많은 재물을 쌓아 놓고 창고를 더 크게 짓고 속으로 이렇게 외쳤다. "내 영혼아 평안히 먹고 마시자." 그 때 하나님은 말씀하셨다. "어리석은 자여 오늘 밤 네 영혼을 도로 찾으리니 그러면 네 예비한 것이 뉘 것이 되겠느냐…"(눅 12:20).

생명은 온 천하와 바꿀 수 없는 귀한 것이다. 그런데도 이런 생명을 앞에 두고 먹고 마시는 일로 고민하는 사람들이 있다. 또 세상 물질, 권세, 명예 때문에 속이고, 빼앗고, 죽이는 일을 한다. 설령 온 천하를 얻었다 하자. 양심을 잃고, 사람을 잃고 생명을 잃는다면 무슨 소용이 있겠는가? 천하의 재물을 취하고도 자기 영혼을 잃어버리는 사람은 어리석은 자이다. 마귀는 이렇게 사람들로 어리석은 자가 되게 한다.

우리는 지혜로운 자가 되어야 한다. 생명을 가장 소중히 여기고 누리는 자가 되어야 한다. 그것은 생명[30]의 주 예수님을 내 안에 모시고 사는 것이다. 요한으로 주님은 이렇게 말씀하셨다.

> "그 아들이 있는 자는 생명이 있고 그 아들이 없는 자는 생명이 없느니라"(요일 5:12).

이 예수님을 영접하고 살면 내 안에 있는 도적놈이 쫓겨나고 어둠이 물러간다. 사망 권세가 쫓겨나고 대신 생명의 빛이 흐른다. 그리고 비로소 우리는 어두운 세상에 빛이 된다.

주님은 네 눈이 어두우면 온 몸이 어둡다고 하셨다. 우리는 생명의 빛이 어둡지 않도록 끊임없이 생명의 빛을 밝혀야 한다. 빛이 흐려지면 어둡고 도적이 들어오는 것은 당연한 일이다. 끊임없이 우리 안에 들어와서 우리 영혼을 도적질하는 마귀와 싸워야 한다. 내 안에 평안을 도

주님이
하십니다

적질하고 불안을 심고, 믿음을 도적질하여 불신을 심고, 사랑 대신 분노를 심는 마귀는 어둠을 지배하는 인생의 도적이다. 이런 마귀의 통치를 받는 어리석은 자가 되지 말자.

우리의 고백 - 1

사랑의 예수님이 십자가에 달려 죽으실 때 ○○○의 옛 사람,
마귀 자식을 죽었다.
나는 왕이신 예수님의 사랑으로 통치 받는 빛의 자녀,
새 사람이 되었다.
나는 이제 예수님의 십자가의 은혜로 더 이상 염려 근심하는
옛 사람이 아니다.
나는 왕이신 예수님의 사랑으로 사는 평안한 새 사람이다.
나는 예수님의 십자가의 은혜로 분노의 옛 사람이 아니다.
나는 예수님의 십자가의 은혜로 온유한 새 사람이다.
나는 예수님 때문에 어리석은 자가 아니다.
나는 예수님 때문에 지혜로운 새 사람이다.
"아멘." 주님께 영광!

도적맞지 않는 법

사단 마귀는 집요한 도적놈이다. 밤을 좋아한다. 우리가 방심만 하면 끊임없이 파고 들어와서 도적질하고 죽이는 일을 한다. 저녁에는 평

안하였는데 아침이 되면 금방 근심하는 마음이 생긴다. 말씀을 묵상하는 동안에는 믿음이 생기고 비전을 보았는데 밖에 나가 사람들과 이야기하는 사이에 금방 믿음이 빼앗기고 근심, 불안이 심겨진다. 마귀가 어느 사이에 믿음과 평안을 도적질해 간 것이다.

돈은 도적맞아도 그렇게 큰 문제가 되지 않는다. 그러나 믿음을 잃고 평안을 잃어버리면 절망이 들어오고 급기야 생명까지 잃게 된다. 도적놈 사단의 마지막 목표는 하나님의 자녀들의 생명을 빼앗는 것이다. 그러므로 주님이 말씀하신다.

> 근신하라 깨어라 너희 대적 마귀가 우는 사자 같이 두루 다니며 삼킬 자를 찾나니(벧전 5:8).

인도네시아 쓰나미 해일로 인해서 20만 명 이상이 목숨을 잃었다. 예기치 못한 엄청난 재앙이었다. 도적맞은 것이다. 또 얼마 전 전국이 '바다이야기' 도박게임 이야기로 시끄러웠다. 게임에 빠져 전 재산을 날리고, 이혼을 한 가정이 한 둘이 아니다. 이 때문에 살인한 사람들도 있다. 번듯한 직장인들이 한순간에 직장을 잃고, 가족을 잃고, 친구를 잃고 파산을 하였다. 도적맞은 것이다. 얼마나 슬프고 허탈하고 억울한 일인가! 도적을 맞고 싶은 사람은 없다. 그러나 깨어 있지 않으면 누구나 도적을 맞게 된다.

재앙뿐만 아니라 병들고 병원에 가는 것도 건강을 도적맞는 것이다. 병원에 가보면 심신이 도적맞아 누워 있는 환자들이 즐비하다. 치료받기 위해 병원을 가면 모아놓은 돈을 다 털어내야 한다.

나는 자주 치과에 가는 편이다. 한 번 병원에 가면 몇십만 원, 몇백

주님이
하십니다

만 원이다. 앞으로 아이들과 아내 사모까지 제대로 치료하려면 얼마나 더 들지 모른다. 의사 말르 치아에 세균 침투를 막으려면 음식물 섭취 후 5분 이내에 치아를 닦아야 하고 검진은 6개월에 한 번씩 받아야 한다고 한다. 충치가 생기면 순식간에 썩어 들어간다는 것이다.

이처럼 우리의 영혼도 도적맞지 않으려면 끊임없이 옛 사람을 처리하며 새 사람으로 살아야 한다. 그리고 예수님을 내 중심에 모시어 들여야 한다. 예수 안에 있는 생명이 사람들의 빛이시다(요 1:4). 그 말씀이 빛이 되어 우리 눈을 밝히고 우리를 지키도록 해야 한다. 시편 18장 28절로 주님이 말씀하신다.

> 주께서 나의 등불을 켜심이여 여호와 내 하나님이 내 흑암을 밝히시리이다(시 8:28).

> 사람의 영혼은 여호와의 등불이라 사람의 깊은 속을 살피느니라 (잠 20:27).

예수 안에 있는 생명으 빛이 비추면 어둠이 물러간다. 죽은 영혼이 살아난다. 주의 말씀은 살리는 영이요 생명[31]이다. 주의 말씀은 내 발에 등이요 내 길에 빛이시다(시 119:105). 주님이 통치하시면 도적은 물러간다. 우리는 살아나고 풍요로운 인생이 시작된다.

이제부터는 적극 생명을 주시는 예수님이 내 안에 사심을 고백하자. 날마다 빛되신 예수님을 영접하여 예수 생명이 넘치게 하자. 깨어 의를 행하며 생명의 빛을 밝히자. 그리하여 영혼이 잘 되고, 범사가 잘 되고, 강건해지자. 이렇게 하는 것이 도적맞지 않는 안전한 길이다. 풍요로운으로 가는 길이다. 아멘.

우리의 고백 - 2

나는 이제 포적맞는 어리석은 자가 아니다.

나는 날마다 빛 되신 예수님의 통치를 받으며 사는 자다.

나는 예수님의 생명을 풍성히 누리는 새 사람이다.

예수님은 내 인생의 영원한 주인이시다.

"아멘." 주님께 영광!

주님이
하십니다

15
두려움을 극복하라

예수께서 깨어 바람을 꾸짖으시며 바다더러 이르시되 잠잠하라 고요하라 하시니 바람이
그치고 아주 잔잔하여지더라(막 4:39).

결국 두려움의 문제는 광풍 자체도 아니요,
사단 때문도 아니요, **주님이 하시는 일**을 보지 못하는 데서
오는 문제이다.
주님은 늘 내 안에서 역사하신다.
내 인생의 항로 중에 언제나 나와 한 배를 타고 가신다.
우리가 할 일은 주님이 내 안에 잠드시지 않게 하는 것이다.
주무시는 주님을 깨워 역사하심을 보는 것이다.
내 안에서 광풍을 꾸짖으시고, 자연 만물을 명령하시고,
순종시키시고, 창조역사를 이루시는 **하나님을 보는 것**이다.
내 안에서 주님의 생명이 흐르고 말씀이 움직이는 것을
보는 것이다. 그러면 두려움은 온데간데없이 사라지고
감탄과 감격의 외침이 나오게 된다.
"그가 누구이기에 바람과 바다도 순종하는가?"

　예수님이 한 번은 제자들과 배를 타시고[32] 바다 건너편으로 가게 되
셨다. 그런데 갑자기 고요하던 바다에 광풍이 일어나고 물결이 부딪혀
배 안에까지 들어왔다. 위기의 상황에 놓인 제자들은 두려워 안절부절

못하며 물을 퍼냈다. 그리고 죽게 된 상황에서도 주무시는 예수님이 원망스러웠다.

도대체 이런 광풍이 왜 일어나는 것인가? 또 어디서 오는 것인가? 그리고 과연 예수님이 타신 배에도 광풍이 대적할 수 있는 것인가?

광풍은 하나님의 허용 범위 내에서 사단 마귀가 가져오는 것이다. 마귀는 이런 광풍을 통해서 사람을 해치고, 죽이고, 재물을 파손하고 손해를 끼치며 영향력을 행사한다. 그리고 광풍은 예수님이 타신 배에도 역사한다.

욥기서는 **광풍**이 어떻게 사람에게 일어나는가를 보여준다. 욥은 순전하고 정직하고 하나님을 경외하며 악에서 떠난 사람이었다. 그러나 하나님의 허락을 받은 사단으로 인해 인생에 광풍이 불어 닥쳤다. 하루는 스바 사람이 와서 소와 나귀를 빼앗고 칼로 종을 죽이고, 하루는 하늘에서 불이 내려 양과 종을 살라버리고, 하루는 갈대아 사람이 와서 약대를 빼앗고, 하루는 대풍이 불어서 자녀들을 죽였다(욥 1:9-19).

광풍은 **두려움**의 문제이다. 그리고 이 두려움은 반드시 극복해야 할 인생 문제이다. 선악과를 따먹은 아담과 이브 때부터 인간은 두려워서[33] 하나님의 낯을 피했다. 예수님의 제자들이 3년 반 동안 훈련을 받고서도 해결되지 않은 문제가 두려움의 문제였다. 베드로가 계집종 앞에서 주님을 부인한 것도 두려움 때문이었다. 예수님의 십자가 앞에서 제자들이 물고기 잡으러 도망을 한 것도 두려움 때문이었다. 두려워하는 자들은 천국에도 들어가지 못한다.[34] 이런 두려움은 마지막 날 심판받아 지옥에 들어갈 일순위이다. 이런 두려움은 사단이 주는 것이다.

하나님은 결코 두려움을 주시는 분이 아니다. 하나님이 우리에게 주시는 것은 능력과 사랑과 근신하는 마음이며(딤후 1:7), 평안이다(요

16:33). 주님은 제자들이 두려워하던 광풍을 꾸짖어 잠잠하게 하셨다.

잠잠하고 고요하라(막 4:39).

한 순간에 고요해지고 평안이 왔다. 내 안에 주님이 계신다면 우리는 두려워할 필요가 없다. 광풍은 나를 두렵게 하지만 주님은 내 안에 있는 두려움을 꾸짖으신다. 주님은 시험과 장래의 두려움을 꾸짖으신다. 물질 문제의 두려움을 꾸짖으신다. 질병의 두려움을 꾸짖으신다. 믿음 없음을 꾸짖으신다.

"왜 두려워하느냐 믿음이 없는 자들아."

주 안에 거하며 주님으로 산다면 인생의 어떤 광풍 문제로도 두려워할 필요가 없다. 장래문제, 먹고 사는 문제, 자녀들의 문제, 사업으로 인한 두려움 문제들도 주님이 꾸짖으시면 순식간에 잠잠해진다. 회당장 야이로가 딸이 죽었다는 기별을 듣고 두려워할 때 주님은 말씀하셨다. "두려워 말고 믿기만 하라."

내 안에 살아 계신 주님을 믿고 주님이 하시는 것을 보는 사람들에게 광풍은 문제가 되지 않는다. 광풍은 하나님의 영광을 드러낼 수 있는 기회일 뿐이다.

두려움의 원인

결국 두려움의 문제는 광풍 자체도 아니요, 사단 때문도 아니요, 주님이 하시는 일을 보지 못하는 데서 오는 문제이다. 주님은 늘 내 안에서 역사하신다. 내 인생의 항로 중에 언제나 나와 한 배를 타고 가신다. 우리가 할 일은 주님이 내 안에 잠드시지 않게 하는 것이다. 주무시는 주님을 깨워 역사하심을 보는 것이다. 내 안에서 광풍을 꾸짖으시고, 자연 만물을 명령하시고, 순종시키시고, 창조 역사를 이루시는 하나님을 보는 것이다. 내 안에서 주님의 생명이 흐르고 말씀이 움직이는 것을 보는 것이다. 그러면 두려움은 온데간데없이 사라지고 감탄과 감격의 외침이 나오게 된다.

"그가 누구이기에 바람과 바다도 순종하는가!"

주님은 죽은 자의 하나님이 아니시다. 어제나 오늘이나 살아계신 분이시다. 졸지도 주무시지도 않으시는 분이시다.[35] 주님은 창조주이시다. 아멘.

이 예수님이 내 인생의 주인이시며 왕이시다. 처음부터 내 안에서 착한 일을 시작하시고,[36] 나를 위해 합력하여 선을 이루시는 분이시다. 죽음을 통해서도 하나님의 영광을 드러내시고, 실패를 통해서도 아름다운 승리를 이끌어내시는 분이시다. 아멘.

그러나 내가 하려고 하면 주님은 내 안에서 아무것도 하실 수 없다. 내가 내 삶의 배에 가득 찬 물을 퍼내려고 애를 쓰면 쓸수록, 주님은 배의 고물을 베개 하시고 주무신다. 반면 내가 하는 것을 내려놓고, 주님이 하시도록 하면, 주님이 모든 것을 다 하신다. 그리고 어느덧 광풍은 잔잔해지고 목적지에 도달하게 된다. 우리는 주님이 하실 것을 믿고 주님이 하시도록 기다려야 한다. 때론 주무시는[37] 주님조차도 받아들여야 한다. 이것이 우리가 할 수 있는 일이다.[38] 주님이 깨어 일하시기만 한다면 어떤 광풍도 우리를 대적할 수 없다. 창조주 하나님이 깨어 역사하시는데 어찌 귀신이 두려움을 몰고 들어올 수 있겠는가! 두려움은 한

주님이
하십니다

길로 들어와서 일곱 길로[39] 쫓겨 도망할 것이다. 주 안에 있으면 잠시라도 두려움, 근심, 걱정에 머물러 있을 필요가 없다.

그러면 간혹 이렇게 말하는 사람이 있다. "당신도 당장 아파보시오. 그런 소리가 나오는가?" 사실 죽음 앞에 서 보면 주님도 안 보이고 주님이 하신다는 말이 잘 나오지 않는다. 오히려 주머니가 두둑하고 돈이 통장에 들어오면 두려움이 사라지고, 마음에 평안이 오고, 여유가 생기는 경우가 많다. 그러나 그것은 상황적 평안이다. 돈이 떨어지면 다시 두려움이 생긴다. 아프면 다시 불안해진다. 돈이나 건강, 사업, 자녀가 잘 되는 것이 절대로 우리에게 두려움을 몰아내고 온전한 평안을 주지 못한다. 문제가 해결되면 또 다른 두려움 더 큰 두려움이 몰려온다. 세상에서의 문제는 끝이 없다[40]

최근 들어 우리는 지구상에 심상치 않은 징조들이 계속 나타나고 있다. 시베리아의 빙하가 녹아 푸른 초원이 되고, 남극의 빙산이 떠 내려와 관광 상품으로 개발되고……. 신문들도 우려의 기사들을 싣고, 과학자들은 지구 온난화 현상으로 홍수 이상 고온 현상으로 엄청난 재앙이 올 수 있다고 말한다.

이뿐 아니라 신문은 인류를 종말에 이르게 할 최대 위협 10가지를[41] 들고 있다. 기후 변화, 텔로미어 퇴화, 바이러스 만연, 테러, 핵전쟁, 유성 충돌(실제로 소행성이 30년 후 지구 충돌 가능성을 제기하고 있다), 이 유성 충돌은 지구상의 국가 1-2개를 날려 보낼 수 있는 위협이라고 한다. 또 로봇의 반란, 별 폭발에 의한 우주 광선 폭풍, 초대형 화산 폭발, 블랙홀에 먹힐 위협 등 거대한 두려움 앞에 믿음마저 파손될 수 있다. 이런 두려움을 무엇으로 극복할 수 있겠는가?

두려움의 해결책?

두려움은 근본적으로 인간이 해결할 수 있는 문제가 아니다. 두려움의 문제는 주님만이 해결해 주실 수 있다. 주님으로 살면 된다. 주님으로 살면 해일이 일어나도 상관없고, 소행성이 지구에 떨어지고, 핵이 폭발해도 상관없다. 내가 주안에, 주님이 내 안에 계시다면 두려울 일이 무엇이 있겠는가? 우리 주님이 잘 하실 텐데 말이다. 심판하실 자는 심판하시고 구원하실 자는 구원하실 것이다. 주님으로 사는 자는 이렇게 기도하면 된다. "아멘, 주 예수여 오시옵소서."(계 22:20). 중요한 것은 주님을 신뢰하는 것이다. 주님의 사랑을 확신하는 것이다. 주님은 이사야 41장 10절로 말씀하신다.

> 두려워하지 말라 내가 너와 함께 함이라 놀라지 말라 나는 네 하나
> 님이 됨이라 내가 너를 굳세게 하리라 참으로 너를 도와 주리라 참
> 으로 나의 의로운 오른손으로 너를 붙들리라(사 41:10).

우리 주님은 나를 끝까지 사랑하시는 분이시다. 이 주님의 사랑 안[42)에 살고 있다면 평안이다. 자유다. 사나 죽으나 자유, 돈이 있으나 없으나 자유, 건강하나 아프나 자유다. 모든 형편에도 자족하며 살 수 있다. 주님으로 사는 길이 두려움의 광풍을 이기는 길이며, 주님의 사랑만이 세상을 이기는 길이다. 아멘. 담대하게 선포하자.

주님이
하십니다

우리의 고백

○○○의 옛 사람 두려움은 예수님과 함께 십자가에 죽었다.

나는 두려움과 아무런 상관이 없다.

나는 예수님 때문에 두려움에서 자유다. 해방이다.

나는 왕이신 예수님으로 사는 담대한 새 사람이다.

주님이 내 인생을 통치하신다.

주님이 통치하시니 어떤 광풍이 와도 두렵지 않다.

주님이 통치하시니 나는 요동치 않는다.

주님이 통치하시니 나는 평안이다.

"아멘." 주님께 영광!

16
자유하라

진리를 알지니 진리가 너희를 자유롭게 하리라(요 8:32).

영적 세계에서도 마찬가지다.

자유가 신앙의 바탕이 되어야 한다.

믿음의 사람은 곧 자유의 사람이 되어야 한다.

영적, 정신적 **자유**를 누리며 살아야 진정으로

구원받은 신앙인이라 할 수 있다.

어떤 경우에도 우리의 자유가 구속을 당해서는 안 된다.

타의에 의하던 자의에 의하던 매여서는 안 된다.

사상에서도 자유해야 하고, 제도에서도 자유해야 한다.

… 더 나아가 죄와 율법에서 자유해야 하고,

두려움과 공포, 염려 그리고 근심과 걱정에서도 자유해야 한다.

… 자유는 인간이 누릴 수 있는 최고의 자산이다.

그리고 참된 신앙인이 누릴 수 있는

수준 높은 신앙이다.

자유는 하나님이 주신 최고의 선물이다. 에덴동산의 첫째 축복도 자유로부터 시작되었다. '네가 임의로 먹되' (창 2:16) 인간이 불행해진 것은 이 자유를 잃은 후부터였다. 예수님이 이 땅에 오신 목적도 우리를

주님이
하십니다

얽매임과 종살이에서 구원하여 자유를 회복시켜 주시기 위함이었다. 누가복음 4장 18절로 주님이 말씀하신다.

> 주의 성령이 내게 임하셨으니 이는 가난한 자에게 복음을 전하게
> 하시려고 내게 기름을 부으시고 나를 보내사 포로된 자에게 자유
> 를 눈먼 자에게 다시 보게 함을 전파하며 눌린 자를 자유하게 하고
> (눅 4:18).

남한에 이미 탈북자들이 5,000명이 넘고 있다.[43] 이들은 바다로, 중국 국경을 넘어, 제3국을 거쳐 계속 목숨을 걸고 넘어오고 있다. 이들을 돕다가 체포당하는 사람도 있다. 이렇게 넘어오는 이유는 오직 한 가지 자유 때문이다. 자유롭게 살고 싶어서이다. 자유가 없다면 인간은 행복할 수 없다. 사람들이 오랜 역사 속에 자유를 위해서 투쟁해 온 것도 자유만이 인간을 행복하게 할 수 있다는 것을 알고 있기 때문이다.

신앙의 바탕

영적 세계에서도 마찬가지다. 자유가 신앙의 바탕이 되어야 한다. 신앙인은 곧 자유의 사람이 되어야 한다. 영적, 정신적 자유를 누리면서 살아야 진정으로 구원받은 신앙인이라고 할 수 있다.

어떤 경우에도 자유가 구속을 당해서는 안 된다. 타의에 의하던 자의에 의하던 매여서는 안 된다. 사상에서 자유해야 하고, 제도에서도 자유해야 한다. 더 나아가 우리는 죄와 율법에서 자유해야 하고, 두려

움과 공포, 염려 그리고 근심과 걱정에서도 자유해야 한다.

물론 복음을 위해 옥에 갇힐 수도 있고, 하나님 나라를 위해 스스로 매인 자의 삶을 살 수 있다. 그러나 그 모든 것들도 심령의 자유로부터 출발하는 것이다.

자유는 인간이 누릴 수 있는 최고의 자산이다. 그리고 참된 신앙인이 누릴 수 있는 수준 높은 신앙이다. 이런 참 자유를 누리며 사는 그리스도인들이 얼마나 많을까? 육신으로는 자유한데 영적으로 자유를 누리며 사는 사람들은 그리 많지 않다. 복음을 말하면서도 여전히 율법의 카테고리를 벗어나지 못한다. 예수를 믿어도 염려와 근심과 걱정이 떠나지 않고, 예수를 믿어도 사람이나 장래에 대한 두려움을 이기지 못한다. 재물은 많아도 영적 빈곤에 매여 살아간다. 예수를 믿으면서도 미움의 포로가 되고, 예수를 믿으면서도 죄의 소욕에 끌려 다닌다. 자유한 신앙인이 아니다.

그렇다면 나는 자유한가? 예수님이 십자가에 생명까지 내어 주며 주신 그 자유를 누리며 살고 있는가? 물질에서 자유하고, 염려, 근심, 미래의 두려움에서 자유한가? 율법에서 자유한가? 어떻게 우리가 이런 자유를 누리는 삶을 살 수 있을까?

바울이 누린 자유의 비밀

그렇게 훌륭한 사도 바울도 처음에는 자유를 누리지 못했다. 그는 율법에서 벗어나 예수 안에 거하면서도 죄의 종노릇하는 자신을 보며 이렇게 탄식했다.

주님이
하십니다

이 사망의 몸에서 누가 나를 건져내랴(롬 7:24).

그는 끝없이 솟아오르는 죄의 소욕 때문에 사망 권세에 매여 고통당해야 했다. 독신으로 정욕과 음란에서 자유하는 것도 쉬운 일이 아니었고, 가난한 형편에서 물질에 자유하는 것도 쉬운 일이 아니었다. 그러나 그는 포기하지 않았다. 선과 악의 수많은 갈등 속에 결국은 자유하게 하는 진리를 찾았고 마침내 그 자유를 누리는 자가 되었다.

그러므로 이제 그리스도 예수 안에 있는 자에게는 결코 정죄함이 없나니 이는 그리스도 예수 안에 있는 생명의 성령의 법이 죄와 사망의 법에서 너를 해방하였음이라(롬 8:1-2).

그가 자유를 누린 것은 예수 안에 있는 '생명의 성령의 법' 안에서였다. 자기 의지의 노력으로서가 아니라 예수 안에 있는 성령의 법의 힘을 통해 자유를 누리게 되었다. 법은 힘이다. 자유는 힘이 있어야 누린다. 권력이 있고 돈이 있어도 어느 정도 자유를 누릴 수 있는 것은 바로 힘 때문이다. 그러나 비록 우리 자신은 약해도 힘 있는 자 안에 있으면 자유한 자가 된다.

나는 아프리카에 가서 많은 동물들을 본 적이 있다. 몇 마리 되지 않아도 초원을 누비는 사자들은 아주 자유롭다. 어미를 따라다니는 그 사자 새끼들도 마찬가지로 자유롭다. 그러나 사슴이나 소들은 수천 마리가 되어도 자유하지 못해 늘 경계를 하며 매순간 살피는 일을 한다. 먹으면서도 걸으면서도 살핀다. 약하기 때문이다.

마찬가지로 우리가 믿어도 두려워하고 염려하는 것은 약하기 때문이다. 우리가 강한 자(죄, 사망, 사단)에게서 자유하기 위해서 더 강한 자[44]의 지배를 받아야 한다. 우리가 비록 약할지라도 강하신 주님 안에서 거한다면 자유한 자가 된다. 비록 가난할지라도 부요하신 주 안에 있으면 자유한 자가 된다. 생명의 성령의 법이 우리를 죄와 사망의 법에서 구원하는 능력이 되기 때문이다. 바울은 이 비밀을 깨달았다. 우리와 성정이 같은 사람으로 약하고 굶주리고 헐벗고 매도 많이 맞았지만 주 안에 있는 성령의 법을 깨달은 후에 누린 자유를 이렇게 고백했다.

> 나는 비천에 처할 줄도 알고 풍부에 처할 줄도 알아 모든 일 곧 배부름과 배고픔과 풍부와 궁핍에도 처할 줄 아는 일체의 비결을 배웠노라(빌 4:12).

　탈북을 해서 감격의 눈물을 흘렸어도 자유세계에 적응을 하지 못해 절망 속에 도적질을 하다 잡혀 다시 감방으로 들어가는 사람들이 있다고 한다. 스스로 자유를 누릴 수 있는 힘이 없기 때문이다.

　진정한 자유는 자기 스스로 누릴 수 있는 것이 아니다. 스스로 자유를 얻으려고 할수록 우리는 강한 자의 법에 매어 약한 자 될 뿐이다. 참 자유는 위로부터 획득되어지는 것이다. 하나님이 주시는 것이다.

　누가복음에 탕자의 비유는 자유한 신앙이 어떤 것인가를 보여준다. 어느 날 둘째 아들이 자유를 찾아 아버지의 집을 떠났다. 많은 돈을 가지고 넓은 세상으로 나갔다. 그 돈으로 인생을 마음대로 즐겁게 살았다. 친구도 많이 사귀었다. 미남은 아니지만 여자도 많이 따랐다. 그는 이렇게 사는 것이 자유라고 생각하였다. 그러나 점점 돈이 떨어지고 궁핍해지면서 모든 것을 잃어버렸다. 돈으로 얻은 자유는 잠시 잠깐 뿐이었다. 곧 배고픔의 포로가 되었고, 외로움의 포로가 되었고, 배신감의 포로가 되었고, 정욕의 포로가 되었다. 그는 돼지가 먹는 쥐엄 열매로도 배를 채울 수 없는 비참한 신세가 되었다. 거기서 주려 죽을 수밖에 없었다.

주려 죽게 된 그 순간 탕자는 아버지 집을 생각하였다. 아버지 집은 풍족하고 아버지 집의 하인들도 삯을 넉넉히 받는다는 것을 생각했다. 하나님과 아버지께 죄를 지었음을 고백하였다. 참회의 마음으로 아버지 집으로 돌아가고자 방향을 잡았다. 품꾼의 하나로라도 써 달라고 부탁하려고 했다. 그는 자신을 아버지께 맡기고자 마음을 굳게 하고 아버지 집을 향했다. 아버지는 벌써 동구 밖에서 기다리고 있었다. 모든 것을 탕진한 아들의 지난날의 죄를 묻지 않고 하인들에게 가장 귀한 옷을 내다 입히고 신을 신기라고 하였다. 그리고 살진 송아지를 잡아 잔치를 벌였다. 아들은 비로소 아버지 집에 돌아와 자유를 누리며 사람대접을 받았다. 그는 집을 떠나 방탕한 후에야 비로소 아버지 집에서 자유가 무엇인지 알게 되었다.

여기서 아버지는 하나님이시다. 탕자는 하나님을 떠난 죄인들이다. 아버지를 떠난 인간은 죄 때문에 어디서도 자유를 누릴 수 없다. 많은 돈을 벌고 나면 탐욕의 노예가 되어 버리고, 정욕의 노예가 되어 버린다, 권력을 얻으면 교만의 노예가 되어 버린다. 사람 덕을 보고 출세를 하지만 아첨의 노예가 되어 버린다. 소유는 많은 것 같은데 내 안에 디움, 증오, 탐욕, 시기, 거짓, 절망, 낙심의 죄가 득실거린다. 하나님 아버지를 떠나서 인간은 자유를 누릴 수 없다.

아버지를 떠난 탕자는 처음부터 자유인이 아니었다. 그는 자유하기 원했던 처음부터 부모 거역이라는 죄의 포로였다. 넓은 세계에서 자유를 즐겼지만 방탕과 탐욕의 포로였다. 그가 누린 자유는 가짜였다. 돈도, 쾌락도, 여자도 그에게 자유를 주지 못했다. 결국 허랑방탕하다 주려 죽게 되었다. 탕자의 자유는 스스로의 삶을 포기하고 아버지 집으로 향한 때부터 시작되었다. 다시 아버지께로 향한 것이 바로 진정한 자유의 길이었다.

인기 드라마에서 남녀 주인공을 맡았던 연기자들이 드라마처럼 연인 사이가 되는 경향이 있다. 사람들은 그들을 선망의 눈으로 바라본다. 그러나 얼마가지 못해서 그 환상이 깨어지곤 한다. 최고의 톱스타라고 자유를 누리는 것이 아니다. 돈이 많다고 해서 최고의 미모를 지녔다고 자유를 누리는 것이 아니다. 우리 안에 옛 사람의 본성이 있다면 자유를 누리지 못한다.

이미 태어날 때부터 인간은 하나님을 거역한 죄의 종이다. 진정 자유한 자가 되려면 옛 사람의 죄성(罪性)에서 벗어나 새 사람이 되어야 한다. 아버지 집으로 돌아와 아버지(주님)의 통치를 받으며 살아야 한다. 아버지 집은 풍족하다. 우리를 가난에서 해방시키실 수 있다. 아버지는 강하시다. 어떤 악한 자에게서도 우리를 자유케 할 수 있다. 아버지는 사랑의 주님이시다. 지난날의 모든 죄를 묻지 않고 용서하실 수 있다. 아버지는 창조주시다. 다시 금가락지를 끼워 주고 신을 신기고 황태자의 신분을 회복시켜 주실 수 있다. 누구든지 아버지 집으로 돌아와 새 사람이 되면 풍요와 자유를 누리며 살 수 있다. 아멘.

> 그런즉 누구든지 그리스도 안에 있으면 새로운 피조물이라 이전 것은 지나갔으니 보라 새 것이 되었도다(고후 5:17).

주님이
하십니다

자유로 가는 길

우리가 어떻게 아버지 집으로 돌아갈 수 있는가? 아버지 집으로 돌아가는 길은 오직 하나뿐이다. 그 아들 예수님이시다. 예수님은 아버지께로 이르는 길이요 진리요 생명이다(요 14:6). 아들 외에는 아무도 아버지 집에 이르게 할 수 없다.

> 예수께서 이르시되 내가 곧 길이요 진리요 생명이니 나로 말미암지 않고는 아버지께로 올 자가 없느니라(요 14:6).

예수님은 십자가에서 모든 죄를 다 용서하셨다. 이 예수 안에 거하면 더 이상 죄를 짓지 않고 죄의식에 시달리지 않는다. 죄에서 자유다. 예수님은 가난하게 되심으로 우리를 부요케 하셨다. 예수님을 믿으면 가난에서 자유다. 예수님이 채찍에 맞으심[45]으로 우리는 나음을 받았다. 예수를 믿으면 우리는 육체의 질병에서 자유다. 예수님은 세상을 이기시고 우리에게 이미 평안을 선포하셨다. 예수를 믿으면 두려움에서 자유다. 예수는 아버지 집으로 이르는 길이다.

그러나 예수를 알아도 지식으로 알면 자유를 누릴 수 없다. 교회를 열심히 다니고 성경을 많이 읽어도 자유를 누릴 수 없다. 진리를 붙들어야 한다. 진리[46]만이 우리를 자유하게 한다. 진리는 우리 안에 살아계신 예수님이시다! 우리 안에서 주로 살아계신 분이시다. 우리는 이 예수님의 통치를 받으며 주님으로 살아야 한다. 그러면 그 진리가 우리를 자유하게 한다.

이제, 살아 계신 예수님을 나의 주로 고백하고 통치를 받자. 그리고 주 안에서 자유하자. 사람에게서 자유, 돈에서 자유, 죄에서 자유, 두려움에서 자유, 탐욕에서 자유 그리고 율법에서의 자유 말이다. 자유를 누리는 자가 진정한 그리스도인이다.

우리의 고백

사랑의 예수님이 십자가에 죽으실 때
율법의 옛 사람 ○○○는 죽었다.
나는 율법에서 자유다.
예수님의 십자가에 죽으실 때
근심, 걱정, 염려의 옛사람 ○○○는 죽었다.
나는 근심, 걱정, 염려에서 자유다.
예수님이 십자가에 죽으실 때 나의 가난은 죽었다.
나는 가난에서 자유다.
예수님이 십자가에 죽으실 때 죄와 사망도 함께 죽었다.
나는 죄와 사망에서 자유다.
나는 왕이신 예수님으로 사는 자유의 새 사람이다.
"아멘." 주님께 영광!

주님이
하십니다

17
부요를 누리라

내가 네 환난과 궁핍을 알거니와 실상은 네가 부요한 자니라(계 2:9).

자족하며 풍족한 삶을 살려면
가장 먼저 **하나님의 은혜**가 있어야 한다.
사람이 아무리 재물이 많고, 세상에서 명성을 날리고,
인기를 끌고, 출세 가도를 달린다 할지라도
근본 하나님의 은혜가 없으면 자족할 수 없다.
하나님의 은혜가 없는 성취, 하나님의 은혜가 없는 배부름
모두가 허망한 것이다.
돈이 많아도 그 안에 믿음이 없고, 사랑이 없고, 생명이
없으면 부자가 아니다.
세상적 욕심만 가득한 사람도 부자가 아니다.
… 두려움이 없고, 마음이 평안하며, 넉넉하게 베푸는
마음을 갖고 살아야 진정한 부자이다.

자유한 인간은 누구나 다 풍족하고 행복하게 살고 싶은 욕망이 있다. 더 많은 돈을 갖고 싶고, 더 큰 집을 소유하고 싶고, 더 넓은 땅을 소유하고 싶어 한다. 당연한 마음이다. 그리스도인은 장차 황금 성 예루살렘에서 살게 될 자들이다(계 21장).

명절에 고향에 가보면 모여서 이야기하는 대부분의 주제가 돈과 부자가 되는 것이다. 사촌 형님은 1,800만 원 주고 처음 집을 샀는데 재건축하고 집값이 올라 5억 원이 되었고, 얼마 전에는 8억 원에 팔아 부자가 되었다고 한다. 또, 둘째 매형의 친구는 하루아침에 땅값이 올라 35억 원이 생겼다고 한다. 이런 이야기를 듣다 보면 서민들은 속에서 "억, 억" 소리가 나오려 한다. 사실은 놀랄 일이 아니다.

우리 아버지 하나님의 창조 세계를 보라. 그 세계가 얼마나 광대하고, 다양하고, 풍성한지! 하나님은 모든 동식물을 각양각색 종류대로 지으셨고, 지으실 때마다 "바다와 하늘과 땅에 충만하라, 생육하고 번성하라."고 하셨다. 또 인간을 위해 에덴동산을 지으시고 그곳에 사람을 위해 보기 좋고 먹기 좋은 과목을 가득하게 하셨다. 또 풍성한 강과 지하자원과 보석들 그리고 생명나무로 가득 채우셨다. 하나님의 세계는 부요의 세계이다. 주님은 시편 기자로 말씀하신다.

> 이는 삼림의 짐승들과 뭇산의 가축이 다 내 것이며 산의 새들도 나의 아는 것이며 들의 짐승도 내 것임이로다 내가 가령 주려도 네게 이르지 아니할 것은 세계와 거기에 충만한 것이 내 것임이로다(시 50:10).

> 여호와여 주께서 하신 일이 어찌 그리 많은지요 주께서 지혜로 저희를 다 지으셨으니 주께서 지으신 것들이 땅에 가득하니이다(시 104:24).

이 하나님의 부요는 너무나 깊어 측량할 수도 없고 그의 길은 찾을 수도 없다(롬 11:33).

> 그런즉 누구든지 사람을 자랑하지 말라 만물이 다 너희 것임이라
> 바울이나 아볼로나 게바나 세계나 생명이나 사망이나 지금 것이나
> 장래 것이나 다 너희의 것이요 너희는 그리스도의 것이요 그리스
> 도는 하나님의 것이니라(고전 3:21-23).

우리 아버지 하나님은 창조주시며 우주를 다 소유하신 최고의 부자이시다. 우리는 그 분의 자녀들이다. 만물은 다 우리의 것이다(고전 3:21). 35억 원은 아무것도 아니다. 우리는 세상에서 가장 큰 부자이다. 이렇게 고백해 보자.

"우리 아버지는 최고 부자이다." "아멘."

"나는 세상에서 최고 부자이다." "아멘."

그러므로 가난의식을 갖고 살 필요가 없다. 다른 사람들의 작은 소유를 부러워하거나, 경쟁하거나, 다투며 살 필요가 없다. 주 안에서 풍족함과 부요의 비밀을 알면 진짜 부자로 살 수 있다. 풍족하다는 것은 많은 돈과 물질을 소유하는 것만을 의미하지 않는다. 살기 좋은 외적 환경과 조건만을 의미하지도 않는다. 바울은 옥중에서 이렇게 고백하였다.

> 내가 궁핍하므로 말하는 것이 아니라 어떠한 형편에든지 나는 자
> 족하기를 배웠노니 나는 비천에 처할 줄도 알고 풍부에 처할 줄도
> 알아 모든 일 곧 배부름과 배고픔과 풍부와 궁핍에도 처할 줄 아는
> 일체의 비결을 배웠노라(빌 4:11-12).

그는 외적으로 배부르고 풍족한 사람이 아니었지만 모든 일에 배부

르며 배고픔과 풍부와 궁핍에도 일체의 비결을 배웠다고 고백하였다.

누구나 다 마찬가지이다. 바울이 깨달았던 부요의 비결이 무엇인가 배우면 그와 같이 어떤 형편과 환경에서도 자족하며 살 수 있다.

하나님의 은혜

자족하며 풍족한 삶을 살려면 가장 첫째는 하나님의 은혜가 있어야 한다. 사람이 아무리 재물이 많고, 세상에서 명성을 날리고, 인기를 끌고, 출세 가도를 달린다 할지라도 근본 하나님의 은혜가 없으면 자족할 수 없다. 하나님의 은혜가 없는 성취, 하나님의 은혜가 없는 배부름 모두가 허망한 것이다. 돈이 많아도 그 안에 믿음이 없고, 사랑이 없고, 생명이 없으면 부자가 아니다. 세상적인 욕심만 가득한 사람은 부자가 아니다. 육신의 장막은 풍부하고 번질번질한데 영혼의 집은 무너져 가고 있다면 부자가 아니다. 시편 106편에서 주님은 저희의 요구한 것을 주셨을지라도 그 영혼을 파리하게 하였다고 하셨다. 세상적으로 부자라도 영적으로 삐쩍 말랐다면 결국 가난뱅이에 불과하다.

> 어떤 사람은 그의 영혼이 바라는 모든 소원에 부족함이 없어 재물과 부요와 존귀를 하나님께 받았으나 하나님께서 그가 그것을 누리도록 허락하지 아니하셨으므로 다른 사람이 누리나니 이것도 헛되어 악한 병이로다(전 6:2).

예수님은 스스로 부요하여 부족함이 없다고 한 라오디게아 교회에게 네 곤고한 것과 가난한 것과 가련한 것과 눈 먼 것과 벌거벗은 것을 알지 못한다고 하셨다(계 3:17).

반면 바울의 경우 인간적으로 심히 약하고 가난했다. 그는 그리스도의 일꾼으로서 옥에도 갇히고, 매도 많이 맞고, 죽음의 위협도 수없이 당하고, 자지 못하고, 주리며, 목마르고, 굶고, 춥고, 헐벗은 삶을 살았다. 그 외에도 날마다 교회를 생각하면 눌렸고(고후 11:23-28), 질병의 가시로 몸이 괴롭힘을 당했다(고후 12:7-10). 그런데 모든 일에 배부르며 자족하다고 하였다. 어떻게 그런 일이 가능했는가? 고린도후서 12장 9절에서 주님께 받은 말씀을 이렇게 고백했다.

"내 은혜가 네게 족하도다!"

그에게는 하나님의 족한 은혜가 있었다. 오늘날 바울 자신이 되기까지 하나님의 은혜임을 잊지 않았다(고전 15:10). 몸에 질병의 가시조차 그에게는 자고하지 않도록 하시는 하나님의 은혜였음을 기억했다. 바로 이런 은혜 때문에 바울은 부족함이 없는 풍족한 삶을 살 수 있었던 것이다. 그는 근심하는 자 같으나 항상 기뻐하였다. 가난한 자 같으나 많은 사람을 부요하게 하였다. 아무 것도 없는 자 같으나 모든 것을 가진 자였다.[47] 그는 진정한 부자였다.

그러면 도대체 은혜란 무엇인가? 은혜는 선물이다. 최고의 선물들은 다 하나님이 주시는 것이다.

> 온갖 좋은 은사와 온전한 선물이 다 위로부터 빛들의 아버지께로
> 서 내려오나니 그는 변함도 없으시고 회전하는 그림자도 없으시니
> 라(약 1:17).

하나님이 우리에게 주시는 선물들은 너무나 많다.

① 의롭다 하심(롬 5:16)

"또 이 선물은 범죄한 한 사람으로 말미암은 것과 같지 아니하니 심판은 한 사람으로 말미암아 정죄에 이르렀으나 은사는 많은 범죄로 말미암아 의롭다 하심에 이름이니라"

② 죄 사함과 성령(행 2:38)

"베드로가 이르되 너희가 회개하여 각각 예수 그리스도의 이름으로 세례를 받고 죄 사함을 얻으라 그리하면 성령을 선물로 받으리니"

③ 구원(엡 2:8)

"너희는 그 은혜에 인하여 믿음으로 말미암아 구원을 받았으니 이것이 너희에게서 난 것이 아니요 하나님의 선물이라"

④ 그리스도의 일꾼(엡 3:7)

"이 복음을 위하여 그의 능력이 역사하시는 대로 내게 주신 하나님의 은혜의 선물을 따라 내가 일꾼이 되었노라"

⑤ 재물과 부요(전 5:19)

"어떤 사람에게든지 하나님이 재물과 부요를 그에게 주사 능히 누리게 하시며 제 몫을 받아 수고함으로 즐거워하게 하신 것은 하나님의 선물이라"

⑥ 왕 노릇(롬 5:17)

"한 사람의 범죄로 말미암아 사망이 그 한 사람을 통하여 왕 노릇 하였은즉 더욱 은혜와 의의 선물을 넘치게 받는 자들은 한 분 예수 그리스도를 통하여 생명 안에서 왕 노릇 하리로다"

의롭다 함, 죄 사함, 구원, 하나님의 일꾼, 건강, 왕 노릇 등등 이런

주님이
하십니다

것들 모두가 돈으로 살 수 없는 은혜들이다.[18] 우리는 세상에 억만금 돈을 주고도 살 수 없는 많은 선물을 받은 자들이다.

계산해 보자. 죄 사함을 10억 원으로 살 수 있는가? 구원을 1,000억 원으로 살 수 있는가? 1억 원을 주면 누가 하나님의 일꾼으로 채용해 주는가? 1조 원을 가지면 하나님 나라에서 왕 노릇 할 수 있는가? 이것만 간단히 계산해 보아도 10억 원+1,000억 원+1억 원+1조 원 = 1조 1,011억 원이다. 적어도 나는 1조 원의 부자다. 35억 원은 아무것도 아니다. 하나님으로부터 은혜의 선물을 받은 우리가 세상에서 제일 큰 부자다.

그러나 은혜가 떨어지면 이 계산법은 제로가 된다. 영적 세계에서는 은혜가 떨어지면 가난하고 곤고한 자가 된다. 그러므로 순간순간 하나님의 은혜를 받을 기회를 놓쳐서는 안 된다. 기회가 있을 때마다 하나님과 교제를 사모하고 하나님의 말씀을 사모해야 한다. 은혜를 받아야 한다. 주님은 지금이 은혜 받을 때라고 말씀하신다.

> 보라 지금은 은혜 받을 만한 때요 보라 지금은 구원의 날이로다(고후 6:2).

영적 기갈은 이 하나님의 은혜를 놓치기 때문에 오는 것이다. 아모스 선지자의 글에 주님 말씀하시기를 그 날에 영적 기갈이 임하는데 사람이 이 바다에서 저 바다까지 북에서 동까지 비틀거리며 여호와의 말씀을 구하려고 달려 왕래하되 얻지 못하며 아름다운 처녀와 젊은 남자가 다 갈하여 피곤하리라고 하셨다(암 8:12-13). 오늘날이 바로 은혜의 말씀이 넘치는 가운데 동시에 말씀의 기갈을 느끼는 시대이다.

일본인들이 드라마의 욘사마로 인해 한창 열광을 했다. 그들은 부자나라 사람들이다. 돈이 많은 나라 사람들이다. 그런데 욘사마가 무엇이길래? 왜 배우에게 일본 황족에게 붙이는 최고의 존경어까지 쓰면서 열광하는가? 그들은 욘사마 사진을 바라보며 위로를 받고, 욘사마 동상의 입술이 닳아지도록 키스를 한다. 모든 것이 영적 기갈 때문이다. 이들은 정신적 공황을 욘사마를 통해서 얻고자 하고 있지만 그런다고 영혼이 충족되는 것은 아니다. 모두 허상이다.

시바 여왕이 솔로몬의 지혜를 들으려고 남방 먼 곳에서 황금을 갖고 와서 이렇게 말했다. "복 되도다 당신의 사람들이여…(왕상 10:8)" 가까이에서 지혜의 말씀을 들을 수 있는 것이 너무나 부러웠다. 그런데 예수님은 솔로몬의 지혜보다 더 위대한 생명의 실체인 말씀으로 오셨다. 그리고 그 생명의 말씀은 너무 가까이 우리 입에 있으며 우리 마음에 있다(롬 10:8). 이 주님과 교제할 수 있다는 것은 정말로 말할 수 없는 은혜 중에 은혜이다. 그것을 알고[49] 누리는 사람은 풍족할 것이고 모르고 놓치는 사람은 황금을 가지고 있어도 기갈을 느낄 수밖에 없는 것이다.

감사

두 번째는 감사하는 삶을 살아야 한다. 풍족한 삶을 살았던 바울의 삶의 특징을 보면 어떤 환경에서든지 감사가 넘쳤다.

> 범사에 우리 주 예수 그리스도 이름으로 항상 아버지 하나님께 항상 감사하며(엡 5:20).

주님이
하십니다

그리스도의 평강이 너희 마음을 주장하게 하라 너희는 평강을 위하여 너희가 한 몸으로 부르심을 받았나니 너희는 또한 감사하는 자가 되라(골 3:15).

그는 옥중에서도 실라와 함께 감사하며 찬송하였다. 결과 옥문이 열리고, 구원의 문이 열리는 놀라운 하나님의 역사를 보았다.

감사는 환경을 역전시키는 능력이다. 감사는 풍요한 삶으로 들어가는 문이다. 감사할 때마다 문이 하나씩 열린다. 감사할 때마다 막힌 것이 열리고 축복의 문이 열린다. 감사는 풍성한 삶을 사는 매우 중요한 요소이다. 환경은 하나도 달라지는 것이 없을지라도 감사, 감사, 감사하다 보면 더욱 삶이 윤택해진다. 은혜가 점점 커진다.

이런 말이 있다. "등불을 주신 하나님께 감사하라. 별을 주시리라. 별을 주신 하나님께 감사하라. 달을 주시리라. 달을 주신 하나님께 감사하라. 해를 주시리라. 해를 주신 하나님께 감사하라. 의의 태양 예수 그리스도를 주실 것이다."

이처럼 감사에는 증가의 법칙이 따른다. 누가복음에 예수님으로부터 고침 받은 열 문둥이 중에 한 사람만이 돌아와 감사를 하였다. 그는 구원의 은혜까지 받고 돌아갔다(눅 17:11-19). 아멘.

사람들이 궁핍하게 사는 이유는 많은 것을 가지고도 없다고 생각하고, 불평하며, 감사하지 않기 때문이다. 감사를 하지 않으면 저주의 운명을 극복하지 못한다. 감사하지 않으면 있던 행복도 점점 사라진다. 소유나 환경은 인간을 풍요롭게 해 주는 행복의 절대 요소가 아니다. 부자가 되고 행복해지는 중요한 비결은 감사하는 마음, 감사하는 영혼에 있다. 돈이 많아도 감사하지 못하고, 마음이 불안하고, 우리 영이 평안하지 않다면 부자가 아니다.

그러므로 돈이 없고, 병도 떠나지 않고, 문제가 안 풀릴 때도 우리는 감사해야 한다. 어떻게? 현재 지엽적인 문제들을 초월하여 모든 문제의 주권자이신 **하나님**을 바라보면 감사하는 것이다. 우리에게는 죄 사함, 구원, 영원한 하나님 나라… 눈에 보이지 않지만 하나님이 주신 근본적인 은혜들이 너무나 많다. 이것들을 바라보며 감사하면 된다. 무엇보다도 하나님 자신을 인하여 감사해야 한다. 우리 안에는 모든 문제의 해결자이시며 축복의 근원이신 하나님이 계신다. 합력하여 선을 이루시는 이 하나님을 바라보고 믿으면 현실의 문제들마저도 감사할 수 있다.

> 내 영혼아 여호와를 송축하며 그의 모든 은택을 잊지 말지어다 그가 네 모든 죄악을 사하시며 네 모든 병을 고치시며 네 생명을 파멸에서 속량하시고 인자와 긍휼로 관을 씌우시며 좋은 것으로 네 소원을 만족하게 하사 네 청춘을 독수리 같이 새롭게 하시는도다(시 103:2-5).

우리의 고백 - 1

나는 감사하지 않는 옛 사람이 아니다.

나는 하나님의 주신 모든 은택을 잊는 자가 아니다.

나는 감사를 잘하는 새 사람이다

"아멘." 주님께 영광!

주님이
하십니다

베푸는 삶

풍성함을 누리는 세 번째 비결은 베푸는 삶을 사는 것이다. 풍성하다는 것은 많을 것을 소유했다는 것만을 의미하지 않는다. 밖으로 흘러 넘치는 것을 말한다. 잘 쓰고 베푸는 삶을 사는 자가 부요한 자이다. 누가복음에서 예수님은 많은 수확을 하고, 스스로 부자라고 생각하며, 자기만을 위해 만족해하는 영혼에게 이렇게 말씀하셨다.

> 어리석은 자여 오늘 밤에 네 영혼을 도로 찾으리니 그러면 네 준비한 것이 누구의 것이 되겠느냐(눅 12:20).

그리고 주님은 이렇게 부가 설명을 하셨다.

> 자기를 위하여 재물을 쌓아 두고 하나님께 대하여 부요하지 못한 자가 이와 같으니라(눅 12:21).

하나님께 감사하지도 영화롭게 하지도 않는 사람은 허망해지고 우둔해지게 되어 있다. 결국 어리석은 자가 된다.

이사야에서 주님은 인간 창조 목적은 하나님의 영광[50]을 위한 것이며 찬송을 부르는 것이라고 하셨다. 인간은 하나님의 영광을 위한 목적대로 살아야 행복하다. 하나님을 위해서 하나님의 영광을 위해서 시간, 물질, 은사, 재능 모든 것을 쓸 때 보람이 있다. 이렇게 하는 것이 본래 창조하신 목적이고 그래야 행복한 삶을 살게 된다. 사람이 자기를 위하여 쓰고 자기만을 위하여 살게 되면 이기적이 되고 옹색하게 되고, 쩨

쩨하게 된다. 부자가 되는 것이 아니라, 오히려 돈, 명예, 사람, 온갖 것을 우상 숭배하다가 망하게 된다.

우리가 풍족한 삶을 살려면 자기만을 위한 삶에서 돌이켜 하나님을 위해 살아야 한다. 하나님께 부요해져야 한다. 그리고 이웃에게 베풀며 살아야 한다. 주님은 디모데전서 6장 17-19절로 말씀하신다.

> 정함이 없는 재물에 소망을 두지 말고 오직 우리에게 모든 것을 후히 주사 누리게 하시는 하나님께 두며 선을 행하고 선한 사업을 많이 하고 나누어 주기를 좋아하며 너그러운 자가 되게 하라 이것이 장래에 자기를 위하여 좋은 터를 쌓아 참된 생명을 취하는 것이니라(딤전 6:17-19).

주님은 두 렙돈 동전을 연보한 가난한 과부가 가장 많이 하였다고 하셨다. 마케도니아 교인들은 극한 가난 중에도 주님을 위해서 헌신적인 삶을 살았다. 예수님은 환난의 많은 시련 가운데서 넘치는 기쁨과 극한 가난이 저희로 풍성한 연보를 넘치도록 하게 하였다고 칭찬하셨다(고후 8:1-2). 그들은 소유는 적었지만 마음이 부요하였다. 없다고 인색하게 살면 점점 가난해진다. 가난의 운명을 극복하려면 자꾸 주고 베풀어야[51] 한다. 하나님께 드리고, 이웃에게 베풀고 구제할 때마다 우리는 풍족한[52] 자가 된다.

주님이
하십니다

정과 욕심을 십자가에 못 박는 삶

그리스도 예수의 사람은 정과 욕심을 십자가에 못 박은 사람들이다. 그리스도인의 풍부한 삶은 정과 욕심을 십자가에 못 박은 후에야 비로소 이루어진다고 할 수 있다. 정과 욕심은 밑 빠진 독에 물 붓게 하는 옛 사람 도적놈이다. 정과 욕심이 있으면 아무리 채워도 채워지지 않는다. 학개서를 보면 만군의 여호와께서 이렇게 말씀하셨다.

> 너희는 너희의 행위를 살필지니라 너희가 많이 뿌릴지라도 수확이
> 적으며 먹을지라도 배부르지 못하며 마실지라도 흡족하지 못하며
> 입어도 따뜻하지 못하며 일꾼이 삯을 받아도 그것을 구멍 뚫어진
> 전대에 넣음이 되느니라(학 1:5-6).

부자가 되려면 관리도 중요하다. 부자라도 병원에 가서 치료비로 돈을 날리고, 비싼 보약으로 돈이 나가고, 사고로 손실을 보고, 도적맞아 잃어버릴 수 있다. 그러면 다시 가난뱅이가 될 수 있다.

어떤 목사님이 말하기를 세상에 십일조 안 내는 사람은 없다고 하였다. 나름대로 병원이나, 경찰서나, 도둑들에게 다 내고 있다는 것이다. 이렇게 새 나가는 것을 막아야 한다. 특히 우리 안에 정과 욕심, 탐심을 죽여야 한다. 잠언서에 거머리는 족한 줄 모르는데 "다고 다고" 한다고 하였다. 아무리 빨아먹어도 채워지지 않는다는 것이다. 이것이 탐욕의 특징이다. 욕심은 끝없이 우리를 부족하게 만든다. 이런 욕심을 비우지 않으면 자족할 수 없다. 주님은 바울로 말씀하시기를 우리는 먹을 것 입을 것이 있은 즉 족한 줄로 여기라고 하셨다(딤전 6:8).

이상에서 우리는 풍족한 삶을 사는 네 가지 일체의 비결을 배웠다. 주님의 은혜를 잘 누리고, 감사를 잘하고, 베풀기를 좋아하고, 욕심을 버리는 것이다. 그러면 주 안에 사는 우리는 누가 뭐래도 정말 부자다. 이제는 늘 자족하며 감사하며 이렇게 고백하자.

우리의 고백 - 2

사랑의 예수님이 십자가에 죽으실 때
○○○의 옛 사람 율법과 욕심, 감사치 않음,
인색함은 십자가에 죽고 장사되었다.
나는 왕이신 예수님으로 감사를 잘 하는 새 사람이다.
나는 왕이신 예수님으로 남을 구제하고, 남을 도와주는 새 사람이다.
우리 아버지는 부자다.
나도 부자다.
나는 왕이신 예수님의 은혜로 부요를 누리는 새 사람이다.
"아멘." 주님께 영광!"

주님이
하십니다

18
참 소망을 가지라

너희 마음에 그리스도를 주로 삼아 거룩하게 하고 너희 속에 있는 소망에 관한 이유를 묻는 자에게는 대답할 것을 항상 준비하되 온유와 두려움으로 하고(벧전 3:15).

참 소망이 있으면 흔들리지 않는다.

소망이 분명하면 세상 일로 낙심하지 않는다.

소망이 분명하면 결코 포기하지 않는다.

소망이 분명하면 현실을 불평하지도

현실을 도피하지도 않는다.

소망이 분명하면 사람을 의존하지 않는다.

소망이 분명하면 죽음의 위협에도 굴복당하지 않는다.

소망이 분명하면 두려워하지 않는다.

소망이 분명하면 세상을 승리한다.

소망이 분명하면 천국에 들어갈 수 있다.

이런 소망이 어디로 나는가?

주님으로부터 난다. **하나님**으로부터 나온다.

세상을 살다보면 생각지 않게 흔들리는 일들이 많다. 주가가 오르락내리락, 달러가 오르락내리락, 유가가 오르락내리락, 지진이 나서 집이 무너지고, 사람이 죽고……. 지진은 나지 않았어도 오늘 집을 나설 때 마음이 불안하고, 짜증이 나고, 근심 걱정이 되었다면 우리 마음도 흔들리고 있는 것이다. 우리가 흔들리지 않는 견고한 인생 평안하고 행복하게 사는 인생을 살려면 소망을 굳게 해야 한다.

한때 여배우 자살 이야기로 세상이 떠들썩한 적이 있었다. 이제 겨우 20대의 처녀인데, 세상을 등졌다. 인생 전체가 송두리째 흔들린 슬픈 사건이었다. 그녀를 인해 가족들은 물론 많은 사람들이 슬퍼하며 안타까워하였다. 평상시 아무런 조짐을 느끼지 못하다가 갑작스런 일을 당한 사람들은 당혹스러움을 금하지 못했다.

자살하는 사람의 70-80%가 우울증이 있으며, OECD 국가 중 자살 증가율이 제일 높은 나라가 대한민국이라고 한다. 배우로서 명성을 날렸던 그녀가 왜 우울증에 걸려 자살을 택하였는지 여러 가지 의문이 꼬리를 물었다. 알게 모르게 사람들은 속으로는 죽음을 생각할 만큼 고민하며 살아간다. 그리고 많은 것을 성취한 사람일수록 상실감과 고민은 더욱 크다.

주님은 영적으로 우리 자신도 진단해 보라고 하신다. 죽고 싶은 심정이 든 적이 없었는가? 한두 번 그런 고민을 해 보지 않은 사람이 없을 것이다. 그 원인이 무엇인가?

보이는 소망

믿음의 사람들은 흑암에서 빛으로 절망에서 소망의 하나님 나라에 부르심[53]을 받은 자들이다. 그런데 빛의 자녀들에게도 우울증이 있고 인생을 포기할만한 고민과 고독이 있다는 것이다. 그리고 자살하는 사람들 가운데는 많은 그리스도인들도 있다니 이해하고 받아들이기가 무척 힘들다.

절망, 우울증, 고독은 마귀가 주는 옛 사람의 성품이다. 옛 사람을 벗지 않으면 믿어도 우울증에 빠진다. 옛 사람을 벗지 않으면 가계에 흐르는 저주에 속는다. 옛 사람을 벗지 않으면 땅에 것에 소망을 두고 살게 된다. 옛 사람은 돈과 권력과 명예 등 보이는 땅의 것에 소망을 둔 사람이다. 마귀는 이 옛 사람으로 잘못된 목표를 지향하여 불의를 행하고, 거짓말도 하고, 악한 일도 자행하도록 한다. 많은 사람들로부터 인정과 칭찬을 받고 높아지는 것을 소망하도록 한다. 그리고 이런 소망이 이루어지지 않을 때 절망하여 죽게 한다.

옛 사람의 구조 안에서는 참 소망을 갖기 어렵다. 마귀는 끊임없이 옛 사람 안에 세상으로 좇아오는 소망을 심는다.[54] 그러므로 세상 소망이 자랄 수 있는 옛 사람의 지체를 날마다 죽이고 예수님처럼 과감히 마귀를 물리쳐야 한다.[55]

> 그러므로 땅에 있는 지체를 죽이라 곧 음란과 부정과 사욕과 악한
> 정욕과 탐심이니 탐심은 우상숭배니라(골 3:5).

한번은 TV를 통해 서울 한복판의 노인들이 한 판에 몇백만 원씩, 때론 1억 원 이상이 왔다 갔다 하는 윷놀이 도박판을 벌인다는 이야기를 들었다. 그 윷판으로 퇴직금을 날린 사람도 있었다고 한다. 돈이 나쁜 것은 아니지만 인생의 소망을 거기다가 걸면 망한다. 또 시대가 흐를수록 조그만 문제 앞에 인생을 포기하는 사람들이 늘어나고 있다. 나이든 사람이건 아이이건 차이가 없다. 고위 관직을 맡은 사람들이 비리의 수치심을 감당치 못해 투신자살을 하고, 군인들이 총기 자살을 하고, 심

지어는 초등학생이 엄마의 책망을 받고 자살을 하기도 한다. 어떤 아이는 동생과 용돈을 나누지 않고 1,000원을 썼다가 책망 받았다는 이유로 자살하기도 했다.

왜 헛된 곳에 도박을 하고 쉽게 인생을 포기하는가? 과거처럼 핍박도 없고, 많은 복지 혜택을 누리며 살아가고 있는데 말이다. 참 소망이 없기 때문이다.

보이지 않는 소망

주님은 로마서 8장 24절로 참 소망을 붙들라고 하신다.

> 우리가 소망으로 구원을 얻었으매 보이는 소망이 소망이 아니니
> 보는 것을 누가 바라리요(롬 8:24).

이 소망은 썩지 않는 소망이다. 세상의 모든 것을 다 잃는다 할지라도 절망하지 않는 소망이다. 과거에 많은 선진들은 부활[56]을 소망하였다. 이 소망 때문에 죽음의 위협도 이겼고, 극한 환란 가운데서도 흔들리지 않고 믿음으로 승리할 수 있었으며, 이 땅에서 나그네와 외국인처럼 살았지만 포기치 않았다. 이들은 본향을 그리워하며 돌아갈 수 있었지만 더 나은 본향을 바라보며 참고 끝까지 인내하였다.

사도 바울 역시 사두개인과 바리새인들이 모인 공회에서 심문을 받을 때 담대히 외쳤다. "여러분 형제들아 나는 바리새인이요 또 바리새인의 아들이라 죽은 자의 소망 곧 부활로 말미암아 내가 심문을 받노

라"(행 23:6). 그는 부활의 소망으로 인해서 심문도 받고 죄수의 몸이 되어 로마에 가는 것도 기꺼이 택할 수 있었다. 거기서 결박과 환란이 기다렸지만 생명을 조금도 귀한 것으로 여기지 않았다(행 20:24). 로마 옥중에 갇혔지만 에베소서를 비롯하여 많은 서신서들을 저술하였고 세계 선교의 비전을 불태웠다. 참 소망이 있었기 때문이다.

예수님은 이 소망을 닻[57]과 같다고 하신다. 이 땅에서의 인생이 망망한 바다의 배라면 소망은 견고한 닻이라는 것이다. 참 소망이 있으면 흔들리지 않는다. 소망이 분명하면 세상 문제 때문에 낙심하지 않는다. 소망이 분명하면 결코 포기하지 않는다. 소망이 분명하면 현실을 불평하지도 현실을 도피하지도 않는다. 소망이 분명하면 사람을 의존하지 않는다. 소망이 분명하면 죽음의 위협에도 굴복당하지 않는다. 소망이 분명하면 두려워하지 않는다. 소망이 분명하면 세상을 이긴다. 소망이 분명하면 천국에 들어갈 수 있다. 아멘.

소망에 관한 이유

그러므로 우리는 이 세상을 살아가면서 누군가가 우리에게 소망에 관한 이유를 물을 때 언제든지 분명하게 대답해 줄 수 있어야 한다. 돈을 많이 버는 것이 아닌, 좋은 옷을 실컷 입는 소원이 아닌, 출세해서 떵떵거리며 사는 소원이 아닌, 죽음까지 뛰어넘을 수 있는 소망에 대해서 말이다. 새 사람의 소망, 그런 소망이 무엇인가?

너희 마음에 그리스도를 주로 삼아 거룩하게 하고 너희 속에 있는

소망에 관한 이유를 묻는 자에게는 대답할 것을 항상 준비하되 온
유와 두려움으로 하고(벧전 3:15).

이렇게 우리의 소망을 고백해 보자.

주여 이제 내가 무엇을 바라리요 나의 소망은 주께 있나이다(시
39:7).

참 소망은 주님이시다. 하늘의 소망, 주님께 소망을 두고[58] 산다면
우리는 세상에서 가장 복된 자들이다.[59] 하나님께 감사하자. 이 땅에서
소망 없이 살다가 죽을 자를 살리신 하나님을 찬양하고, 우리를 거듭나
게 하신 주님을 찬양하자. 썩어질 것을 소망하며 살다가 죽을 나에게
하늘의 산 소망을 주신 하나님께 찬양을 드리자. 우리를 한 소망 중에
불러주신 주님께 영광을 돌리자.

세상에서 부귀영화를 누리며 사는 것이 참 소망이 아니다. 세상에서
안전하게 근심 걱정 없이 살아가는 것이 궁극적 소망이 아니다. 사업이
잘되고, 자녀들이 세상적으로 잘 살고, 교회가 크고 성도들이 늘어나는
것도 참 소망이 아니다.

나 자신도 한 때 이름을 날리는 부흥사가 되고 싶었고, 이왕이면 안
정되게 교회를 운영하며 편안하게 살다 천국가고 싶었다. 하나님나라
일이라고 참 소망이 아니다. 땅에 집착한 하나님나라(이스라엘의 회복) 역
시 이 땅에 속한 옛 사람의 소망이다. 이제는 그런 소망에 매달리지 않
는다. 그리스도 보좌 앞에 서는 날을 생각하며 나부터 먼저 바른 신앙
을 갖는 것이다. 그리고 그리스도 예수의 오시는 날까지 내 안에 계신

주님이
하십니다

주님을 주로 모시고 통치받는 삶을 사는 것이다. 세상에 구원을 공포하며 주님이 하신다(네 하나님 여호와가 통치하신다)는 삶의 복음을 땅 끝까지 전하다가 천국에 가는 것이다.

이제 우리에게는 왕으로 다시 오실 주님에 대한 산 소망이 남아 있다. 다시 오실 주님에 대한 소망은 이 땅에서 주님으로 사는 새 사람들만이 가질 수 있는 소망이다. 이 소망으로 거룩한 삶, 승리하는 삶을 살자. 이제 날마다 아침에 일어날 때마다 이렇게 고백하자.

우리의 고백

사랑의 예수님이 십자가에 죽으실 때
○○○의 옛 사람 절망, 고독, 우울증은 죽었다.
사랑의 예수님이 십자가에 죽으실 때 돈, 명예, 권력을 사랑하는
옛 사람 ○○○는 죽었다.
나는 더 이상 절망하는 옛 사람이 아니다.
나는 더 이상 고독한 옛 사람이 아니다.
나는 더 이상 세상의 썩어질 것들을 소망하는 옛 사람이 아니다.
나는 오직 예수님의 십자가의 은혜로 하나님 나라를 소망하는
믿음의 새 사람이다.
나의 소망은 주님이 오시는 날까지 '주님이 하신다'
(네 하나님이 통치하신다)는 복음을 온 세상에 전하는 것이다.
"아멘." 주님께 영광!

3부

왕권을 인정하는 신앙

19

왕권을 인정하는 신앙

진실로 너희에게 이르노니 여기 서 있는 사람 중에 죽기 전에 인자가 그 왕권을 가지고 오는 것을 볼 자들도 있느니라(마 16:28).

믿음의 사람들은 예수님을 사랑의 주님으로,

영존하시는 아버지로, 인생의 주인이요 목자로 알고 따르지만

더 나아가서 예수님을 왕으로 인정하고 통치를 받아야 한다.

근본 주님은 하나님 나라를 통치하시는 왕이시며

왕의 존엄을 나타내셔야 하실 분이시다.

이 왕의 통치를 받는 것은 엄청난 특권이요 은혜이다.

주님은 제자들에게 주님이 왕권을 가지고 오는 것을

볼 사람이 있다고 하셨다.

…주님은 마지막 때에 또한 왕권을 가지고

추수역사를 이루실 것이다.

그리고 사단의 권세를 결박하고, 자기 백성들을

사방으로부터 모으고 심판권을 행사하실 것이다.

우리 안에 사시며 통치하시는 예수님은 누구신가? 예수님의 이름은 '왕'이시다. 예수님은 우리의 왕으로 오셨다. 동방박사들은 예수님을 경배하러 와서 이렇게 물었다.

유대인의 왕으로 나신 이가 어디 계시냐 우리가 동방에서 그의 별
을 보고 그에게 경배하러 왔노라(마 2:2).

빌라도는 예수님이 왕이심을 알았지만 십자가에 못 박히도록 군병
들에게 내어 주었고, 군병들은 예수님께 온갖 모욕과 조롱을 하였다(마
27:29), 백성들은 이스라엘의 왕이 지금 십자가에서 내려와 자신을 구원
하면 우리가 믿겠다고 하였다(마 27:42). 왕이 왜 이렇게 힘이 없는가 생
각하였고 함께 매달린 강도조차도 주님을 조롱하였다. 그러나 예수님
이 나귀를 타시고 예루살렘에 입성하실 때는 "호산나 다윗의 자손이여"
하며 왕으로서의 예수님을 환영하였다(마 21:4-9). 때론 왕을 배척하고,
때론 자신들의 유익을 위해 예수님을 왕으로 영접하기도 하였지만, 이
들은 예수님이 장차 왕권을 가지고 와서 세상을 심판하실 심판 주이심
을 깨닫지 못했다.

사람이 인정하던 인정하지 않던 예수님은 왕으로 오셨고, 또 앞으로
도 왕으로 오실 것이다. 그 때에 사람들은 예수님이 구름을 타고 큰 능
력과 영광으로 오시는 것을 볼 것이다(마 24:30). 여러 성경에서 이렇게
예수님이 왕이심을 말씀하신다.

문들아 너희 머리를 들지어다 영원한 문들아 들릴지어다 영광의
왕이 들어가시리로다(시 24:9).

보라 장차 한 **왕**이 공의로 통치할 것이요 방백들이 정의로 다스릴
것이며(사 32:1).

주님이
하십니다

하나님은 온 땅에 왕이심이라 지혜의 시로 찬송할지어다(시 47:7).

    믿음의 사람들은 예수님을 사랑의 주님으로, 영존하시는 아버지로, 인생의 주인이요, 목자로 알고 따르지만 더 나아가서는 하나님나라를 통치하시는 왕으로 알고 그 주권을 인정하며 살아야 한다. 주님 자신도 자신의 부활 승천이 가까워지면서 왕으로서의 자신을 많이 부각시키셨다. 왜 지금 우리에게 왕권 신앙이 필요한가?

때가 가깝다

    마태복음 21장에서 주님은 포도원 농부의 비유 말씀을 하셨다. 한 집 주인이 포도원을 만들고 산울로 두르고 거기 즙 짜는 구유를 파고 망대를 짓고 농부들에게 세로 주고 타국에 갔다. 실과 때가 가까워오자 주인은 그 실과를 받으려고 자기 종들을 농부들에게 보냈다. 그런데 농부들은 종들을 잡아 하나는 심히 때리고 하나는 죽이고 하나는 돌로 쳤다. 너무 어이없는 일이었지만 주인은 다시 다른 종들을 처음보다 많이 보냈다. 농부들은 저희에게도 그렇게 하였다. 후에 자기 아들을 보내며 가로되 주인은 생각했다. "저희가 내 아들은 공경하리라." 그러나 농부들은 그 아들을 보고 오히려 "이는 상속자니 자 죽이고 그의 유업을 차지하자."고 하였다. 그리고는 이에 잡아 포도원 밖에 내어 쫓아 죽였다. 예수님은 마지막 기대마저 저버린 농부들에 대해서 포도원 주인이 어떻게 하겠는가 질문을 하셨다. 그러자 대제사장들과 장로들이 대답했다. "이 악한 자들을 진멸하고 포도원은 제 때에 실과를 바칠만한 다른 농부들에게 세로 줄지니이다."

　　여기서의 쟁점은 주권과 소유욕이다. 이스라엘의 지도자들은 자신들이 맡은 포도원을 잘 관리했다. 수고의 대가로 마침내 열매를 먹게 되고, 또 소출의 이윤을 보게 되었다. 그런데 오랫동안 공을 들여 사랑하고, 가꾸고, 열매까지 거두다 보니 마치 자신의 것처럼 생각이 들었다. 막상 주인이 세를 받으러 사람을 보내자 그 악한 본성을 드러내어 모든 종들을 때려 보내거나 죽였다. 그리고 사랑하는 아들까지 죽임으로 마지막 기대마저 저버렸다. 그들은 아들을 죽이면 이 포도원의 유업을 자신들이 차지하게 될 것이라고 생각했다. 처음에 감사했던 농부들의 마음은 포도원 주인이 멀리 있는 동안 변하기 시작하였다. 점점 소유 기간이 길어지면서 마치 자신의 것인양 변심을 했다. 주인의 주권에 도전하기 시작했다.

　　이것이 인간 본성이다. 사람들은 소유욕 앞에 마음이 변한다. 자식도 오랜 세월 힘들여 사랑하며 기르다 보면 마치 자신의 소유처럼 생각되고, 집도 땅도 오랜 세월동안 땀 흘려 돈을 모아 마련하여 얻고 보면 자기 소유인 것처럼 생각되며, 사업도 자기 것처럼 생각된다. 영적인 일들도 마찬가지이다. 수고하고 애써 섬기면서 전도한 양이 내 소유처럼 생각이 들고, 아름답게 가꿔 부흥시킨 교회가 내 소유처럼 생각이 든다. 말로는 내 것이 아니요 주님의 것이라고 하지만 누군가 그 소유를 요구하게 될 때 농부들처럼 강한 저항을 나타낸다. 그리고 그 소유를 지키기 위해서 싸우고 다투고 미워하고 무정하고 매정한 태도를 취하게 된다. 어느새 주인이 되어 있는 것이다. 그런데 본인은 잘 모른다.

　　이 비유의 이야기는 당시 이스라엘의 대제사장들, 장로들에게 주신 말씀이지만 더 나아가서는 주님의 재림을 준비하는 이 시대의 종들과 하나님의 백성들에게 주시는 말씀이다. 예수님의 초림과 같이 언젠가 왕으로서 재림하신다. 왕이신 예수님은 우리에게 맡긴 것들을 요구하실 것이고 우리는 왕이신 주님의 보좌 앞에서 결산을 하게 될 것이다. 그 때 충성스럽게 모든 것을 주님께 내어 드릴 수 있겠는가? 지금 현실의 왕권을 인정하고 그 앞에 바르게 살지 않으면 그 때도 마찬가지이다. 소유욕으로 가득 찬 농부의 마음으로는 왕이신 주님의 재림을 맞이할 수는 없다. 지금 우리 가운데 왕으로 계신 주님을 인정하고 그 분께 내어 드릴 수 있어야 한다.

누가복음 19장의 비유말씀도 마찬가지이다. 어떤 귀인이 왕위를 받아 가지고 오려고 먼 나라로 떠났다. 먼 나라로 갈 때에 귀인은 그 종 열을 불러 은 열 므나를 주며 이르되 내가 돌아오기까지 장사하라 하였다. 그런데 그 백성이 저를 미워하여 사자를 뒤로 보내어 우리는 이 사람이 우리의 왕 됨을 원치 않는다고 하였다. 귀인이 왕위를 받아 가지고 돌아와서 은 준 종들의 각각 어떻게 장사한 것을 알고자 하여 저희를 불렀다. 한 므나로 열 므나를 남긴 첫 번째 종을 주인은 지극히 작은 일에 충성하였다고 칭찬하며 열 고을 권세를 차지하도록 하였다. 그리고 한 므나로 다섯 므나를 만든 두 번째 종에게도 다섯 고을을 차지하도록 하였다. 그런데 마지막 또 한 사람이 와서는 수건에 싸 두었던 한 므나를 그대로 가지고 나왔다. 귀인은 그 한 므나를 빼앗아 열 므나 있는 자에게 주었다. 그리고 명령했다. "나의 왕 됨을 원치 아니하던 저 원수들을 이리로 끌어다가 내 앞에서 죽이라."

여기서도 주님은 충성의 척도를 므나의 많고 적음에 두지 않으셨다.

근본 왕의 주권을 인정했는가 인정하지 않았는가에 두셨다. 주님은 열 므나를 남긴 사람이나 다섯 므나를 남긴 사람이나 똑같이 충성되다고 칭찬하셨다. 그러나 왕권을 인정하지 않고 한 므나를 그대로 가지고 나온 사람의 므나는 빼앗아 열 므나를 남긴 자에게 주고 왕 됨을 인정치 않은 저 원수들을 진멸하라고 하셨다.

충성이란 열매만 많이 거두는 데 있지 않다. 열심을 다하는 데에만 있지도 않다. 왕이신 주님의 주권을 인정하고 주님으로 살아야 인정된다. 많은 업적을 남기는 인생을 살았다 할지라도 주님의 왕권을 인정하며 살지 않으면 충성이 아니다. 하나님 앞에서 자신이 주인 노릇 왕 노릇 한 사람들은 하나님 앞에 설 수 없다.

우리는 늘 바울로 하신 주님의 말씀을 기억해야 한다. "누가 너를 남달리 구별하였느냐 네게 있는 것 중에 받지 아니한 것이 무엇이냐 네가 받았은즉 어찌하여 받지 아니한 것 같이 자랑하느냐"(고전 4:7) 다 주님의 것이다. 주님이 하신 것이다. 우리는 왕이신 주님께 받은 자들이다. 늘 고백하자. "주님이 하셨습니다. 주님의 것입니다."

나는 주님의 은혜로 오직 젊은 대학생들을 섬기며 20여 년을 보내왔다. 이들과 함께 먹고 함께 기도하며 생활해 왔다. 이들이 자라 졸업을 하고 직장을 얻으면 결혼도 시키고. 아이를 낳으면 이름도 지어주며 가족같이 지내왔다. 또 황무지 같은 시골에서 청년들과 힘을 합하여 아름다운 성전도 건축하였다. 그러니 모든 것이 자랑스럽고 더욱 교회와 성도들이 내 소유처럼 생각이 들지 않을 수 없었다. 거기서 겸손을 놓쳐 버렸다. 겸손히 섬기기보다 가르치고 주관하기를 좋아했다. 훗날 주님께서 그것을 깨우쳐 주시기까지는 몰랐다. 모든 것이 주님의 소유임을

주님이
하십니다

인정하고 회개하였지만 소유욕에서 빠져나온다는 것이 쉽지 않음을 깨달았다. 애당초 우리의 것은 하나도 없다. 내 생명도, 내 몸도, 내 돈도, 내 지식도, 내 자녀도 내 소유가 아니다. 모두 다 주님이 맡겨주신 것이다. 주님이 열매(세)를 달라고 할 때 기꺼이 드릴 수 있는 자가 되어야 한다.

추수사역

주님은 또한 제자들에게 자신이 왕권을 가지고 오는 것을 볼 사람이 있다고 하셨다. 마태복음 16장 28절로 주님은 말씀하신다.

> 진실로 너희에게 이르노니 여기 서 있는 사람 중에 죽기 전에 인자
> 가 그 왕권[1]을 가지고 오는 것을 볼 자들도 있느니라(마 16:28).

이는 예수님이 재림 주로 오시기 전에 **왕권**을 나타낼 것임을 말씀하시는 것이다. 여기서 왕권은 통치의 권세, 심판의 권세이다. 장차 철장의 권세[2]로 만유를 심판하시는 왕의 권세이다. 예수님은 마지막 때에 또한 이 왕권을 가지고 추수역사를 이루실 것이다. 그리고 사단의 권세를 결박하고, 자기 백성들을 사방으로부터 모으고, 심판권을 행사하실 것이다. 이 때 택한 종들을 통해서 왕권을 나타내시며 추수역사를 이루신다.

마지막 시대에 왕 노릇하며 자녀들을 미혹하는 사단을 이기고 승리하기 위해서 이 왕권 신앙이 절대적으로 필요하다. 왕권 신앙은 왕의

권위를 갖고 오시는 주님을 인정하고 그 앞에 사는 신앙이다. 왕이신 주님의 통치를 받는 신앙이다. 주님은 마지막 추수역사를 의해서 이런 믿음을 가진 자들을 모으신다.

마태복음 8장 8-18장에 나오는 백부장은 바로 이런 왕권을 믿는 믿음을 가진 자였다. 예수께서 한번은 가버나움으로 들어가셨다. 어떤 백부장의 사랑하는 종이 병들어 죽게 되었다. 그런데 예수의 소문을 듣고 유대인의 장로 몇을 보내어 오셔서 그 종을 구원하시기를 청하였다. 그는 이방인 로마 백부장이었지만 평상시 좋은 영향으로 인해 유대인들의 칭송을 받았다. 유대인들이 예수께 나아와 이 일을 하시는 것이 합당하니 부탁을 들어주시도록 청하였다. 예수님은 이야기를 들으시고 그들을 따라 나섰다. 그런데 함께 가시는 중 그 집이 멀지 아니하여 백부장이 벗들을 보냈다. "가로되 주여 수고하시지 마옵소서. 내 집에 들어오심을 나는 감당치 못하겠나이다. 그러므로 내가 주께 나아가기도 감당치 못할 줄을 알았나이다. 말씀만 하사 내 하인을 낫게 하소서 저도 남의 수하에 든 사람이요 제 아래에도 군병이 있으니 이더러 가라 하면 가고 저더러 오라 하면 오고 제 종더러 이것을 하라 하면 하나이다"(마 8:8-13). 그는 로마군 장교였다. 군 장교도 말 한마디로 부하에게 "이렇게 하라." 하면 이렇게 하고 "저렇게 하라." 하면 저렇게 하는데, 왕이신 주님은 얼마든지 말씀만으로 하실 수 있다는 것이다. 말씀 한마디만 하시면 번거롭게 오실 필요가 없으시다는 것이다. 예수께서 들으시고 저를 기이히 여겨 돌이키사 따르는 무리에게 말씀하셨다.

> 내가 너희에게 이르노니 이스라엘 중에서도 이만한 믿음은 만나보지 못하였노라(눅 7:9).

주님이
하십니다

예수님은 깊은 감동을 받으셨다. 이제까지 이스라엘 가운데 많은 믿음을 보았지만 이만한 믿음은 보지 못하였다고 하셨다. 어떤 중풍병자는 긍휼을 바라고 나왔을 때 손을 얹어 고쳐 주셨고, 어떤 혈루증 앓는 여인은 옷깃에 손만 대어도 나을 것이라는 믿음을 축복하셔서 열두 해 혈루 근원을 마르게 하여 치유하셨고, 어떤 중풍병자는 지붕을 뜯어 내리는 믿음을 보시고 죄 사함을 주시고 고쳐 주셨다. 모두가 믿음의 역사들이었다. 그런데 이 백부장의 경우는 다른 사람들과 믿음의 구별이 되었다. 주님도 '이만한 믿음'을 보지 못하였다고 하셨다.

주님이 인정하신 이만한 믿음은 **왕권**을 믿는 믿음이다. 예수님은 천지를 창조하신 하나님이시며, 만왕의 왕이심을 믿는 믿음이다. 한 말씀으로 빛이 있으라 하시매 빛을 내시는 권세자이심을 믿었다. 백부장은 예수님이 질병도, 자연도, 사망도, 마귀마저도 주님 말씀으로 꾸짖어 잠잠케 하실 수 있는 왕권을 가지신 분이심을 믿었다. 이런 주님이 누추한 자리에 직접 오실 필요가 없으셨다. 말씀만 하셔도 된다고 믿었다. 주님은 그의 믿음에 깊이 감동하셨다. 대신 그 자리에서 명령하셨다. "가라 네 믿음대로 될지어다." 보내었던 사람들이 집으로 돌아가 보니 종이 이미 강건하여졌다.

우리가 어떻게 하면 '이만한 믿음!', 즉 왕권의 신앙을 가질 수 있는가? 어떻게 하면 주님의 통치를 받는 삶을 살 수 있는가? 범사에 주님을 왕으로 인정하고, 그 주권을 시인하고, 고백하는 삶을 살면 된다. 나를 언제나 내려놓고 겸손히 자신을 비우면 된다. 그리고 끊임없이 옛 사람을 죽이고 새 사람으로 살며 왕이신 주님의 통치를 사모하며 기다리면 된다. 그러면 주님이 왕권을 가지고 우리를 통치하신다. 그 때 절대 순종의 자세로 따르면 된다. 아멘.

주님은 하늘과 땅의 모든 권세를 가지신 왕이시다. 주님의 모든 말씀은 그대로 이루어진다. 말씀은 한마디라도 땅에 떨어지지 않는 실체가 된다. 그리고 왕권을 보는 자들 역시 한마디도 땅에 떨어지지 않는 말씀의 권세를[3] 체험하게 될 것이다. 주님은 왕이시다. 나의 왕이시다. 주님은 우리 가정의 왕이시다. 주님은 우리 교회를 통치하시는 왕이시다. 주님이 통치하시면 우리가 바라는 모든 것들이 그대로 이루어진다. 주님, 나의 왕으로 통치하소서!

우리의 고백

주님은 왕이십니다.
주님은 내 인생의 주인이십니다.
주님은 우리 교회의 주인이십니다.
주님은 우리 성도들의 주인이십니다.
주님은 우리 자녀들의 주인이십니다.
왕이신 주님이 우리 교회를 통치하고 다스리십니다.
"왕이신 주님이 우리 자녀들을 기르며 통치하십니다."
"왕이신 주님이 통치하시면 형통한 역사가 일어납니다."
"나는 왕이신 주님의 말씀에 무조건 순종합니다."
"아멘." 주님께 영광!

주님이
하십니다

20
말씀을 의지하는 신앙

선생님 우리들이 밤이 새도록 수고하였으되 잡은 것이 없지마는 말씀에 의지하여 내가 그물을 내리리이다 하고 그렇게 하니 고기를 잡은 것이 심히 많아 그물이 찢어지는지라(눅 5:5-6).

그러므로 수고하는 인생, 저주의 인생,
열매 없는 허무한 인생에서 벗어나려면
내가 하는 것을 내려놓고
주님을 내 인생의 중심에 모시어 들여야 한다.
그리고 주님의 말씀을 의지해야 한다.
시몬은 주님 앞에서 비장한 결단을 한다.
"**말씀에 의지하여** 내가 그물을 내리리이다." "아멘."
......
주님이 하시면 된다.
내가 하면 밤이 맞도록 수고해도 잡은 것이 없지만
주님이 하시면 그물이 찢어지는 역사가 일어난다.
사람이 하는 일과 하나님이 하시는 일은 비교할 수 없다.
주님이 하시면 이렇게 다르다.

어느 날 예수님께서 게네사렛 호숫가에서 말씀을 가르치고 계셨다[1]. 가난한 자, 병든 자, 낙심한 자, 귀신들린 자, 실업자 등등 수많은 사람들이 몰려들어 해변은 아침부터 발 디딜 틈이 없었다. 많은 무리가 옹 위하여 말씀을 듣고자 하였기 때문에 예수님은 더 이상 해변가에서 말씀을 전하실 수가 없으셨다.

그 때 마침 호숫가에 두 배가 있었고 배 안에서 어부들이 그물을 씻고 있었다. 이들은 그 곳에 모인 다른 무리들과 달리 예수님의 말씀에 관심이 없는 자들이었다. 오직 자신들의 생업에만 바빴다. 밤새도록 고기를 잡고 또 아침에는 그물을 손질하고 있었다. 어쩌면 너무나 바빠서 말씀들을 시간을 낼 수가 없다고 생각했는지 모른다.

'바빠서 시간이 없다.'는 것이 생업에 분주한 사람들의 일반적 생각이다. 사람들은 진리의 말씀을 전하며 소개할 때 흔히들 이렇게 항변한다. "세상살이가 빠듯하고 내가 일하지 않으면 누가 먹여 줍니까? 나는 그렇게 한가하게 해변에 앉아서 설교나 들을 여유가 없는 사람입니다." 그러면서 손을 젓거나 자리를 박차고 나간다.

예수님이 이런 이들의 마음의 생각을 모르실 리가 없으셨다. 주님은 이들 중 한 배에 오르셨다. 그 배는 시몬의 배였다. 주님은 그에게 배를 육지에서 조금 띄워주기를 겸손히 요청하셨다.

"배를 띄워주시지 않겠습니까?"

성실하게 살아가는 시몬에게는 단 한 시간이라도 이렇게 한가히 배를 놀릴 수 없는 일이었다. 하지만 그는 주님의 부탁을 거절할 수 없었다. 손실은 나중에 보충할 각오를 하고 주님께 몇 시간 배를 내어 드리고자 마음먹었다. "쓰시지요."

예수님은 그 배에 앉아 말씀을 계속 가르치셨고 시몬 역시 자신의 배이기 때문에 거기 가까이에서 어부지리로 말씀을 듣게 되었다. 그런데 이것이 자의든 타의든 시몬에게 있어서는 엄청난 축복이요 행운의 시작이었다. 고요한 아침의 적막감이 돌던 배에는 예수 생명이 흐르기

주님이
하십니다

시작하였고 금붕어가 떡밥을 받아먹듯이 시몬은 "아멘, 아멘." 주님의 말씀을 받기 시작했다. 창조주, 생명의 주님의 말씀을 가까이에서 직접 받아먹는다는 것은 정말 은혜가 넘치는 일이 아닐 수 없었다. "아멘, 아멘." 하다 보니 어느새 시간이 흘러 설교는 끝났다. 사람들도 다 흩어져 집으로 돌아가고 예수님과 시몬, 단둘이 남았다. 그 때 주님은 시몬에게 말씀하셨다.

> 깊은 데로 가서 그물을 내려 고기를 잡으라(눅 5:4).

밤이 맞도록 수고하였으나

주님 말씀 앞에 시몬은 자신의 삶을 진지하게 고백하기 시작했다.

"사실 밤이 맞도록 수고하였지만 잡은 것이 없습니다."

그렇다. 밤이 맞도록 수고해도 잡은 것이 없는 것이 바로 인생이다. 밤이 맞도록 즉 '인생의 밤이 맞도록' 사람들은 열심히 일하며 성실하게 살아가지만 결과가 없다. 결과 없는 수고는 헛된 것이다. 그런데 사람들은 이런 인생을 반복하며 살아간다.

까뮈의 「시지프 신화」를 보면 신들은 시지프에게 끊임없이 바위를 산꼭대기까지 굴려 올리는 형벌을 가한다. 시지프가 힘들여 바위를 산꼭대기까지 굴려 올리면 이 바위는 그 자체의 무게로 말미암아 산꼭대기에서 다시 떨어진다. 그는 다시 바위를 굴려 올린다. 그리고 다시 굴러 떨어진다. 그는 반복해서 굴러 떨어진 바위를 굴려 올린다. 무익하고도 희망이 없는 노동보다도 더 무서운 형벌은 없다는 것을 말하려는 것이다.

열심히 살아가는 것, 땀 흘려 수고하는 것, 어떻게 보면 그 자체만으로도 아름답게 여겨지고 귀하게 여겨질 수 있다. 그러나 열매가 없는 수고는 헛된 것임을 주님은 말씀하신다.[5] 사람이 먹고 살기 위해서 종신토록 땀 흘려 수고하는 것은 하나님이 죄를 지은 인간에게 내린 저주이며 명령이다. 인간은 아무리 발버둥치며 살아도 이렇게 수고하며 살다가 죽을 수밖에 없다. 이 수고를 피할 수 있는 사람은 아무도 없다. 그것은 창세 때 인간의 타락으로부터 시작된 저주다.[6] 주님은 전도서 2장 23절로 말씀하신다.

> 일평생에 근심하며 수고하는 것이 슬픔뿐이라 그의 마음이 밤에도
> 쉬지 못하나니 이것도 헛되도다(전 2:23).

왜 인생을 이렇게 살아가는가? 자신 스스로 인생을 책임지며 살아가려 하기 때문이다. 인생의 주인은 자신이 아니다. 자기는 자신의 생명도 책임 못 지는 존재이다. 자신은 자기의 건강도 책임 못 지고, 미래도 책임지지 못하는 연약한 존재이다. 자신이 노력하면 할수록, 자신이 무엇을 하려면 할수록 우리 인생은 더욱 더 명령되어진 저주의 운명에서 빠져나올 수 없다. 물론 어떤 사람은 열심히 돈을 벌고 사업에 성공하여, 수고에서 벗어난 듯 살아가는 사람도 있다. 돈을 쓰고, 사업을 늘리고, 집을 크게 하고, 안락하게 하고, 해외로 이민을 떠나 편하게 살기도 한다. 마치 성공자가 된 것 같다. 그렇다면 이런 사람들에게는 수고가 없는가? 이런 사람들의 인생은 편하기만 한가?

육신적으로 고생하지 않는다고 해서 다 편한 것이 아니다. 주님이

주님이
하십니다

없으면 사람은 허무와 두려움에 사로잡히거나, 그렇지 않으면 인격 결여로 인한 병든 인생을 살게 된다. 후일에 겪는 절망은 더욱 크게 된다. 수고하고 나서 잡은 것이 있어야 한다. 주님은 "무엇을 잡으려고 수고하느냐?"고 하신다. 그리고 "무엇을 잡았느냐?"고 물으신다. 시몬은 '없다'고 대답한다.

유다가 3년 반 동안 예수님을 따라다니며 선교 사업을 섬기다 보니 돈을 벌고 싶은 탐심이 일어났다. 급기야 예수님을 은 삼십 냥에 팔아넘기고 한순간에 은 삼십 냥을 거머쥘 수 있었다. 그러나 동시에 곧 밤이 왔고 그는 사단의 포로가 되었다. 뒤늦게 후회하고 은 삼십 냥[7]을 다시 제사장에게 갖다 주었지만 거절당하고 스스로 물러가 목매어 자살을 하였다.

당장에 일확천금(一攫千金)을 거머쥐어도 그것은 잡은 것이 아니다. 주님을 잃은 인생의 결과는 헛된 것이며 비참한 것이다. 인간은 스스로 노력해서 열매를 맺을 수 없다. 겨우 먹고 사는 일을 할 뿐이다. 그것도 주님의 은혜이지만 말이다.

우리 인생으로 수고를 쉬게 하는 분은 **주님**이시다(마 11:28).

우리 인생으로 열매를 맺게 하시는 분은 **주님**이시다(요 15:5).

우리를 모든 죄와 저주와 죽음에서 해방시키시는 분도 **주님**이시다 (롬 8:2, 갈 3:13).

우리 인생을 축복하시는 분도 **주님**이시다(신 30:15).

말씀을 의지하여

그러므로 수고하는 인생, 저주의 인생, 열매 없는 허무한 인생에서 벗어나려면 내가 하는 것을 내려놓고 주님을 내 인생의 중심에 모시어 들여야 한다. 그리고 주님의 말씀을 의지해야 한다. 시몬은 주님 앞에서 비장한 결단을 한다.

말씀에 의지하여 내가 그물을 내리리이다(눅 5:5).

그 결과 어떤 일이 일어났는가? "그렇게 하니 고기를 에운 것이 심히 많아 그물이 찢어지는지라"(6절). 상상할 수 없는 일이 일어났다. 지난 밤, 밤새도록 그물을 내렸어도 고기 한 마리 잡히지 않았는데 주님의 말씀을 의지해서 그물을 내리자 그물이 찢어질 정도로 많은 고기가 잡혔다. 깊은 바다 어디서 갑자기 그 많은 고기가 몰려와서 잡혔는지 이성적으로는 이해가 되지 않는 일이었다. 그러나 그것은 현실이었다. 여러 가지 생각을 할 겨를도 없었다. 시몬은 자기 배만으로 고기를 감당할 수 없었다. 다른 배에 있는 동무를 손짓하여 와서 도와 달라고 요청해야만 했다. 저희가 와서 두 배에 채웠는데 두 배가 잠길 정도가 되었다. 시몬은 이 사건 앞에 두렵고 떨려 아무 말도 할 수 없었다. 그는 다만 예수의 무릎 아래 엎드려 죄인이라고 고백할 수밖에 없었다.

"이르되 주여 나를 떠나소서 나는 죄인이로소이다."

놀란 것은 세베대의 아들로서 시몬의 동업자인 야고보와 요한도 마찬가지였다. 어떻게 이런 일이 가능하단 말인가?

말씀을 의지하는 신앙을 가지면 된다. 내가 하면 밤이 맞도록 수고

주님이
하십니다

해도 잡은 것이 없지만 말씀을 의지하면 주님이 하신다. 주님이 하시면 이렇게 그물이 찢어지는 역사가 일어난다. 사람이 하는 일과 하나님이 하시는 일은 비교할 수 없다.

믿음으로 산 다니엘은 학문의 지혜와 깊이가 당시 박수의 열 배나 되었고 밀 타작마당에 두려워 숨어 있던 기드온은 이스라엘을 구원하는 용맹스러운 사사가 되었다. 시몬은 자신이 실패했던 똑같은 사업의 현장에서 많은 고기를 잡았다.

고기를 많이 잡은 것도 놀라운 일인데 주님은 시몬의 죄를 용서하시고 더 큰 비전까지 주셨다. 그것은 비린내 나는 시몬 베드로를 취하여 사람 낚는 어부가 되게 하시겠다는 것이다.

사람이 노력하여 변화되면 개혁이다. 그러나 주님이 하시면 혁명이다. 그러므로 약간의 변화, 과거보다 조금 더 나은 변화가 아닌 삶의 혁명이 일어나려면 주님이 하셔야 한다. 고기도 주님이 잡으셔야 하고, 공부도 주님이 하셔야 하고, 자녀도 주님이 키우셔야 하고, 사업도 주님이 하셔야 한다. 그리고 주님의 비전은 사업 성공해서 돈을 많이 버는 데 끝나지 않는다. 주님은 이 땅에 하나님 나라를 이루기를 원하신다. 생명 사역을 하기를 원하신다. 나를 내려놓으면 주님이 하신다. 내 안에 착한 일을 시작하신 이는 주님이 다시 오시는 그 날까지 생명 사역을 친히 이루실 것이다.

그러므로 내 인생의 배에 주님을 모시고 말씀을 의지하여 그물을 내리자. 지금도 많은 사람들이 열심히 인생의 그물을 내린다. 살아야 하기 때문에, 자녀를 양육해야 하기 때문에, 땀을 흘리며 밤이 맞도록 그물을 내린다. 그러나 고기가 잡히지 않는다. 설령 잡았어도 내 의로 잡은 고기들은 다 빠져나간다. 우리는 이렇게 반복하여 빈 그물을 걷어

올릴 수 없다. 주님이 하시도록 해야 한다. 주님이 하시면 반드시 잡히는 것이 있다. 주님이 하시면 기적이 일어나고 삶의 현장에 창조의 역사가 일어난다. 말씀 통치를 받고 주님이 하시는 일을 보자. 이제 믿음의 말을 선포를 하자.

우리의 고백

나는 더 이상 허무하게 살다 죽을 인생이 아니다.
나는 더 이상 빈 그물을 내리는 실패의 인생이 아니다.
나는 더 이상 어리석은 인생이 아니다.
나는 예수님의 은혜로 생명이 채워진 새 인생이다.
나는 예수님의 은혜로 승리하는 새 인생이다.
나는 예수님의 은혜로 지혜로운 새 인생이다.
나는 예수님의 은혜로 축복을 누리는 새 인생이다.
내 인생의 주인은 주님이시다.
나는 주님의 말씀을 의지하여 사는 믿음의 인생이다.
주님이 하시니 나는 잘 된다. 형통하다.
"아멘." 주님께 영광!

주님이
하십니다

21
형통한 신앙

그의 주인이 여호와께서 그와 함께 하심을 보며 또 여호와께서 그의 범사에 형통케 하심을
보았더라(창 39:3).

불행이나 운명은 주님을 떠나기 때문에 생기는 것이다.

주님 안에는 액운도 운명도 저주도 없다.

이미 율법의 모든 저주는 골고다 산상에서 다 속량되었다.

주 안에는 가난도 실패도 없다.

주님은 십자가에서 우리 인생의 지긋지긋한 가난도 다 짊어지셨다.

주 안에는 죽음도 없다.

오직 부활로 가는 축복만 있을 뿐이다.

주님으로 살면 들어가고 나가도 복이다.

주 안에 거하면 모든 일이 형통하게 된다.

… 우리 주님은 창조주시다.

주님은 죽은 자를 살리시는 분이시다.

주님은 생사화복의 모든 것을 주관하시는 분이시다.

주님은 그 뜻대로 부르심을 입은 자들을 위해

합력하여 선을 이루시는 분이시다.

주님이 하시면 형통하게 된다. 아멘.

하는 일마다 잘 되면 얼마나 좋겠는가? 그러나 인생살이가 다 그렇

지를 못하다. 어떤 사람은 하는 일마다 잘 되어 웃음이 그치질 않는데 어떤 사람은 하는 일마다 잘 되지 않아 고민하며 근심한다. 어떻게 하면 잘 될까? 왕이신 주님의 통치를 받게 되면 형통해진다. 아멘.

대학을 졸업하고 나는 하나님을 위해서 살겠다고 신학교에 원서를 냈다. 시험에 합격하여 한 달을 공부하다 곧 바로 군에 입대하였다. 그런데 하는 일마다 잘 되지를 않았다. 정훈 행정병으로 가기를 원했는데 공병대대에 배치되어 막장 공사판의 힘든 일을 해야 했고, 군단과 여단을 거치면서 군종을 원했지만 대대 일반 군종으로 머물러야 했고, 군생활하면서 좋은 영향을 끼치고 싶었지만 작은 실수들로 인해서 수치스런 군기소를 들락날락하였다. 나는 군대 생활을 하면서 내내 요셉 같은 삶을 살기를 원했지만 하나님은 요나 같은 자신을 보게 하셨다.

본래 **요나**는 하나님을 경외하는 자로 자신을 담대하게 나타낼 수 있는 용기 있는 선지자였다(욘 1:1-15). 의를 사랑하고 악을 미워하였다. 그러나 자기 생각이 강하여 하나님으로부터 원수 나라 니느웨로 가서 심판의 메시지를 전하라는 말씀을 받았을 때 그 방향을 받아들일 수 없었다. 그는 하나님의 말씀을 거역하여 반대 방향인 다시스로 가는 배를 탔다. 그 때부터 그의 항해가 순탄하지 않았다. 일기 예보에도 없던 대풍이 불어 닥치고, 그가 탄 배는 뒤집혀 산산이 깨어질 위험 상황에 처하게 되었다. 사공들이 누구 때문인가 알기 위해 제비를 뽑으니 제비가 요나에게 떨어졌다. 요나는 이런 일이 하나님을 역행하는 자신 때문인 것을 알고 자신을 바다에 던지라고 했다. 그렇지만 사공들은 차마 그렇게 할 수 없어 물건을 바다에 던지며 배를 육지에 대려고 애를 썼다. 그러나 아무 소용이 없었고 결국 요나를 바다에 던져야만 했다. 그때서야 바다는 다시 고요해지고 배는 안전하게 되었다.

주님이
하십니다

나는 내 자신이 바로 이런 요나와 같은 자임을 보게 되었다. 캠퍼스로 가서 복음을 전하라는 하나님의 방향을 거슬러 도망하다시피 나온 나의 길이 형통할 수 없음을 알았다. 제대를 앞두고 교회에 가서 눈물로 회개하고 돌아왔다. 그리고 그 후 20여 년을 캠퍼스에서 젊은 영혼들에게 복음을 전하며 주님을 섬기는 은혜를 입었다.

형통하지 못한 이유

하나님의 자녀들이 일이 뒤틀리고 꼬이는 것은 하나님의 일을 하지 않아서가 아니다. 하나님의 미움을 받아서가 아니다. 하나님과의 관계에 문제가 생겼기 때문이다. 역대하 13장 12절로 주님은 하나님과 싸우지[8) 말라고 하신다. 그러면 형통하지 못하다고 하신다.

> 이스라엘 자손들아 너희 조상들의 하나님 여호와와 싸우지 말라
> 너희가 **형통하지** 못하리라(대하 13:12).

또한 죄가 있으면 형통하지 못하다고 하신다. 잠언 28장 13절로 주님은 죄를 자복하고 버리라고 하신다.

> 자기의 죄를 숨기는 자는 **형통하지** 못하나 죄를 자복하고 버리는
> 자는 불쌍히 여김을 받으리라(잠 28:13).

그러나 그리스도 안에 있는 자들은 다 잘 되게 되어 있다. 성경에 **요셉**

의 삶을 보면 운명이라 할 정도로 기구하였다. 형들에게 버림받고, 노예로 끌려가고, 강간 누명을 쓰고, 옥에 갇히고……. 그런데 어렵고 힘든 듯하면서도 그의 인생이 계속 역전되는 역사가 일어났다. 하나님이 그의 인생을 형통하게 하셨기 때문이다.

여호와께서 그의 범사에 형통하게 하셨더라(창 39:2,3,23).

요셉이 구덩이에 던져졌지만 하나님이 형통케 하시자 바로의 시위 대장 보디발의 가정 총무가 되었다. 요셉이 보디발 여사의 유혹을 받고 누명을 썼지만 하나님이 형통케 하시자 옥중에서 바로의 측근인 두 관원 장을 섬기게 되었다. 술 맡은 관원 장이 그를 잊었지만 하나님이 형통케 하시자 옥중에서 나와 바로의 총리가 되었다. 하나님이 형통케 하시자 합력하여 선한 역사가 계속 일어났다. 요셉은 형통케 하시는 하나님을 믿었으며, 모든 일에 원망과 불평하지 않았다. 보디발도, 보디발 여사도, 자기를 잊은 관원장도 미워하지 않았다. 심지어 자기를 노예로 팔아버린 형들에게도 아무런 감정을 갖지 않았다. 오히려 두려워하는 형들에게 하나님이 구원의 역사를 이루시려고 먼저 자신을 보냈다고 하였다. "하나님이 하셨다." 그는 주님 앞에 살았고, 주님이 그 인생을 형통케 하셨다. 그 결과 노예요 죄수인 그가 애굽의 총리까지 되었다. "하나님이 하셨다."고 고백하는 요셉의 인생에 운명, 불행은 없었다.

불행이나 운명은 인생의 주가 되신 하나님을 떠나기 때문에 생기는 것이다. 하는 일마다 안 되고, 뒤로 넘어져도 코가 깨지고, 자꾸 안 좋은 길로 빠지는 것을 보면서 사람들은 이것을 액운이라고 한다. 예수를 믿어도 가계에 흐르는 저주는 어쩔 수 없다고 생각한다. 주님의 피로 끊어야 한다고 한다. 그렇지 않다. 주 안에는 액운도 운명도 저주도 없다. 이미 율법의 모든 저주는 골고다 산상에서 다 속량되었다.[9] 주 안에는 가난도 실패도 없다. 주님은 십자가에서 우리 인생의 지긋지긋한 가난도 다 짊어지셨다. 주 안에서는 죽음도 없다. 오직 부활로 가는 축복만 있을 뿐이다. 주님으로 살면 들어가도 나가도 복이다.[10] 주안에 거하면 모든 일이 형통케 된다. 아멘.

성도들의 배가 광풍을 만나고, 사업이 잘 안 되고, 자녀가 안 되는 것에는 하나님과 우리와의 관계 문제이다. 관계가 회복되면 다 회복된다. 죄가 하나님과 우리 사이를 가로막지 못하게 하고(사 59:2), 구습을 따르는 옛 사람을 벗어버리고(엡 4:22), 하나님이 우리 인생길에 개입하시도록 한다면 베드로처럼 한 순간에 두 배에 가득 고기를 잡을 수도 있다. 죄와 사단 마귀는 우리 인생을 불행하게 하지만 주님은 우리 인생을 형통케 하신다. 우리 주님은 창조주시다. 주님은 죽은 자를 살리시는 분이시다. 주님은 생사화복의 모든 것을 주관하시는 분이시다. 주님은 그 뜻대로 부르심을 입은 자들을 위해 합력하여 선을 이루시는 분이시다. 주님이 하시면 형통케 된다. 아멘.

우리의 고백 - 1

나는 더 이상 가난, 고통, 저주와 아무 상관이 없다.

주님 십자가에 죽으실 때 ○○○의 옛 사람 가난, 저주는 죽었다.

나는 주님의 십자가의 은혜로 복 있고 형통한 자가 되었다.

나는 잘 된다. 형통하다.

주님의 은혜로 나에게는 좋은 일만 일어난다.

"아멘." 주님께 영광!

형통케 되는 길

그러면 우리가 어떻게 하면 형통한 인생이 되는가?

아더 디마스 장로가 있다. 그는 미국의 기독 실업인 가운데 다섯 손가락 안에 드는, 신앙과 경영과 재력 면에서 성공한 대표적 인물이다. 그의 간증 가운데 절대 성공의 비결이 있다. 하나님은 그 자녀가 성공하고 형통하기를 원하는데 사람이 하나님의 원칙대로 순종하지 않기 때문에 성공하지 못한다는 것이다. 그의 성공의 비결은 주님을 위하여 주님으로 하여금 사업주가 되게 하라는 것이었다.

첫째, 주일을 철저히 성수하라

둘째, 하루의 첫 시간은 기도로 주님께 바치라

셋째, 십일조를 드리라

넷째, 더 많은 시간, 더 많은 돈을 주님을 위해 쓰라

다섯째, 예수님이 가정의 주인이 되게 하라

여섯째, 사업의 모든 문제와 필요를 주님이 해결케 하라.

이렇게 주님이 모든 일을 하시도록 하면 된다. 주님이 사업을 하도록 하고, 주님이 자녀들을 키우시도록 하고, 주님이 섬기고, 봉사하도록 하는 것이다. 그리고 우리 자신은 날마다 옛 사람을 부인하고 새 사람을 시인하는 것이다. 그러면 주님이 형통하게 하신다.

* 부인 : 요나의 옛 사람 → 자기 생각, 자기 자랑, 미움, 혈기, 감정
        을 부인

       요셉의 옛 사람 → 운명적 생각, 사람을 미워하는 마음, 원
        망, 하나님 불신하는 마음, 음란한 마음

주님이
하십니다

을 부인.

* 시인 : 요나의 새 사람 → 순종의 사람, 하나님을 사랑하고 자랑하
는 사람, 사랑의 사람, 온유의 새 사람을
선언.

요셉의 새 사람 → 어떤 상황에서도 하나님을 신뢰하며 섭
리를 믿는 믿음의 사람, 자기를 미워하
는 원수를 사랑하는 사람, 음란 앞에 성
결로 사는 사람, 언제나 섬기는 사람을
시인.

또한 여호수아 1장 7절과 열왕기상 2장 3절로 주님은 마음이 강한
자, 담대한 자, 율법을 지키는 자, 하나님 앞에 좌우로 치우치지 않고
똑바로 행하는 자가 되라고 하신다. 그러면 형통케 된다고 하신다.

> 오직 강하고 극히 담대하여 나의 종 모세가 네게 명령한 그 율법을
> 다 지켜 행하고 좌로나 우로나 치우치지 말라 그리하면 어디로 가
> 든지 형통하리니(수 1:7).

> 네 하나님 여호와의 명령을 지켜 그 길로 행하여 그 법률과 계명과
> 율례와 증거를 모세의 율법에 기록된 대로 지키라 그리하면 네가
> 무엇을 하든지 어디로 가든지 형통할지라(왕상 2:3).

역대하 26장 5절에서 "저가 여호와를 구하는 동안에는 형통케 하셨
더라."[11)고 하신다. 하나님을 구하고, 하나님을 사모하며, 찾으면 형통

하게 된다. 실제로 웃시야는 선지자 스가랴의 사는 날 동 안에는 하나님을 구하였고 그 하는 날 동안 기이한 도우심을 받아 강성하여졌다(대하 26:15). 그러나 마음이 교만하여 하나님 앞에 악을 행하여 분향하는 죄를 범한 후에는 죽는 날까지 문둥이로 살아야 했다.

시편 1장 3절로 주님은 악인의 꾀를 쫓지 않고, 죄인의 길로 가지 않고, 오만하지 않고, 주야로 율법을 즐거워하고, 말씀을 묵상하는 자가 되라고 하신다. 그러면 형통하게 된다고 하신다. 여호와의 말씀은 인생의 발에 등이요, 건강을 위한 몸에 양약이다. 말씀대로 살면 건강하게 살 수 있다.

오럴 로버츠 박사는 폐결핵으로 죽을 수밖에 없는 상황에서 요한3서 1장 2절을 일만 번을 읽으라는 주님의 음성을 듣고 고침을 받았다. 말씀을 묵상하며 먹는 가운데 고질병이 사라졌다. 생명의 말씀을 먹고 말씀대로 살면 우리 인생은 형통하게 되어 있다.

우리의 고백 - 2

나는 주님의 말씀을 불순종하는 옛 사람이 아니다.
나는 언제나 말씀을 순종하는 믿음의 새 사람이다.
나는 어떤 원수도 사랑하는 믿음의 새 사람이다.
나는 언제나 말씀을 묵상하는 믿음의 새 사람이다.
나는 언제나 하나님을 구하고 사모하는 새 사람이다.
나는 왕이신 예수님의 통치를 받고 사는 새 사람이다.
주님의 통치 받는 나는 언제나 잘 된다. 형통하다.
"아멘." 주님께 영광!

주님이
하십니다

22

생명을 위해 투자하는 신앙

너는 베냐민 땅 아나돗에 있는 나의 밭을 사라 기업의 상속권이 네게 있고 무를 권리가 네게 있으니 너를 위하여 사라(렘 32:8).

믿음의 투자는 세상 투자와 전혀 다르다.

'하나님의 비전'을 보고

황폐한 땅의 밭을 사는 투자이다.

하나님의 말씀이 영영한 언약이요

보증이라고 믿고 하는 확실한 투자이다.

또한 우리에게 모든 것을 후히 주사 누리게 하시는

하나님과 하나님 나라를 위한 투자이다.

이런 믿음의 투자는 겉으로 화려하게 보이지 않을 수 있다.

때로는 그 투자가 미련하게 보이기도 하고

사람들에게 외면당하기도 한다.

그러나 하나님의 하시는 큰일을 보고

후손 만대까지 축복 받기를 원한다면,

이런 믿음의 투자를 해야 한다.

예레미야가 활동하던 당시 이스라엘은 바벨론 침공을 앞두고 풍전등화와 같았다. 백성들은 바벨론의 포로로 끌려가고 나라는 곧 망하게 될 위기에 처해 있었다. 갑자기 땅값이 떨어지고, 집값이 떨어지고, 부동산 매물이 쏟아졌다. 투기는 사라지고 사람들은 재산을 헐값에라도 더 팔려고 애를 썼다. 전쟁소식으로 사람들의 마음이나 땅 모두 황폐한 곳이 되었다.

황폐한 땅에 밭을 사라

그런데 하나님은 예레미야 32장 8절로 다음과 같은 메시지를 주셨다.

> 너는 베냐민 땅 아나돗에 있는 나의 밭을 사라 기업의 상속권이 네게 있고 무를 권리가 네게 있으니 너를 위하여 사라(렘 32:8).

> 너희가 말하기를 황폐하여 사람이나 짐승이 없으며 갈대아인의 손에 넘긴 바 되었다 하는 이 땅에서 사람들이 밭을 사되… 이는 내가 그들의 포로로 돌아오게 함이니라 여호와의 말씀이니라(렘 32:43-44).

'이 땅의 밭을 사라' 는 것이었다. 멸망이 뻔한 그런 상황에서 황폐한 땅에 밭을 산다는 것은 참으로 순종하기 어려운 일이다. 그 처지가 되면 누구라도 마찬가지이다. 이런 때는 오히려 땅을 팔아 금을 사 두는 것이 현명하다. 그런데 하나님은 이런 땅을 사서 인을 치고 봉인을 해서 확실하게 해 두라고 하신다. 그 이유가 무엇인가? 하나님의 분명한 계획 때문이다. 하나님은 반드시 그들로 돌아오게 하고 회복의 역사를 이루시겠다고 하신다. 유다의 멸망은 그들의 죄 때문에 자초된 것이지만 하나님은 다시 그들을 회복하겠다고 하신다(렘 32:26-25, 36-44).

주님이
하십니다

그리고 허락한 모든 복을 그들과 후손에게까지 내리겠다고 하신다(렘 32:42). 하나님은 참으로 소망의 하나님이시다. 하나님은 당신의 확고한 의지를 이렇게 말씀하셨다.

> 내가 기쁨으로 그들에게 복을 주되 분명히 나의 마음과 정신을 다
> 하여 그들을 이 땅에 심으리라(렘 32:41).

때로 우리는 삶의 주변 현장을 바라볼 때 낙심 될 때가 있다. 사람들은 기회만 있으면 땅값이 뛸 수 있는 곳, 사람들이 몰려올 수 있는 아파트 그리고 건물 등 돈이 될 수 있는 곳에 투자를 한다. 이렇게 투자해서 1년 사이에 땅 값의 몇 배 차액을 남기기도 하고, 아파트 당첨이 되어 한순간에 몇천만 원의 차액을 남기기도 한다. 돈에 초연한 것 같은 사람들도 이런 이야기를 들으면 마음이 동요된다. 이런 세상에서 아무런 투자 없이 사는 나는 마치 어리숙한 외인처럼 느껴질 때가 있다.

그러나 소망의 주님은 이런 우리에게도 더 좋은 투자의 기회를 주신다. 정말 안전한 투자, 정말 이익을 많이 남기는 투자, 좀이나 동록이 해하지 못하는 투자, 돈이 없어도 할 수 있는 투자이다. 그것은 바로 믿음의 투자이다.

믿음의 투자는 세상 투자와 다르다. 하나님의 비전을 보고 황폐한 땅의 밭을 사는 투자이다. 하나님의 말씀을 영영한 언약이요 보증으로 믿고 하는 확실한 투자이다(40절). 또한 우리에게 모든 것을 후히 주사 누리게 하시는 하나님과 하나님 나라를 위한 투자이다.[12] 이런 믿음의 투자는 겉으로 화려하게 보이지 않을 수 있다. 때로는 그 투자가 미련하게 보이기도 하고, 불확실하게 보이기도 하고, 사람들에게 외면당하

기도 한다. 그러나 하나님의 하시는 큰일을 보고 후손만대까지 축복 받기를 원한다면, 이런 믿음의 투자를 해야 한다.

예레미야는 투자하라는 하나님의 말씀에 "내가 이것이 **여호와의 말씀**인 줄 알았다."고 고백한다. 또 17절에서 "슬프도소이다 주 여호와여 주께서 큰 능과 드신 팔로 천지를 지으셨사오니 주에게는 능치 못할 일이 없으시니이다"라고 고백한다. 상황은 슬프고 받아들이기 어려운 일이지만 능치 못할 일이 없으신 하나님의 말씀을 믿고 받아들였다. 하나님 역시 27절과 44절에서 예레미야에게 변개할 수 없는 당신의 말씀으로 담보하셨다.

> 나는 여호와요 모든 육체의 하나님이라 내게 할 수 없는 일이 있겠느냐(렘 32:27).

> 내가 그들의 포로를 돌아오게 함이니라 여호와의 말씀이니라(렘 32:44).

예레미야는 이 여호와의 말씀을 경외하며 순종했다. 예레미야가 은을 주고 황폐한 땅을 산다고 할 때 사람들은 어리석게 여기며 비웃었다. 그러나 하나님 편에서 볼 때는 결코 어리석지 않았다. 하나님은 약속대로 비전을 이루셨다.

주님이
하십니다

영혼의 열매를 위한 투자

믿음의 사람은 하나님의 비전에 붙들려 세상이 아닌 하나님 나라를 위해 과감하게 투자하는 사람이다. 이런 사람은 투자의 우선순위가 땅이나 세상 연락을 즐기는 일이 아니다. 교회를 세우고, 생명을 살리는 일이다. 사람들이 교회를 떠나고 사역의 현장을 떠날 때 더욱 헌신한다. 이런 사람들에게 황폐한 땅은 오히려 축복을 받을 수 있는 기회의 땅이다.

생명을 위한 이런 믿음의 투자가 바로 하나님의 투자이다. 하나님은 소망이 없는 75세의 아브라함에게 투자를 하시고 25년을 훈련하셨다. 바로 궁에 쫓겨난 모세를 부르셔서 40년 동안 키우셨다. 갈릴리 바닷가에서 비린내 나는 어부들을 부르셔서 3년 반 동안 제자양육으로 투자하셨다. 그리고 이들은 역사를 움직이는 위대한 믿음의 사람들이 되었다.

주님은 나에게도 이런 투자의 은혜를 주셨다. 나는 20여 년간 캠퍼스 사역을 섬기는 은혜를 입었다. 내가 1988년 처음 목포 대학에 왔을 때, 캠퍼스는 도로도 제대로 나지 않았고 비가 오는 길을 걸으면 황토 흙에 발이 빠지곤 하였다. 그런 환경에서 복음으로 젊은 영혼들을 구원하는 일에 투자하라는 주님의 말씀에 15년을 섬겼다. 여기서 젊은 영혼들이 예수님의 제자로 세워졌고, 믿음으로 직장을 얻고, 믿음으로 가정들이 세워졌고, 황무지 같은 곳에 성전 건축이 이루어졌다. 그리고 시골 촌에서 10명 이상이 독일, 일본, 캐나다 등지로 선교사로 파송되었다. 그때 캠퍼스 도로에 심겨진 작은 벚꽃 나무들이 자라서 지금은 벚꽃축제의 명물이 되었다. 해마다 4월이 되면 여기저기서 꽃을 보러 사람들이 몰려든다. 그 때 젊은이들이 모여 매일같이 찬양을 하며 말씀을 묵상하며 불야성을 이루던 때가 아련하다.

오늘날 캠퍼스는 영적으로 많이 황폐하여졌다. 선교단체들의 활동도 많이 약해졌다. 기독교 모임도 그 때보다 적어졌다. 그러나 하나님은 여전히 '이 땅에 밭을 사라'는 비전의 말씀을 주신다. 젊은 영혼들이 머무는 캠퍼스는 생명의 열매를 맺는 영영한 약속의 땅이라는 것이다. 나는 할 수 없는 것 같은데 주님은 "내가 마음과 성심을 다해 심겠다."고 하신다. "내가 반드시 돌아오게 하겠으니 확실한 투자를 하라."고 하신다. 하나님 편에서 보면 '황폐한 땅'은 곧 비전의 땅이다. 후손까지 복을 받을 축복의 땅이다. 조금만 투자해도 후에는 엄청난 열매를 거두는 땅이다. 사람이 이 땅에서 밭과 포도원을 다시 사게 되면, 천국에서 그 값은 천 배 만 배로 뛸 것이며 그 가치는 헤아릴 수 없을 것이다.

세상 사람들은 수지맞는 아파트를 사고, 땅을 사고, 사업을 늘리고, 주식을 투자하는 그 이상의 투자를 하지 못한다. 그러나 믿음의 사람들은 오히려 황폐한 땅에 투자를 한다. 세상이 관심 갖지 않는 영혼들, 불모지의 이방 땅, 생명의 열매가 맺혀질 가능성의 땅에 투자를 한다. 이런 믿음의 사람들 주변에는 조금만 힘쓰면 열매를 거두게 될 황폐한 땅들이 많이 있다. 젊은 영혼들이 우글거리는 캠퍼스, 광대한 중국, 북한, 몽골, 인도, 일본 등 온 세상이 영혼의 추수 밭이다. 영적인 세계에는 아직도 개발되지 못한 황폐한 밭이 너무나 많다. 주님은 그곳에 투자하라고 하신다. 다른 사람들이 투자하지 않고 떠나는 이런 황폐한 땅에 투자하는 것이 정말 지혜로운 일이고 정말 수지맞는 길이다.

감사한 것은 모국에서의 좋은 직장을 버리고 의술로 봉사하며 복음을 전하는 사람들, 최저 생활비만 받고 교육 사업을 통해 복음을 전하는 사람들, 은퇴 후에 자신의 은사를 가지고 제3국으로 나가 복음을 전

주님이
하십니다

하는 사람들이 점점 많아지고 있다는 것이다. 또 해외로는 나가지 못하지만 현실의 어려운 형편을 뛰어넘어 복음을 위해 헌신하는 평신도들이 많이 있다.

광주의 한 권사님은 화재 사건으로 사랑하는 딸을 잃은 후에 신앙적으로 많은 절망과 고통을 당했지만 오히려 수많은 영혼들을 전도해서 많은 열매를 맺는 삶을 살고 있다.

어려운 현실을 극복하고 이렇게 영혼을 위한 투자를 하는 삶을 산다면 누구나 천국에서 이 땅에서와 비교할 수 없는 아름답고 빛나는 인생이 될 것이다. 물론 내 의가 아니라 주님으로 하는 것이다. 주님은 다니엘서 12장 3절로 영혼의 열매를 맺는 삶이 얼마나 아름운지를 말씀하신다.

> 지혜 있는 자는 궁창의 빛과 같이 빛날 것이요 많은 사람을 옳은 데로 돌아오게 한 자는 별과 같이 영원토록 빛나리라(단 12:3).

그렇다. 세상에 많은 투자가 있지만 **영혼의 열매**를 위해서 투자하는 것보다 아름답고 가치 있는 것은 없다. 사람들은 집 하나를 사기 위해서 평생을 투자한다. 땅을 위해 전 재산을 투자하고, 학문을 위해 젊음의 황금기를 투자한다. 그러나 이 세상의 것들은 다 사라진다. 오직 영혼을 위한 투자만이 영원히 남는다.

천하를 투자해서 한 영혼을 얻는다 할지라도 그것은 결코 아깝지 않다. 하나님도 우리의 생명을 얻기 위해서 하나밖에 없는 자신의 생명을 투자하지 않으셨는가! 그리고 예수님 한 분의 죽음을 인해서 세상에 수많은 영혼들이 생명을 얻게 되지 않았는가! 생명을 위한 투자! 이 투자만이 영영한 보증이 따르는 확실한 투자이며 세상에서 가장 아름다운 투자이다. 아멘.

이 생명의 열매를 위해서는 과감한 투자가 필요하다. 전도서에서 주님은 장래를 위해 과감한 투자를 하라고 말씀하신다.

너는 네 떡을 물 위에 던져라 여러 날 후에 도로 찾으리라(전 11:1).

전승에 의하면 나일 강에 홍수가 범람할 때 사람들이 곡식을 과감하게 강물에 뿌렸다고 한다. 그러면 씨앗들이 범람하는 홍수를 타고 주변의 비옥한 땅에 뿌려져서 열매를 맺었다는 것이다. 이성을 초월한 하나님의 하시는 큰일을 보는 사람은 이렇게 하나님 나라를 위해, 한 영혼을 얻기 위해서 생명도, 전 생애도, 전 재산도 다 투자할 수 있는 것이다. 하나님은 오늘 이렇게 영혼의 황폐한 추수 밭에 구체적으로 투자할 사람, 기업 무를 사람을 찾으신다(렘 32:7). 그리고 주님은 이 말씀을 읽는 우리에게도 물으신다.

"너는 어디에 어떻게 투자하겠느냐?"

이제 잠시 세상의 관심을 돌이켜 우리 주변을 둘러보자. 영적 투자의 장을 찾아보자. 불의한 재물을 과감히 투자할 곳을 찾아보자. 영혼의 열매의 대박을 터트리는 지혜로운 자가 되자. 그는 장차 별과 같이 빛나는 인생이 될 것이다.

주님이
하십니다

우리의 고백

나는 이 땅의 썩어질 것을 위해 투자하는
어리석은 옛 사람이 아니다.
나는 하나님의 비전을 보고 투자하는 자이다.
나는 말씀을 의지하여 믿음으로 투자하는 자이다.
나는 생명 열매를 위해 금과 은을 과감히 투자하는
지혜로운 새 사람이다.

내 안에 주님이 투자의 소원을 주시니 감사합니다.
주님의 말씀대로 하면 반드시 됩니다.

"아멘." 주님께 영광!

23
금과 은과 보석 신앙

만일 누구든지 금이나 은이나 보석이나 나무나 풀이나 짚으로 이 터 위에 세우면 각 사람의 공적이 나타날 터인데 그 날이 공적을 밝히리니 이는 불로 나타내고 그 불이 각 사람의 공적이 어떠한 것을 시험할 것임이라(고전 3:12~13).

집을 지을 때 금과 은과 보석으로 짓는 사람과
나무나 풀이나 짚으로 짓는 사람이 있다.
나무나 풀이나 짚으로 짓는 것은
자기 의를 기초로 짓는 것을 의미한다.
이사야 64장 6절에서도 주님은 말씀하시기를 인간의 의는
더러운 옷과 같다고 하셨다.
자기 의를 기초한 사람들의 공력은 불 시험을 견디지
못해 타 버린다. 인간의 의는 자기 영광만 될 뿐
하나님 나라에서는 공력이 되지 못한다.
반면 금은 변치 않는 것, 보석은 가장 값진 것을 상징한다.
… 금과 은과 보석으로 짓는 것은 **주님의 것**으로 짓는 것을
의미한다. 주님의 사랑, 주님의 긍휼, 주님의 지혜,
주님의 능력 등 주님의 것으로 지어야 불 시험을 받을 때
타지 않는다.

사람들은 누구나 수고하고 무거운 짐을 지며 인생을 살아간다. 과중한 업무와 연구, 그리고 이에 따른 스트레스. 그러나 삶이 정말 힘들고

주님이
하십니다

무거운 것은 수고 자체가 아니다. 수고하였으나 수고의 열매가 없다는 것이다. 그것이 불행이다. 수고한 결과가 좋고 보람이 있다면 우리는 얼마든지 땀 흘리며 수고할 수 있다. 사회 생활, 직장 생활, 교회 생활을 하면서도 제일 사람을 힘들게 하고 섭섭하게 하는 것 중에 하나가 수고를 인정받지 못하는 것이다. "수고했다."는 한마디만 들어도 수고가 금방 눈 녹듯이 녹아져 내리는데 말이다. 더구나 우리가 세상을 열심히 살았다고 생각했는데 그날에 주님으로부터 아무런 인정을 받지 못하고 책망이나 듣는다면 그 참담함은 이루 말할 수 없을 것이다(마 7:23). 우리는 수고하고도 인정받지 못하는 어리석은 인생을 살아서는 안 된다. 냉수 한 그릇을 섬기더라도 결단코 상을 잃지 않고, 같은 수고라도 좋은 열매를 맺는 지혜로운 인생이 되어야 한다. 아멘.

"나는 열매 없는 헛된 인생을 사는 자가 아니다." "아멘."
"나는 예수님 때문에 수고의 열매를 거두는 자다." "아멘."
"나는 공력이 나타나는 인생을 사는 지혜로운 자다." "아멘."

본문 고린도전서 3장 10-11절로 주님은 우리 인생이 보람 있고 행복한 삶을 살기 위해 지혜로운 건축자가 되라고 말씀하신다.

> 내게 주신 하나님의 은혜를 따라 내가 지혜로운 건축자와 같이 터를 닦아 두매 다른 이가 그 위에 세우나 그러나 각각 어떻게 그 위에 세울까를 조심할지니라 이 닦아 둔 것 외에 능히 다른 터를 닦아 둘 자가 없으니 이 터는 곧 예수 그리스도라(고전 3:10-11).

신앙의 터

건축에 있어서 터를 잘 닦는 것은 매우 중요하다. 터는 기초이다. 기초가 잘못되면 아무리 아름답게 건물을 세워도 무너져 쓸모가 없게 된다. 그리고 그 손실은 대단히 크다.

마태복음 7장 27절에서 주님은 말씀하시기를 모래 위에 세운 집은 비가 내리고 창수가 나고, 바람이 불어 그 집에 부딪히면, 그 무너짐이 심하다고 하셨다. 세상을 휘어잡는 권력을 누리고, 떵떵거리는 부를 누리고, 명성을 한 몸에 누려도 반석 위에 인생의 집을 짓지 않으면 한순간에 무너져 내리게 된다.

칼을 의지하는 사람은 칼로 망하고, 돈을 의지하는 사람은 돈으로 망하고, 명예를 의지하는 사람은 그 명예 때문에 망하고, 자기 의를 의지하는 사람은 그 의 때문에 망한다. 결국 다 망한다. 돈, 권력, 명예, 학문 등 이런 것들 위에 세운 인생은 마치 모래 위에 지은 집과 같다. 잠시 세상살이가 잘 나가고 행복한 것처럼 보여도 인생길에 바람이 불고, 질병의 창수, 사업 실패의 창수, 죽음의 창수[13]가 나면 다 무너진다. 어떤 사람도 이런 창수를 견딜 사람은 없다.

그러므로 이런 인생의 창수가 나도 흔들리지 않고 구원을 받으려면 반석 위에[14] 든든하게 집을 지어야 한다. 이 반석은 바로 그리스도다![15] 시편 62장 2절로 주님이 말씀하신다.

> 오직 그만이 나의 반석이시요 나의 구원이시요 나의 요새이시니
> 내가 크게 흔들리지 아니하리로다(시 62:2).

주님이
하십니다

반석 위에 집을 짓는다는 것은 그리스도 주님을 기초로 인생을 세우는 것을 말한다. 시몬이 예수님 앞에 나아와 "주는 그리스도요 살아계신 하나님의 아들이시니이다."고 하였을 때 주님은 시몬을 칭찬하시며 "너는 베드로라 내가 이 반석 위에 내 교회를 세우리니 음부의 권세가 이기지 못하리라."(마 16:18)고 하셨다. '예수님은 주요 그리스도' 시라는 신앙고백을 터로 삼고 그 위에 세워야 인생이 무너지지 않는다.

사람들은 기초공사를 소홀히 하는 경향이 있다. 그러나 실제로는 기초공사가 50%이다. 기초공사를 잘 하면 거의 반은 지은 것이다. 예수님을 "나의 주요 그리스도이십니다." 라고 마음으로 믿고 입으로 시인만 하여도 하나님의 자녀가 되고 구원을 받는다. 그러나 이 고백을 하기까지 평생이 걸리기도 하고, 이 고백도 못하고 죽는 사람들도 수없이 많다. 예수님은 시몬이 예수님을 고백하였을 때 그가 복이 있다고 하시면서 이를 네게 알게 하신 이는 혈육이 아니요 하늘에 계신 내 아버지라고 하셨다.

예수님이 '주요 그리스도' 시라는 고백이 구원의 고백뿐 아니라 모든 삶의 영역 속에 이루어져야 한다. 그리고 왕이신 주님의 통치를 받아야 한다. 예수를 믿으면서도 염려, 근심. 두려움, 의심. 미움. 시기, 질투, 욕심이 생기고, 신앙생활 한 지 10년이 지나고 20년이 지났어도 전도하는 것이 두렵다면 기초가 부실하다는 증거이다. 기초가 부실하면 그 위에 집을 세울 수 없다. 그러므로 우리는 신앙의 기초를 점검하고 처음부터 기초 다지기를 다시 새롭게 해야 한다. 주님은 에베소서 3장17절로 말씀하신다.

믿음으로 말미암아 그리스도께서 너희 마음에 계시게 하시옵고 너회가 사랑 가운데서 뿌리가 박히고 터가 굳어져서(엡 2:17).

우리의 고백 - 1

주님은 내 안에 계십니다.
주님은 나의 그리스도이십니다.
주님은 내 인생의 반석이십니다.
주님은 나를 통치하시는 왕이십니다.
주님이 잘하십니다.
주님이 내 안에 계시면 내 인생은 견고합니다.
"아멘." 주님께 영광!

금과 은과 보석

기초 공사가 끝나면 다음은 건물을 올리는 일을 하게 된다. 어떤 모양과 어떤 재질로 짓느냐에 따라서 건물의 가치가 드러나고 설계자와 건축자의 공력이 드러나게 된다. 어떤 건물은 세계적인 명성을 나타내기도 하고, 어떤 건물은 부실 공사라는 수치가 따르기도 한다.

영적 세계에서도 마찬가지다. 어떻게 집을 지을 것인가 하는 것이 아주 중요하다. 주님은 고린도 성도들에게 지혜로운 건축자와 같이 집을 지으라고 말씀하신다.

주님이
하십니다

만일 누구든지 금이나 은이나 보석이나 나무나 풀이나 짚으로 이
터 위에 세우면 각 사람의 공적이 나타날 터인데 그 날이 공적을 밝
히리니 이는 불로 나타내고 그 불이 각 사람의 공적이 어떠한 것을
시험할 것임이라(고전 3:12-13).

집을 지을 때 금과 은과 보석으로 짓는 사람과 나무나 풀이나 짚으
로 짓는 두 종류의 사람들이 있다.

나무나 풀이나 짚으로 짓는 것은 자기 의를 기초로 짓는 것을 의미
한다. 자기 의를 기초한 사람들의 공력은 불 시험을 견디지 못해 타버
린다. 이사야 64장 6절에서도 주님은 말씀하시기를 인간의 의는 더러운
옷[16]과 같다고 하셨다. 인간의 의는 자기 영광만 될 뿐 하나님 나라에서
는 아무런 공력이 되지 못한다.[17]

하나님 나라는 이런 인간의 의를 필요로 하지 않는다. 세상에는 불
쌍한 사람을 위해서 몇억씩 기부하는 사람도 있고, 자선 사업을 하며
열심히 봉사하는 사람도 있다. 또 어느 대기업 회장처럼 금강산을 위해
서 많은 투자를 하고, 남북한 50년 벽을 허물고 길을 여는 대 역사를 이
룬 분도 있다. 그 공력이 인정되어 묘지가 금강산에 안장되기도 하였
다. 그러나 아무리 훌륭한 일을 해도 사람의 의로 하는 일들은 하나님
나라에 공력으로 인정되지 않는다.

반면 지혜로운 건축자는 **금과 은과 보석**으로 집을 짓는다. 금은 변
치 않는 것 보석은 가장 값진 것을 상징한다. 과거 하나님이 계시는 성
전은 금과 보석으로 장식되었다. 특히 언약궤는 금으로 만들어졌다. 동
방 박사들은 왕 되신 주님께 황금을 예물로 드렸다.

금과 은과 보석으로 짓는다는 것은 곧 **주님의 것**으로 짓는 것을 의

미 한다. 주님의 사랑, 주님의 긍휼, 주님의 지혜, 주님의 능력, 주님의 것으로 지어야 불 시험을 받을 때 타지 않는다. 하나님 나라에서 공력이 인정되는 삶도 주님으로 한 것 만이다. 섬기는 일도, 기부하는 일도, 봉사도, 전도도, 기도하는 것도 주님으로 수고해야 인정받게 된다. 주님은 유다서 1장 20절로 말씀하십니다.

> 사랑하는 자들아 너희는 너희의 지극히 거룩한 믿음 위에 자신을 세우며 성령으로 기도하며(유 1:20).

베드로전서 4장 11절로 주님은 또한 그리스도인들이 어떻게 살아야 하는지를 말씀하신다.

> 만일 누가 말하려면 하나님의 말씀을 하는 것 같이 하고 누가 봉사하려면 하나님의 공급하시는 힘으로 하는 것 같이 하라 이는 범사에 예수 그리스도로 말미암아 하나님이 영광을 받으시게 하려 함이니 그에게 영광과 권능이 세세에 무궁토록 있느니라 아멘(벧전 4:11).

다른 사람처럼 하라는 것이 아니다. 누구인 척 하라는 것이 아니다. 내가 하는 것을 내려놓고 주님으로 하라는 것이다. 사람들은 자기가 하는 것을 좋아한다. 말로는 주님의 이름으로, 주님이 하신다고 하면서도 실제는 자기가 다 하려 한다. 자기 의를 드러내기를 좋아한다.[18] 주님의 일을 하면서도 스스로 영광 받기를 좋아한다. 자신의 영광을 위해서 주의 이름으로 선지자 노릇을 하고 주의 이름으로 귀신을 쫓아내고 주의

주님이
하십니다

이름으로 많은 권능을 행한다. 주님은 자기 의를 주장하는 자들에게 내가 너희를 도무지 모르니 불법을 행한 자들아 내게서 떠나가라고 하신다(마 7:22-23).[19]

비록 주님의 이름으로 하였다 할지라도, 자신이 하면 불법이다. 우리는 이런 신앙의 오류에 빠져서는 안 된다. 내가 했다는 의식이 없어질 때까지 끊임없이 자기를 부인하고, 내 안에서 주님이 하심을 인정하며, 주님으로 살아야 한다.

사실, 때로는 어디까지가 주님이 하시는 것이고 어디까지가 내가 한 것인지 혼돈될 때가 있다. 한 번은 주님께서 물으셨다. "네가 나를 위해서 한 것이 무엇이냐?" 주님을 위해서 내가 한 일들이 주마등처럼 나열되었다. 그러나 주님은 내가 주를 위해 한 것이 없다고 하셨다. 이제까지 주님을 위해서 살아왔는데 황당하기까지 하였다. 그러나 내 영으로 곧 그 의미가 무엇인지 수긍할 수 있었다. 주님보다 사실은 나 자신을 위해 더 많이 일했던 것이다.

내가 하는 일이 다 그렇다. 그러나 그 날에 주님은 정확하게 판결하실 것이다. 불심판대 앞에 서게 되면 나무나 풀이나 짚으로 하였는지 금이나 은이나 보석으로 하였는지 다 드러나게 된다. 그 판결 앞에 울던 사람이 웃고 웃던 사람이 울게 될 것이다.

공력에 대한 심판(양과 염소)

양과 염소의 비유는(마 25:31-46) 바로 우리가 어떻게 주님으로 살아야 하는가를 말해 주고 있다.

인자가 자기 영광으로 모든 천사와 함께 올 때에 자기 영광의 보좌에 앉으리니 모든 민족을 그 앞에 모으고 각각 구분하기를 목자가 양과 염소를 구분하는 것 같이 하여 양은 그 오른편에 염소는 왼편에 두리라 그 때에 임금이 그 오른편에 있는 자들에게 이르시되 내 아버지께 복받을 자들이여 나아와 창세로부터 너희를 위하여 예비된 나라를 상속받으라 내가 주릴 때에 너희가 먹을 것을 주었고 목마를 때에 마시게 하였고 나그네 되었을 때에 영접하였고 헐벗었을 때에 옷을 입혔고 병들었을 때에 돌보았고 옥에 갇혔을 때에 와서 보았느니라 이에 의인들이 대답하여 이르되 주여 우리가 어느 때에 주께서 주리신 것을 보고 음식을 대접하였으며 목마르신 것을 보고 마시게 하였나이까 어느 때에 나그네 되신 것을 보고 영접하였으며 헐벗으신 것을 보고 옷 입혔나이까 어느 때에 병드신 것이나 옥에 갇히신 것을 보고 가서 뵈었나이까 하리니 임금이 대답하여 이르시되 내가 진실로 너희에게 이르노니 너희가 여기 내 형제 중에 지극히 작은 자 하나에게 한 것이 곧 내게 한 것이니라 하시고 또 왼편에 있는 자들에게 이르시되 저주를 받은 자들아 나를 떠나 마귀와 그 사자들을 위하여 예비된 영원한 불에 들어가라 내가 주릴 때에 너희가 먹을 것을 주지 아니하였고 목마를 때에 마시게 하지 아니하였고 나그네 되었을 때에 영접하지 아니하였고 헐벗었을 때에 옷 입히지 아니하였고 병들었을 때와 옥에 갇혔을 때에 돌보지 아니하였느니라 하시니 그들도 대답하여 이르되 주여 우리가 어느 때에 주께서 주리신 것이나 목마르신 것이나 나그네 되신 것이나 헐벗으신 것이나 병드신 것이나 옥에 갇히신 것을 보고 공양하지 아니하더이까 이에 임금이 대답하여 이르시되 내가 진실로 너희에게 이르노니 이 지극히 작은 자 하나에게 하지 아니한 것이 곧 내게 하지 아니한 것이니라 하시리니 그들은 영벌에, 의인들은 영생에 들어가리라 하시니라(마 25:31-46).

주님이
하십니다

오른편에 있는 사람들은 안 했다고 하는데 주님은 했다고 하신다. 왼편에 있는 자들은 자신들은 했다고 하는데 주님은 한 것이 없다고 하신다. **오른편**에 앉은 자들의 특징은 자신이 했다는 의식이 없다. 주님이 칭찬하실 때 그 칭찬을 알아듣지를 못한다. 보통 사람이라면 이렇게 주님이 칭찬하실 때 "아 하나님이 내가 세상에서 이렇게 좋은 일을 많이 한 것을 인정하시는구나." 하고 자신의 한 일들을 떠올리게 된다. 그런데 오른편에 있는 자들은 주님을 위해서 한 일이 기억나지 않는다. 그 이유는 모든 섬기는 일들을 다 주님으로 하였기 때문이다. 자신이 했다고 생각해 본 적이 없다는 것이다. 그런데 주님은 그들의 이러한 섬김을 인정하시고 아버지께 복 받을 자들이라고 하신다. 나아와 창세로부터 너희를 위하여 예비된 나라를 상속하라고 하셨다.

반면 **왼편**에 있는 자들은 우리가 언제 안 했느냐고 한다. 그들은 소자를 섬기는 모든 일들을 자신들이 하는 입장에서 생각했다. 주님을 위해서 크고 직접적인 일은 하고자 했지만 작은 일은 무가치하게 생각하여 하지를 않았다. 그들 생각은 주님이 직접 자신들을 찾아왔더라면 했을 것이라는 것이다. 이들의 주님을 위한 행동 기준은 '자기 자신'이었다. 주님은 자기 의를 주장하며 하지 않은 이들을 영벌에 들어갈 자라고 하신다.

오른편에 있는 자들은 주님으로 신앙생활을 한 자들이고 왼편에 있는 자들은 자기가 신앙생활을 한 자들이다. 신앙생활이란 인간의 성실과 의로 하는 것이 아니다. 내 안에 주님으로 하는 것이다(빌 2:13). 자신이 하려고 하면 아무것도 할 수 없다. 봉사는 바빠서 못하고, 섬기는 일은 힘들어서 못하고, 베푸는 일은 없어서 못하고, 전도는 두려워서 못한다. 반대로 자신이 어떤 일을 잘 하게 되면, 자신이 한 일이 기억되고, 그 결과로 칭찬을 기대하게 되고, 자신의 영광이 따르게 된다. 의의 원수가 된다.

그러나 주님으로 하면 같은 일을 하더라도 피곤치 않다. 기쁨이 솟고 감사가 넘친다. 자신이 했다는 생각이 들지 않지만 하늘에서는 차곡차곡 공력이 쌓아진다. 의의 면류관이 예비된다.[20]

그러므로 우리는 사람들로 인정받고 영광 받고자 하는 마음과 철저히 싸워야 한다. 그리고 진정 하늘에서 공력이 나타나는 인생을 살기 위해 그리스도의 반석 위에 금과 은과 보석으로 집을 지어야 한다. 주님으로 살고, 주님으로 기도하고, 주님으로 전도하고, 주님으로 일하고, 주님으로 놀고, 주님으로 공부하고, 주님으로 봉사하는 것이다. 이렇게 주님의 통치를 받으며 주님으로 살면, 반석 위에 세상에서 가장 아름다운 집이 세워진다.

그러면 그리스도 반석 위에 세워지는 가장 아름다운 집, 최고의 건축물은 무엇일까? 하늘과 땅이 없어져도 사라지지 않고 천국까지 이어지는 집은 바로 주님의 몸된 교회이다.

주님은 베드로가 신앙고백을 하였을 때 너는 베드로라 내가 이 반석 위에 내 교회를 세우겠다고 하셨다. 주님은 신앙고백을 한 사람들 위에 교회를 세우시겠다는 목적을 갖고 계신다. 이 목적의식을 우리도 함께 가져야 한다. 그래야 우리가 어디에 있던 어디로 가든 주님으로 일하고, 주님으로 섬기고, 주님으로 놀고, 주님으로 먹고 마실 수 있다. 쇼핑을 해도, 등산을 해도, 운동을 해도 목적의식이 있는 곳에 주님이 교회를 세우신다. 믿지 않는 자들에게 예수님의 주 되심이 전파되어 교회가 세워지는 것이 이 땅에서 주님의 소망이시다.

주님이
하십니다

하나님이 그들로 하여금 이 비밀의 영광이 이방인 가운데 얼마나 풍성한지를 알게 하려 하심이라 이 비밀은 너희 안에 계신 그리스도시니 곧 영광의 소망이니라(골 1:27).

시간이 지난다고 교회가 세워지는 것이 아니다. 불신영혼들과 가까이에서 오래도록 산다고 영혼 구원이 되는 것이 아니다. 목적의식을 갖고 살아야 기도하게 되고, 섬기게 되고, 사랑의 수고를 하게 된다. 그럴 때 놀기만 해도 주변에 있는 영혼들이 주님께 돌아와 예수를 영접하고 주님이 거하시는 주의 몸된 교회로 세워진다. 예수를 믿어도 전도가 안 되고 영혼 구원이 안 되는 이유는 전도 자체가 어렵기 때문이 아니다. 목적 없이 살기 때문이다.

그러므로 지혜로운 건축자가 되어 아름다운 주님의 교회를 세우고자 하는 소망과 목적의식을 분명히 하자.

세상에도 금으로 돔을 장식한 건물이 있고, 금으로 된 왕관과 왕의 의자가 있고, 금으로 장식된 무덤도 있다. 그러나 주님의 금과 은과 보석으로 지어진 교회와는 비교할 수 없다. 성도들의 삶에 활력이 있고, 신앙생활은 보람이 있고, 행복하게 된다. 자연이 이웃과 이웃교회에 관심을 갖게 되고 베풀고 나눠주게 된다. 그리고 겸손히 고백한다. "주님이 하셨습니다." 우리 교회가 이런 교회가 되기를 주님은 소망하신다.

기초가 약하다면 지금부터 '주님이 하신다'는 기초신앙을 굳게 다지면 된다. 작은 일부터 목적의식을 갖고 시작하면 된다. 그러면 반드시 주님이 교회를 세우신다. 그리고 그 날에 주님이 모든 공력을 우리게 돌리실 것이다. 아멘.

우리의 고백

나는 의와 성실을 기초로 사는
어리석은 자가 아니다.

나는 나무나 풀이나 짚으로 집을 짓는 어리석은 자가 아니다.

나는 금과 은과 보석으로 집을 짓는 지혜로운 자이다.

나는 기도도 주님으로, 전도도 주님으로, 봉사도 주님으로,

공부도 주님으로, 일도 주님으로 한다.

나는 금과 은과 보석으로 세상에서

가장 아름다운 교회를 세우는 자이다.

"아멘." 주님께 영광!

주님이
하십니다

24
오른편의 비밀

이르시되 그물을 배 오른편에 던지라 그리하면 잡으리라 하시니 이에 던졌더니 물고기가 많아 그물을 들 수 없더라(요 21:6).

오른편에 비밀이 있다.
깊은 바다 속에서 왼편과 오른편은
아무런 차이가 없다. 그러나 영적으로 오른편은
주님이 통치하시는 손이고 왼편은 내 생각이다.
우리는 언제나 내 생각의 왼편과 주님이 명령하시는
오른편과 갈등을 한다. 왼편에 던질까, 오른편에 던질까?
결과의 차이는 엄청나다.
자기 생각으로 왼편에 던지면 아무것도 잡지 못하지만,
자기 생각을 내려놓고 주님의 통치를 받아
오른편에 던지면 기적이 일어난다.
창조주 예수님의 통치를 받아 엄청난 고기들이
그물로 들어오는 것은 이상한 일이 아니다.
주님의 통치는 이처럼 놀랍다.

주님은 요한복음 21장 2-11절[21]로 '오른편의 비밀'에 대해 말씀하신다. 축복과 승리의 문을 여는 열쇠가 바로 오른편에 있다. 주님은 모든 하나님의 자녀들이 오른편의 은혜를 누리라고 하신다. 아멘!

아무것도 …

예수님이 십자가에 달려 죽으신 후 낙심한 제자들은 고기 잡으러 모두 고향으로 돌아갔다. 이들이 할 수 있는 일이라고는 그것 밖에 없었다. 고기잡이는 이들의 과거 생업이었다. 예수님을 모르는 사람이나 예수님을 믿고 따르는 사람이나 먹고 살아가는 것은 중요한 현실문제이다. 어부는 고기가 잡혀야 하고 상인은 장사가 잘 되어야 한다. 그래야 기분이 좋고 살맛이 난다.

판교 분양가가 1억 5천만 원이었는데 이제는 5억 원을 불러도 안 판다는 이야기를 들었다. 시세 차액이 4억 원이나 되니 얼마나 좋겠는가? 그러기에 사람들은 투기를 하며 목 좋은 곳에 아파트 분양을 받으려고 애를 쓴다.

제자들이 오죽했으면 그물, 부친, 배까지 버리고 주님을 따른 후에 다시 그물질을 해야 했겠는가? 그 심정을 다소 이해할 수 있다. 주님이 그들 곁을 떠난 후 생계가 막막하고 걱정이 안 될 수 없었다. 문제는 믿음이 없었다는 것이다. 분명히 이들은 주님으로부터 무엇을 먹을 것인지, 무엇을 마실 것인지, 무엇을 입을 것인지 염려하지 말라는 말씀을 들었다. 아버지께서 모든 것을 다 더하여 주실 것이니 먼저 그의 나라와 의를 구하라는 말씀을 들었다. 그러나 의식주 문제는 아버지 되신 창조주 하나님이 책임져주신다는 믿음이 없었다. 제자들은 이렇게 고백을 해야 했다.

"우리 아버지가 천지를 창조하셨다!" "아멘."
"나는 창조주 하나님의 자녀이다." "아멘."

주님이
하십니다

"나는 창조주 예수님의 제자이다." "아멘."

"우리 아버지가 공중에 새를 기르신다." "아멘."

"우리 아버지가 들의 백합화를 입히신다." "아멘."

"우리 아버지가 나도 먹이시고 입히신다." "아멘."

"나는 주 안에서 아무 염려가 없다." "아멘."

"내 삶의 주인은 창조주 하나님이시다." "아멘."

"창조주 나의 하나님이 나를 책임져주신다." "아멘."

'하늘과 땅의 모든 것을 지으신 창조주 아버지께서 책임져 주신다.' 이 말보다 더 확실하고 믿을 수 있는 말씀이 어디 있는가?

신문을 보니 세상 남편들이 결혼 전에는 신부에게 약속을 한다고 한다. 결혼만 하면 무엇이든지 들어준다는 것이다. 설거지, 빨래, 청소, 등등 무엇이든지 하겠다는 것이다. 그런데 믿고 결혼해 보면 사랑한다던 애인도 약속을 안 지킨다고 한다. 그러니 믿을 것이 무엇인가? 세상에서 절대 믿을 것은 하나님 말씀밖에 없다.

그렇지만 베드로는 불안하여 그물을 메고 바다로 나갔다. 그는 바다의 베테랑이었다. 그물만 들면 항상 자신감이 넘치는 그런 사람이었다. 많이 잡을 것을 기대하고 배에 올랐지만 아무것도 잡지 못했다(요 21:3). 사람들은 스스로를 책임도지지 못하면서 이렇게 자신을 믿노라고 큰소리를 친다. 자신을 의지하여 수고한 인생의 결과는 공수래공수거(空手來空手去)라는 사실을 잘 모른다. 시편 90장 10절에서 주님은 인생의 수고한 열매가 수고와 슬픔뿐임[22]을 말씀하신다.

우리의 연수가 칠십이요 강건하면 팔십이라도 그 연수의 자랑은 수고와 슬픔뿐이요 신속히 가니 우리가 날아가나이다(시 90:10).

이것이 인생인데도 사람들은 여전히 많은 것을 얻으려고 오늘도 세상 바다에 그물을 내리며 고기를 잡으려 애를 쓴다.

비록 자기 수고와 노력으로 많은 것을 잡았다 할지라도 이 세상에서 잡은 것은 잡은 것이 아니다. 복권이 당첨되고 아파트가 당첨되었어도 당첨된 것이 아니다. 세상에서 잡은 고기는 썩고 부패하고, 세상에서 얻은 집은 낡고 헌다. 그리고 마침내는 나도 늙고, 쇠하고, 죽는다. 밤이 새도록 일하고 열심히 노력해도 기대에 못 미친다. 세상의 것이 다 그렇다. 믿고 영원히 소망할 것이 없다.

잡으려면 더 큰 것을 잡아야 한다. 겨우 50평 정도 아파트가 아니다. 대지 1,000만 평, 건평 100만 평, 금과 보석으로 된 하나님 나라 아버지 집이 당첨되어야 한다. 그것을 얻고 거기서 살아야 한다. 하나님 나라에 속한 자들은 이 땅에서 크게 얻을 것도 실망할 것도 없다.

우리의 고백 - 1

사랑의 예수님이 십자가에 달려 죽으실 때
○○○ 옛 사람 자기 자랑, 허영심은 죽었다.
자기 힘과 지혜를 의지하는 옛 사람, 땅의 것을 소망하는
옛 사람 ○○○는 예수님과 함께 십자가에 죽었다.
나는 하늘나라를 소망하며 사는 믿음의 새 사람이다.
나는 왕이신 주님으로 사는 믿음의 새 사람이다.
"아멘." 주님께 영광!

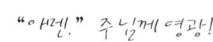

주님이
하십니다.

오른편에 던지라

날이 새어갈 때에 예수께서 바닷가에 서 계셨지만 제자들이 예수이신 줄 알지 못하였다. 주님은 이들이 밤새 고기 한 마리도 잡지 못한 것을 아셨다. 아시면서도 물으셨다. "얘들아 너희에게 고기가 있느냐?" 제자들은 일제히 대답하였다. "없나이다." 그 때 예수님이 명령하셨다.

이르시되 그물을 배 오른편에 던지라 그리하면 잡으리라(요 21:6).

"오른편에 던지라." 아주 단순한 명령이셨다. 그러나 말씀 그대로 순종하였을 때 그물이 찢어질 정도로 엄청난 고기가 잡히는 역사가 일어났다. 너무나 신기하여 한 마리 한 마리 다 세어 보니 고기가 153마리나 되었다. 그 순간 제자들의 영적인 눈이 떠지고 주님을 알아보게 되었다. 요한이 외쳤다. "주시다!" 베드로는 '주시라'는 말을 듣고 옷을 벗고 바다로 뛰어들었다. "오른편에 던지라." 오른편과 왼편은 어떤 차이가 있는가? **오른편**에 비밀이 있다. 깊은 바다 속에서 왼편 오른편은 아무런 차이가 없다. 그러나 영적으로 오른편은 **주님이 통치하시는 손**이고 왼편은 내 생각이다. 우리는 언제나 내 생각의 왼편과 주님이 명령하시는 오른편 사이에 갈등을 한다. 왼편에 던질까, 오른편에 던질까? 결과의 차이는 엄청나다. 자기 생각으로 왼편에 던지면 아무것도 잡지 못하지만 자기 생각을 내려놓고 주님의 통치를 받아 오른편에 던지면 기적이 일어난다. 창조주 예수님의 통치를 받아 엄청난 고기들이 그물로 들어오는 것은 이상한 일이 아니다. 주님의 통치는 참으로 놀랍다.

몇 년 전에 포항에 한 집사님의 간증을 듣고 은혜가 되었다. 바다에 그물을 쳤는데 그 많은 그물들 중에서 한 가운데 있던 집사님 그물에 15kg 되는 방어 떼 5,000마리와 연이어 흔치 않은 밍크 고래가 들어와 잡혔다는 것이다. 고래 한 마리가 5,000~6,000만 원 한다는데 소 열 마리 값이다. 이후에 그는 전국 각지에 다니며 전도 간증자가 되었다.

주님의 통치를 받으면 누구나 이처럼 축복과 승리의 인생을 살게 된다. 주님은 전도서 10장 2절로 주님이 말씀하신다.

> 지혜자의 마음은 오른쪽에 있고 우매자의 마음은 왼쪽에 있느니라
> (전 10:2).

오른편에 마음을 둔 사람은 지혜로운 사람이다. 왼편에 마음을 둔 사람은 자기 능력을 의지하는 어리석은 사람이다. 이 오른편에 하늘의 비밀들이 들어 있다. 오른편에 마음을 둔 사람들에게는 축복과 승리의 문들이 열린다. 보라! 하나님의 역사하시는 모든 손이 오른손이 아닌가! 아멘.

① 오른손은 여호와의 **권능**의 손이다.
하나님은 오른손으로 권능을 나타내신다. 출애굽기 15장 6절로 주님이 말씀하신다.

> 여호와여 주의 오른손이 권능으로 영광을 나타내시니이다 여호와
> 여 주의 오른손이 원수를 부수시니이다(출 15:6).

② 오른손은 하나님의 **심판**의 손이다.

주님이
하심니다

어떤 원수 대적도 이 주님의 오른손에 무너진다. 출애굽기 15장 12절로 주님이 말씀하신다.

주께서 오른손을 드신즉 땅이 그들을 삼켰나이다(출 15:12).

③ 오른손은 하나님의 **구원의** 손이다.
우리가 어떤 원수를 만나건, 위경에 빠질 때 주님은 오른손으로 우리를 구원하신다. 아멘. 시편 17장 7절로 주님 말씀하신다.

주께 피하는 자들을 그 일어나 치는 자들에게서 오른손으로 구원
하시는 주여 주의 기이한 사랑을 나타내소서(시 17:7).

④ 오른손은 **응답의** 손이다.
우리게 기도 제목이 있을 때 그 기도를 응답하시는 것이 주님의 오른손이다. 아멘. 시편 108장 6절로 주님이 말씀하신다.

주의 사랑하는 자를 건지시기 위하여 우리에게 응답하사 오른손으
로 구원하소서(시 108:6).

⑤ 주님의 오른손은 **사랑의** 손이다.
아가서 2장 6절로 주님이 말씀하신다. 아멘.

그가 왼손으로 내 머리에 베게 하고 오른손으로 나를 안는구나(아
2:6).

"주님 오른손으로 우리 자녀들, 성도들을 안아주소서." 이 사랑의 손으로 우리를 안으시면 모든 상처가 녹아져 내린다. 아멘. 고통하는 사람, 진정 위로가 필요한 사람 모두 주님이 오른팔로 안아주시면 다 풀린다.

⑥ 오른손은 하나님의 도움의 손이다.

　　이사야 41장 10절로 주님이 말씀하신다.

> 두려워 말라 내가 너와 함께 함이니라 놀라지 말라 나는 네 하나님
> 이 됨이니라 내가 너를 굳세게 하리라 참으로 너를 도와주리라 참
> 으로 나의 의로운 오른손으로 너를 붙들리라(사 41:10).

　　주의 오른편은 또한 천국에서 복 받은 자들이 서는 곳이다. 우리의 마음이 오른편에 있으면 이 모든 주님의 은혜를 누리게 된다. 오른편에 마음을 두는 것이 지혜롭고 현명한 일이다. 기도도 오른편 주님으로 하고 봉사도 오른편 주님의 공급하시는 힘으로 하는 것이다. "너는 구제할 때에 오른손의 하는 것을 왼손이 모르게 하여 네 구제함이 은밀하게 하라 은밀한 중에 보시는 너의 아버지가 갚으시리라"(마 6:3-4). 오른손이 하는 것을 왼손이 모를 리가 없다. 그러나 주님의 오른손으로 하면 나의 왼손이 모른다. 주님으로 하면 내가 한 기억이 없다. 이런 구제가 100% 하나님께 상달되는 구제이다. 주의 오른편에 마음을 두는 자는 이 세상을 살면서도 승리하고 마지막 날에는 예비된 하나님 나라를 상속받게 된다. 마태복음 25장 33절을 보면 마지막 심판 자리에서도 왼편 오른편이 나뉘어진다. 양은 그 오른편에, 염소는 왼편에 있다. 그 때에

주님이
하십니다

주님께서 말씀하신다.

> 오른편에 있는 자들에게 이르시되 내 아버지께 복 받을 자들이여
> 나아와 창세로부터 너희를 위하여 예비된 나라를 상속하라(마
> 25:34).

결국 주님의 오른편으로 산 사람들이 천국에서도 주님의 오른편에[25] 앉는다. 그러므로 이제 우리도 오른편으로 사는 자들이 되자. 사람의 지혜보다 하나님의 미련한 것이 더 지혜롭다. 사람의 능력보다 하나님의 약한 것이 더 강하다. 주님의 오른팔을 의지하면 이제까지 할 수 없었던 일을 하게 된다. 더욱 놀라운 일이 일어난다. 요한복음 21장 6절을 다시 보자.

> 가라사대 그물을 배 오른편에 던지라 그리하면 얻으리라 하신대
> 이에 던졌더니 고기가 많아 그물을 들 수 없더라(요 21:6).

우리의 고백 - 2

나는 내 머리를 의지하며 사는 옛 사람이 아니다.
나는 내 의로 구제하는 옛 사람이 아니다.
나는 내가 했다는 의식이 없어질 때까지 자기를 부인하며
주님으로 사는 새 사람이다.
나는 언제나 주님의 오른 팔을 의지하는 믿음의 사람이다.
나는 주님의 통치를 받으며 사는 지혜로운 새 사람이다.
"아멘." 주님께 영광!

25
하나님의 이분 구조

나는 빛도 짓고 어두움도 창조하며 나는 평안도 짓고 환난도 창조하나니 나는 여호와라 이 모든 일들을 행하는 자니라 하였노라(사 45:7).

인생의 행복은 누가 주는 것이며 슬픔은 누가 주는 것인가?

성공은 누가 주고 실패는 누가 주는 것인가?

소망은 누가 주는 것이며 절망은 누가 주는 것인가?

또 믿음은 어디로부터 오는 것이며 의심은 어디로부터 오는 것인가?

사도 바울은 "선을 행하기 원하는 나에게

악이 함께 있는 것이로다."라며 고민하였다.

도대체 그 선과 악이 어디로부터 오는 것인가?

선은 하나님으로부터? 악은 마귀로부터?

이 모든 것이 다 **근본 하나님께로부터** 온다.

이 사실을 이해하고 깨닫게 된다면 의문투성이인

인생의 문제들이 순식간에 풀리게 되고,

우리는 항상 기뻐하고, 범사에 감사하고,

쉬지 않고 기도하는 행복한 삶을 살 수 있게 된다.

우리는 짧은 인생을 아름답게 살기 원하고, 승리하고, 행복하게 살기를 바란다. 하나님도 자녀들이 이렇게 살기를 바라신다. 사랑하는 자녀들이 근심하고, 슬퍼하고, 힘들게 패배적인 인생을 사는 것은 하나님의 뜻이 아니다. 그런데도 우리는 때로 아프고, 힘들고, 넘어지고, 절망하는 상황에 처하게 되고, 그 때마다 하나님 앞에 의문을 품는다. "하나님이 나를 사랑하신다면 나에게 왜 이런 시련이 있을까? 왜 나는 이런 가난의 고통을 겪어야 하는가? 왜 하는 일이 잘 안 되는가?" 이런 문제가 안 풀리면 "하나님이 왜 선악과를 주셔서 인간으로 하여금 따먹고 죽게 하셨을까? 그 때문에 결국 이렇게 고생하는 것이 아닌가?"하는 원초적인 의문까지 일어나게 된다.

하나님이 우리 인생에 주신 '이분 구조'(二分構造)를 이해하지 못하면 이런 의문은 꼬리를 물고 계속 일어날 것이다. 그리고 우리가 바라는 행복과 승리의 삶은 먼발치의 꿈이 되고, 피곤하고 지친 인생, 수고하며 일하지 않으면 안 되는 무거운 인생의 길을 계속 걸어가야만 할 것이다.

인생의 행복은 누가 주는 것이며 슬픔은 누가 주는 것인가? 성공은 누가 주고 실패는 누가 주는 것인가? 소망은 누가 주는 것이며 절망은 누가 주는 것인가? 또한 믿음은 어디로부터 오는 것이며 의심은 어디로부터 오는 것인가? 사도 바울은 "선을 행하기 원하는 나에게 악이 함께 있는 것이로다"라며 고민하였다. 도대체 그 선과 악이 어디로부터 오는 것인가? 선은 하나님으로부터 악은 마귀로부터 오는 것인가? 이 모든 것이 다 근본 하나님께로부터 온다는 것이다. 이 사실을 이해하고 깨닫게 되면 의문투성이인 인생의 문제들이 순식간에 풀리게 되고, 우리는 항상 기뻐하고, 범사에 감사하고, 쉬지 않고 기도하는 행복한 삶을 살게 된다. 항상 승리자로, 항상 소망이 넘치는 자로 살게 된다.

하나님은 처음부터 우리 안에 이러한 '이분구조'를 두셨다. 하나님은 빛만 창조하지 않으셨다. 어두움도 창조하셨다. 평안도 짓고 환난도

지으셨다. 생명만 창조하지 않으시고 죽음도 창조하셨다. 축복만 주관
하시지 않는다. 저주와 화(禍)도 주관하신다. 이사야 45장 7절로 주님이
말씀하신다.

> 나는 빛도 짓고 어두움도 창조하며 나는 평안도 짓고 환난도 창조
> 하나니 나는 여호와라 이 모든 일들을 행하는 자니라 하였노라(사
> 45:7).

신명기 30장 15절로 주님이 말씀하신다.

> 보라 내가 오늘 생명과 복과 사망과 화를 네 앞에 두었나니(신
> 30:15).

하나님의 경륜

이분구조(二分構造)는 인간을 사랑하시는 하나님의 경륜이다. 왜 하
나님이 행복의 에덴동산에 선악과를 두셨는가? 왜 뱀이 들어오는 것을
허용하셨는가? 우리 생각으로는 생명나무만 두셨으면 좋았을 것이라는
생각이 든다. 또 하나님은 전능하시니 처음부터 사단의 출입을 금지시
키셨으면 타락이라는 결과가 나오지 않았을 것이며, 오늘날 사람들이
죄악으로 시달리지 않고, 또 심판에 처하지도 않았을 것이라는 생각이
든다. 그리고 저주받은 세상에서 고생하지 않아도 되었을 것이라고 생
각을 한다. 이것은 우리 자신의 생각이다. 하나님의 생각은 사람의 생

주님이
하십니다

각과 다르다. 하나님의 길은 우리 인간이 가고자 하는 길과 다르다. 그것은 자식들과 부모의 생각이 다른 것과 같다. 자녀들은 고생하며 힘들게 살지 않고 늘 좋은 것만 누리며 배부르게 살고 싶어 한다. 그러나 부모는 고생도 해 보고 굶어도 보아야 한다고 생각한다. 땀 흘려 수고하지 않고는 인생을 바르게 알 수 없기 때문이다.

배고파 보지 않고는 배부름의 의미를 알 수 없다. 노동하지 않는 사람들은 참 쉼을 모른다. 우리가 생각했던 것처럼 에덴은 일도 하지 않고, 먹고 마시며, 놀고, 쉬고, 잠자고 하는 곳이 아니다. 그 행복의 동산에서 아담은 처음부터 사명을 감당하며 일을 하였다. 세상에서 제일 행복한 사람은 노는 사람이 아니다. 물론 일만 하는 사람도 아니다. 놀기만 하고 일만 하면 둘 다 불행한 사람들이다.

〈밀레의 만종〉이란 그림은 행복한 삶이 어떤 것인가를 말해 준다. 하루 종일 열심히 일하고, 저녁 종소리를 들으며 기도하고, 처소로 돌아갈 준비를 하는 이들 속에 행복이 있다. 일하고 쉬고, 쉬고 일하는 것이 행복한 삶을 위한 이분구조의 하나이다. 열심히 일해야 하는 이유는 행복한 안식이 있기 때문이다. 노동자는 단잠을 자지만 일하지 않는 부자는 단잠을 자지 못한다. 호화 주택을 짓고 정원을 짓고, 꽃을 가꾸고, 100만 원대 고급 돌침대 위에서 잠을 자지만 노동자처럼 달지는 못하다. 잠 오지 않는 사람에게 잠을 제대로 잘 수 있는 것처럼 행복은 없다. 늘 배부르게 고급 음식을 먹는 사람들은 음식의 참맛을 알지 못한다. 눈물의 빵 맛을 알 수 없다.

어린 시절 배고플 때는 맛있는 것도 많았다. 옥수수 빵도 맛있었고, 김도 맛있었고, 고등어와 오징어도 맛있었다. 그러나 지금은 그 때만큼 맛있는 것이 없다. 하나님께서 우리에게 고난의 길을 걷게 하시고, 가난을 겪게 하시고, 아파도 보게 하시는 데는 다 이유가 있다. 사랑하는 자녀들이 가난을 겪고, 고생하고, 근심하며 살게 하는 것은 하나님의 본심(애 3:32-33)이 아니다. 근심을 허락하시는 이유는 풍부한 자비대로 긍휼을 베푸시기 위함이다. 주님은 예레미야 29장 11절로 말씀하신다.

> 여호와의 말씀이니라 너희를 향한 나의 생각을 내가 아나니 평안 이요 재앙이 아니니라 너희에게 미래와 희망을 주는 것이니라(렘 29:11).

신명기 8장 2절에서도 주님은 왜 하나님이 이스라엘을 연단하시며 광야의 험난한 길을 걷게 하셨는가? 그 이유를 말씀하신다.

> 네 하나님 여호와께서 이 사십 년 동안에 너로 광야 길을 걷게 하신 것을 기억하라 이는 너를 낮추시며 너를 시험하사 네 마음이 어떠한지 그 명령을 지키는지 지키지 않는지 알려 하심이라(신 8:2).

낮추시고 시험하여 하나님의 말씀을 잘 지키는 사람이 되도록 하시기 위함이셨다. 하나님은 낮추시기도 하시고 높이시기도 하시는 분이시다. 사람은 낮아져 보지 않으면 높음을 감당하지 못한다. 교만으로 치닫게 된다. 가난에 처해 보지 않으면, 부요를 감당하지 못하여, 다른 사람을 무시하며 멸시한다. 가난을 겪으며 자수성가한 사람들이 부자가 되어도 함부로 살지 않는다. 아파 보지 않으면 건강을 소홀히 여기다 몸을 상한 후에야 건강의 소중함을 아는 사람들이 많다.

나는 이가 좋지 않다. 그래서 이가 옥수수처럼 박혀 있는 사람을 보

주님이
하십니다

면 부럽다. 이가 좋은 것도 정말 감사할 제목이다. 사람은 좋은 것만 있으면 하나님께 감사할 줄 모른다. 하나님은 자녀들에게 넘치도록 풍성하게 주기를 바라시는데 사람들은 감사할 줄 모른다. 함부로 쓰고 남을 무시하고 하나님마저도 잊어버리고 산다.

하나님이 이스라엘을 출애굽 시키신 이유가 무엇이겠는가? 바로 밑에서 신음하며 고통하는 백성들을 구원하여 하나님의 아들의 나라로 옮겨서 하나님은 이들의 하나님이 되시고, 이들은 하나님의 백성이 되어 젖과 꿀이 흐르는 가나안 땅에서 행복한 삶을 살도록 하는 것이다. 그러나 하나님은 이러한 소망 중에 이스라엘을 인도하시면서도 하나님을 잊을까[24] 염려하셨다.

하나님이 하시면 부자가 되는 것은 시간문제다. 하나님은 건축하지 않은 크고 아름다운 성과 채우지 아니한 아름다운 물건이 가득한 집을 얻게 하시고, 파지 아니한 우물을 얻게 하시며, 심지 아니한 포도원과 감람나무를 얻게 하여 배불리 먹게 하시겠다고 하신다. 문제는 그 하나님을 잊지 말라는 것이다. 그래서 하나님은 사랑하는 백성들을 고난의 광야 길[25]로 인도하지 않을 수가 없으셨다. 참 부자가 되게 하시기 위해서 가난의 길을 내시고, 성공의 길로 인도하기 위해서 실패의 길을 여시며, 건강의 길로 인도하시기 위해서 질병의 길을 통과하게 하신다. 사람의 입장에선 아프고 힘든 일이겠지만 하나님 편에서는 모두가 사랑이며 선이다.

왜 하나님이 에덴동산에 '선' 뿐 아니라 '악'을 알게 하는 나무를 두셨는가? 악을 모르고는 선을 알 길이 없기 때문이다. 왜 하나님은 생명만을 허락하지 않고 죽음도 허락하셨을까? 죽음을 알지 않고는 도저히 생명의 존귀함을 알 수 없기 때문이다. 왜 인간에게 죄를 허락하시고 심판이란 가혹한 벌을 허락하셨을까? 죄를 모르고는 용서를 알 수 없고, 심판을 모르고는 하나님의 구원을 알 길이 없기 때문이다. 지옥이 없으면 천국을 어찌 사모하겠는가? 지옥이 없다고 하면 천국에 가는 것을 포기할 사람들이 많을 것이다. 왜 사단 마귀를 심판하지 않고 그 활동을 허용하시면서 사랑하는 자녀들을 괴롭히도록 내버려 두시는가?

사단은 사람에게 나쁜 존재이지만 그 또한 하나님이 부리는 종이다. 마지막에는 심판을 받게 되지만 하나님은 당신의 사랑하는 자녀들을 연단하는 막대기로 사용하신다. 욥에게도 사단의 시험을 허용하셨고 연단 후에 정금처럼 나오게 하셨다. 탕자가 허랑방탕할 것을 아시면서도 아버지는 그가 집을 나가는 것을 허락하였다. 집을 나가 허랑방탕해 본 후에 아버지의 사랑이 얼마나 크고 아버지 집이 얼마나 풍족한가를 깨달을 수 있었다. 그렇다고 우리가 하나님의 사랑을 알기 위해서 죄를 짓고 악을 선하다고 할 수 없다. 주님은 바울로 로마서 6장 2-3절로 말씀하신다.

> 그럴 수 없느니라 죄에 대하여 죽은 우리가 어찌 그 가운데 더 살리요 무릇 그리스도 예수와 합하여 세례(침례)를 받은 우리는 그의 죽으심과 합하여 세례(침례) 받은 줄을 알지 못하느냐(롬 6:2-3).

하나님이 죄를 허용하시고 사단을 허용하셨다 할지라도 그 자체가 선한 것은 아니다. 결코 어둠은 좋은 것이 아니다. 죄는 고의로 지어서는 안 된다. 생명을 체험하기 위해서 "너도 죽어보라."고 살인하면 안 된다.

주님이
하십니다

하나님의 사랑

하나님이 이분구조를 허락하시는 것은 우리를 향한 하나님의 사랑 때문이다. 우리는 늘 우리 안에 있는 악을 보면서 선을 지향해야 하고, 죽음을 보면서 생명을 소중히 여겨야 하고, 심판을 보면서 하나님의 구원과 천국을 소망하며 살아야 한다. 우리가 그의 죽으심과 합하여 세례(침례)를 받음으로 그와 함께 장사된 것은 아버지의 영광으로 말미암아 그리스도를 죽은 자 가운데서 살리심과 같이 우리로 또한 새 생명 가운데서 행하게 하려 함이시다. 아멘.

악과 어둠, 사단의 존재는 이 땅에 살아가는 하나님의 자녀들이 언제나 긴장을 놓지 않고 깨어서 기도하며 하나님의 나라를 구하도록 하는 하나님 사랑의 또 다른 방편이다.

어부들이 먼 바다에서 고기잡이를 할 때에 일부러 먹지 못하는 메기를 물통에 몇 마리 넣어 간다고 한다. 왜냐하면 대부분 넓은 대양을 마음껏 헤엄치다가 잡힌 물고기들은 좁은 물통에 갇히게 되면 "이제는 죽었구나."하는 체념으로 맥이 빠지고 눈이 충혈되어 곧 죽어 가는 시늉을 하기 때문이다. 이윽고 부두에 와서 상인들에게 고기를 팔 때에는 상품의 가치가 없어지게 된다. 이를 방지하기 위하여 메기를 그 통에 넣게 되면 그 메기가 휘젓고 다니게 되며, 고기들은 그 공격을 피하기 위해 눈망울을 크게 뜨고 싱싱하게 살아 있을 수밖에 없다는 것이다. 그래서 당연히 상품의 가치는 올라간다는 것이다.

우리는 살아가면서 나에게 필요 없는 것이 내 주변에 존재한다고 생각할 때가 종종 있다. 그러나 하나님 편에서는 무익한 것이 하나도 없다.

정원사가 때때로 정원을 손질하다 보면 잡초를 발견하고 "저 잡초만 없다면 일이 더 쉬울 텐데 하나님은 왜 잡초를 만드셨을까?"라고 생각했다. 그 때 하나님은 웃으시면서 이렇게 말씀하셨다. "잡초가 있기에 흙이 견고하게 붙어 있고, 잡초가 있기에 경쟁하듯 양분을 흡수하여 나무가 강해지고, 잡초가 죽어 비료의 역할을 하기 때문에 아름다운 꽃을 피우는 것이란다. 그러기에 정원의 아름다운 꽃을 볼 때 그 아름다움만 즐기지 말고 밑에 있는 잡초들이 꽃의 성장에 지대한 도움을 주었다는 사실을 기억하는 지혜가 필요하다."

하나님의 이분구조를 이해하면 우리는 하나님의 사랑과 합력하여 선을 이루시는 하나님[26]을 체험하게 될 것이며 항상 감사하며 풍요롭게 사는 자가 될 것이다. 늘 성공자가 될 것이다.

이제 이해가 된다. 제자들이 예수님께 "왜 쓸모없는 가라지를 뽑지 않으십니까?"하고 질문을 할 때 "심판 때까지 놔두라"고 하셨는가를 말이다. 곡식을 위해서이다. 또 왜 하나님이 지킬 수도 없는 율법을 우리에게 주셔서 고생하게 하고 죄인이 되게 하셨는지 이해가 된다. 그 율법 때문에 우리는 하나님 앞에 죄인임을[27] 알게 되고 하나님의 은혜가 무엇인가를 깨닫게 되는 것이다. 그러므로 율법도 선한 것[28]임을 인정해야 한다. 우리가 이제는 율법적인 신앙생활을 하지 않고자 하지만 과거의 율법이 우리를 얼마나 유익하게 하였는가를 감사해야 한다. 이 율법이 있으므로 은혜의 깊은 세계로 들어갈 수 있게 되는 것이다.

모든 것이 하나님의 사랑이며 주권이다. 참새 한 마리도 하나님의 허락 없이는 땅에 떨어지지 않는다. 하나님의 허락 없이는 해가 뜨지 않고 하나님의 허락 없이는 밤이 오지 않는다. 하나님의 허락 없이는 바람도 풍랑도 불 수 없고 비도 올 수 없다. 땅이 있을 동안에는 심음과 거둠과 추위와 더위와 여름과 겨울과 낮과 밤이 쉬지 않는 것이 하나님의 뜻이다(창 8:22). 주님은 전도서 7장 14절로 말씀하신다.

> 형통한 날에는 기뻐하고 곤고한 날에는 되돌아 보아라 이 두 가지
> 를 하나님이 병행하게 하사 사람이 그 장래 일을 능히 헤아려 알지
> 못하게 하셨느니라(전 7:14).

하나님은 인생의 사는 날 동안에 **형통한 날과 곤고한 날**을 병행하
게 하신다. 그것은 하나님의 명령이며 우리는 그 뜻을 거역할 수 없다.
행복만 바라고, 부요만 바라고, 성공만 바라고, 일류만 바라고, 칭찬만
듣기 바라는 사람에게는 문제가 그치질 않는다. 끝없는 추락만 있을 뿐
이다. 음식도 좋은 것만 먹으면 영양실조에 걸리고 만다.

하나님은 이스라엘의 지도자로 삼기 위해서 모세를 40년 동안 광야
훈련을 하셨다. 온 이스라엘을 구원하시기 위해 꿈꾸는 요셉을 착고에
상하게 하셨다.[29] 베드로를 성령의 이끌림을 받는 참 목자가 되게 하시
기 위해서 계집종 앞에서도 주님을 부인하는 연약한 자가 되게 하셨다.
다 하나님이 하신 것이다. 그러한 훈련과 연단과 낮아짐과 자기 죽음을
통해서 주님의 길을 가도록 하신 것이다.

이분구조의 가장 큰 하나님의 경륜은 하나님을 사랑하는 백성을 일
으켜서 **사랑의 나라**를 이루는 것이다. 그런데 하나님의 사랑을 알 길이
없다. 하나님은 깊고 오묘한 경륜 속에 이 지구 땅에 에덴동산을 지으
셨고, 그곳에 선악을 알게 하는 나무를 두어 사단의 침입까지 허용하셨
고, 인간의 타락을 지켜보셨고, 사랑하는 아들 예수님을 십자가에 버리
는 아픔까지 감당하셨다.

하나님께는 조금도 어둠이 없지만 어둠을 만드셨다. 하나님께는 죄

가 조금도 없지만 죄를 허용하셨다. 하나님께서는 절망이 없지만 인간에게 소망을 주시기 위해서 절망을 허용하셨다. 구원과 부활을 위해서 죽음을 허용하셨다. 그러므로 이분구조 속에서 그리스도의 죽음은 하나님의 최고의 선물이며 은혜이다. 우리 안에는 여전히 옛 사람이라는 나쁜 구조가 들어 있다. 주님 오시는 날까지 이 옛 사람의 터를 벗어날 수 없다. 그러나 솟아나는 옛 사람을 죽이면서 새 사람으로 살도록 하나님은 우리에게 그날까지 그것을 허용하고 계신다. 이분구조를 허락하신 하나님의 사랑의 경륜을 생각할 때 감사하지 않을 수 없다.

이제 우리에게는 모든 것이 감사 제목이다. 모든 것이 행복의 조건이다. 모든 것이 승리의 길이다. 모든 것이 하나님의 사랑이다. 절망은 소망을 가지라고, 가난은 부자가 되라고, 실패는 성공하라고 주신 것이다. 그러므로 불신하지 말자. 그 때마다 감사하며 줄기차게 새 사람의 사랑의 나라로 나아가자. 주 안에 있는 우리에게는 나쁜 것이 아무것도 없다. 우리 안에 착한 일을 시작하신 이가 그리스도 예수의 날까지 이루신다(빌 1:6). 주님이 하신다. 아멘.

주님께 영광!

주님이
하십니다

부록
주님으로 사는 방법

주님으로 살아야 한다고 하니 누군가가 묻는다. "어떻게 하는 것이 주님으로 사는 것입니까?" 주님으로 산다는 것은 내 삶의 주체가 내가 아닌 주님이 되도록 하는 것이다. 즉 내가 죽고 주님이 사시고, 내가 하려는 일을 내려놓고 주님이 하시도록 하는 삶이다.

어느 날 한 형제가 내게 와서 이런 고백을 했다.

"목사님, 주님이 하신다고 하니 내가 하는 일은 무엇인지 혼돈이 되려 하네요."

주님이 하신다고 해서 내가 하는 모든 일을 내버려둔다는 것이 아니다. 나는 이 형제에게 차분히 바다에서 수영하는 비유를 들려주었다.

어떤 사람도 처음부터 수영을 잘 하는 사람은 없다. 아무리 손을 내젓고 애를 써도 물 속으로 빠져 들어간다. 수영 강사가 물에다 자신을 맡기라는 말에 맡겨 보지만 역시 또 물속으로 쏙 가라앉아 버린다. 애를 써도 안 되고 맡겨도 안 된다.

우리의 초보적 신앙도 이와 같다. 어떤 사람은 하나님은 사람을 통해 일하신다면서 자신이 다 하고, 어떤 사람은 주님이 하신다고 하면서 손을 놓고 무책임한 생활을 한다. 둘 다 옳지 않다.

수영하는 단계에 이르게 되면 사람들은 어느 순간 물에 자신을 자연히 맡기면서 동시에 손을 내젓게 된다. 그 때 신기하게 몸이 뜨고 몸이 앞으로 나가는 경험을 하게 된다.

주님으로 산다는 신앙은 너희 안에 행하시는 이는 하나님이시라(For it is God who works in you; Phi 2:13)는 근본 믿음 안에서 살아가는 신앙이다. 바다가 없으면 수영이라는 것이 성립이 될 수 없듯이 주님이 하시지 않으면 우리 신앙생활은 성립되지 않는다.

'주님으로(by the Lord) 산다'는 문장은 문법적으로 '나' 자신이 주어이지만 내용상의 주어는 보이지 않는 '주님'이시다. 주님의 도움을 받아 내가 주체가 되어 하는 신앙이 아니라 내 안에 주님이 주체가 되어 살아가는 신앙이다. 보이는 신앙의 주체는 분명히 나 자신이다. 그러나 실제는 주님이 나를 통해 일하시는 것이다. 주님이 나의 신앙생활의 주체이시다. '주(The lord)'가 되신다.

수영이 성립되기 위해서는 바다도 중요하고, 손을 움직여 나아가는 나도 중요하듯이 신앙에 있어서도 주님이 하셔야 하고 또한 나도 중요하다. 그러나 언제나 '주님'이 강조되어야 하며 모든 일의 주체가 주님이 되셔야 한다. 그리고 나는 수고했어도 'Nothing'이 되어야 한다. 그래야 나의 삶 속에 주님만이 드러나고 주님만이 영광을 받으시게 된다. 아멘.

그렇지 않고 주님보다 내가 강조되면 내가 신앙의 주체가 되기 쉽다. 그렇게 되면 결국 내가 주인이 되어 주님의 능력과 도움을 받아 일하는 신앙체질이 된다. 그 위험성은 자신의 의가 드러나고 자신이 영광

주님이
하십니다

을 받게 된다는 것이다.

우리가 어떻게 살든 모두 다 주님이 하신 것은 사실이다. 그러나 내가 주인이 되는가? 아니면 내 안에 주님이 주인이 되시는가? 이것의 아주 미묘한 차이를 명확하게 구분할 수 있어야 주님으로 사는 삶을 살게 된다.

과거 베드로는 주님을 따르면서 큰 소리를 쳤다. 죽는 데까지 따라갈 것이며 다른 사람들이 다 버려도 자신은 주님을 버리지 않겠다고 하였다. 그러나 그런 그가 두려움 때문에 계집 종 앞에서 세 번이나 주님을 부인하였고 제일 먼저 고기를 잡으러 떠났다. 그리고 나머지 제자들 역시 모두 십자가 앞에서 주님을 부인하고야 말았다.

주님은 갈릴리 바닷가에서 이런 제자들을 다시 만나셨고, 베드로와 사랑의 관계성을 맺으신 후 아주 중요한 예언적인 말씀을 하셨다.

> 내가 진실로 진실로 네게 이르노니 젊어서는 스스로 띠 띠고 원하는 곳으로 다녔거니와 늙어서는 네 팔을 벌리리니 남이 네게 띠 띠우고 원하지 아니하는 곳으로 데려가리라(요 21:18).

젊어서는 스스로 띠 띠고 원하는 삶을 살았지만 늙어서는 남이 네게 띠를 띠고 원치 않는 곳으로 가게 될 것이라는 것이다. 이 말씀을 하시는 것은 베드로가 어떠한 죽음으로 하나님께 영광을 돌릴 것을 말씀하신 것이지만 또 다른 영적 깊은 의미를 전해 주고 있다. 베드로의 자기 중심의 신앙이 타인 중심의 신앙으로 바뀌게 된다는 것이다. 젊은 시절의 신앙 즉 자신이 주인이 되었던 어린 신앙에서 늙어서의 신앙 즉 주님이 신앙의 주인이 되는 성숙한 신앙으로 전환된다는 것이다. 앞으로 베드로는 주님(성령)의 이끌림을 받으며 주님으로 살게 된다. 그 후 베드로는 실제로 그렇게 살았고 주님을 위해 거꾸로 십자가에 달려 죽을 정도로 충성된 종이 되었다.

우리 신앙은 이렇게 자신에게서 주님에게로 넘어가야 한다. 그래야 끝까지 충성된 자가 될 수 있다. 이렇게 주님으로 사는 삶을 살려면 다음 세 가지를 유의해야 한다.

첫째, 범사에 주를 인정하는 삶

잠언서 3장 6절에서 주님은 말씀하신다.

> 너는 범사에 그를 인정하라 그리하면 네 길을 지도하시리라(잠 3:6).

주님으로 살기 위해서는 범사에 주를 인정해야 한다. 이는 언제나 주님이 내 안에 사신다는 것(갈 2:20), 나의 삶 속에 주님이 함께하시며 내 안에서 행하신다는 것(빌 2:13), 나의 앉고 일어섬을 아시며 관여하신다는 것(욥 23:10), 주님이 나의 주시요 나의 통치자시라(마 16:16)는 것을 인정하는 것이다. 기쁠 때나 슬플 때나, 건강할 때나 아플 때나, 형편이 좋을 때나 나쁠 때나, 풍족할 때나 궁핍할 때나, 성공했을 때나 실패했을 때나 언제나 "주님이 하십니다. 주님이 잘 하셨습니다."하고 인정할 수 있어야 한다. 그리고 어떤 상황과 형편에서든지 감사하며 주님께 영광 돌릴 수 있어야 한다(살전 5:18).

어떤 사람은 일이 순적하게 풀리면 기쁘고 즐거운 음성으로 "주님이 하셨습니다."라고 고백하며 영광을 돌린다. 그러나 기대하던 일이 이루

주님이
하십니다

어지지 않고 자녀에게 좋은 일이 생기지 않은 것을 볼 때는 "주님이 오늘은 안 하셨다."고 한다. 그리고 "주님이 하신다."는 말이 입에서 떨어지지 않는다 50%를 인정하는 것은 근본적으로 주님을 인정하는 것이 아니다. 나의 형편에 따라 인정하기도 하고 인정하지 않기도 하는 것이다. 이는 주님으로 사는 삶이 아니다. 그런 삶의 주인은 우리 자신이다. 좋은 형편, 부요한 때, 성공을 이룰 때 감사를 하고 하나님께 영광 돌리는 것은 누구나 다 잘 할 수 있다. 주님은 마태복음 5장 46-47절에서 "너희가 너희를 사랑하는 자를 사랑하면 무슨 상이 있으리요. 세리도 이같이 아니하느냐 또 너희가 너희 형제에게만 문안하면 남보다 더 하는 것이 무엇이냐 이방인들도 이같이 아니하느냐." 하셨다. 마찬가지다. 감사하고 영광 돌리는 것도 형편이 좋고 자신에게 유익이 될 때만 한다면 특별히 다를 것이 없다.

주님으로 사는 사람들은 차원이 다르다. 실패하였어도 "주님이 하셨습니다." "주님이 하시면 다 잘 된 것입니다." 힘들고 어려워도 "주안에는 실패가 없습니다. 나는 이미 주님으로 승리하였습니다. 주님께 영광!" 이렇게 고백한다.

어느 날 주님이 욥을 칭찬하셨다. 욥처럼 의롭고 순전하고 정직한 사람이 없다는 것이다. 그 때 사단이 주님 앞에 나아와 욥을 고소했다. 주께서 그를 축복하였기 때문이니 그의 소유물을 한번 쳐 보라고 하였다. 그러면 정녕 대면하여 주를 욕할 것이라고 하였다. 주님은 그의 생명은 손대지 못하게 하시고 시험해 보도록 하셨다. 처음에 욥은 입술로 범죄하지 않았다. 오히려 "주신 이도 여호와시요 거두신 이도 여호와시오니 여호와의 이름이 찬송을 받으실지니이다"라고 하였다(욥 1:21). 그러나 3장으로 가면 그가 생일을 저주하며 번뇌하기 시작한다. 하나님께

대하여 의문을 품으며 자기 의를 주장하기 시작한 것이다(욥 3:1-31:40).

과연 나라면 재물을 다 빼앗고, 형제와 자녀의 생명을 취하고, 건강을 취하셨어도 "주님이 하셨습니다." 할 수 있는가? 할 수 있어야 한다. 그렇게 하는 것이 주님을 인정하는 것이며 주님으로 사는 삶이다.

물론 우리가 잘못하고서 그 모든 결과를 주님께 덮어씌운다는 의미는 아니다. 우리가 잘못하고, 실수하고, 그르쳤어도 우리의 허물을 감당하시고 책임져 주시는 분이 주님이심을 인정하는 것이다. 어린 아이들은 배가 고프면 "엄마"를 부른다. 똥을 쌌어도 "엄마" 하고 부른다. 그러면 엄마는 언제나 달려가서 문제를 해결해 준다. "주님이 하십니다." 하는 것은 그런 의미다. 주님을 매사에 신뢰하고 인정하는 것이다. 그러면 주님이 일하기 시작하신다. 합력하여 선을 이루신다. 잠언서 3장 6절을 보면 범사에 그를 인정하라고 한다. 그리고 그 다음에 주님이 약속하신다.

그리하면 네 길을 지도하시리라(잠 3:6).

이렇게 주님을 범사에 인정하는 것이 주님이 내 안에서 사시며 주님으로 사는 길이다.

둘째, 옛 사람을 죽이고 새 사람으로 사는 삶

너희는 유혹의 욕심을 따라 썩어져 가는 구습을 따르는 옛 사람을 벗어 버리고 오직 너희의 심령이 새롭게 되어 하나님을 따라 의와 진리의 거룩함으로 지으심을 받은 새 사람을 입으라(엡 4:22-24).

"주님이 하십니다." "주님이 하십시오." 날마다 입술로 이렇게 고백한다고 해서 다 되는 것은 아니다. 주님이 하시려면 주님을 범사에 인정할 뿐 아니라 주님이 하실 수 있는 영적 환경이 이루어져야 한다.

믿음은 기본이다. 믿음이 있어도 거룩한 사람으로서 깨끗한 그릇이 되지 않으면 안 된다. 미움, 음란, 혈기, 교만, 무정함, 비판, 정죄, 감사치 않음… 등등. 이런 옛 사람은 더러운 그릇이다. 내가 이런 더러운 그릇이라면 주님을 인정하며 불러도 주님은 역사하실 수 없다. 물론 떼를 쓰고 달라고 고집을 부리면 주실 수도 있다. 그것은 주님의 본 마음이 아니다. 주라는 것만 주셨을 뿐 구하는 자에게 진정 필요한 것을 위해서는 주체적으로 행사하지 않으신다. 그러므로 주님으로 살려면 우리 심령의 그릇을 준비해야 한다. 로마서 12장 2절로 주님은 말씀하신다.

> 너희는 이 세대를 본받지 말고 오직 마음을 새롭게 함으로 변화를 받아 하나님의 선하시고 기뻐하시고 온전하신 뜻이 무엇인지 분별하도록 하라(롬 12:2).

옛 사람을 죽이고 새 사람으로 변화되라는 것이다. 긍휼의 사람, 용서의 사람, 사랑의 사람, 감사하는 사람, 순종의 사람. 이렇게 깨끗한 새 사람으로 준비되는 것이다(딤후 2:21). 무엇보다 사랑 안에 뿌리가 박히고 터가 굳어져야 한다(엡 3:19). 사랑은 모든 율법의 완성이다. 우리가 사모해야 할 최고의 은사이다. 이를 위해 우리는 먼저 사랑으로 하지 않는 모든 말이나 행동의 옛 사람을 죽이고 새 사람을 고백해야 한다. 그리고 행동으로 그렇게 순종해야 한다. 이렇듯 우리가 주님이 인정하시는 새 사람으로 변화되고 준비되면 주님의 역사가 우리 삶 밖으로 나타나기 시작한다.

부모가 아무리 자식을 사랑해도 어린 자식과 큰 일을 할 수 없다. 또 사람이 먼저 되지 않으면 좋은 일을 맡길 수 없다.

주님이 하시는 일도 마찬가지이다. 우리가 주님께 하시라고 한다고 해서 하시는 분도 아니고 달라고 해서 주시는 것은 아니다. 주님은 우리가 구하기 전에 구할 것을 아시고 시행하시는 분이시다(마 6:8). 평소 주님의 마음에 합한 새 사람으로 사는 것이 중요하다. 그러면 주님이 하신다. 새 사람으로 사는 것이 주님으로 사는 삶의 두 번째 길이다. 아멘.

셋째, 행동으로 순종하는 삶

주님이 하실 때는 언제나 우리 안에 소원을 두고 행하신다.

> 너희 안에서 행하시는 이는 하나님이시니 자기의 기쁘신 뜻을 위하여 너희에게 소원을 두고 행하게 하시나니(빌 2:13).

주님이 용서하라고 하시면 용서해야 한다. 그래야 나도 용서를 받는다. 주님이 주라고 하시면 줘야 한다. 그래야 후히 되어 누르고 흔들어 넘치도록 부어주시는 주님의 역사를 체험할 수 있다(눅 6:38). 주님이 가라고 하시면 속히 가야 한다. 그래야 나와 함께 동행하며 일하시는 주님의 신기한 일을 체험할 수 있다. 그 일이 우리 생각과 맞던 맞지 않던 우리는 순종해야 한다.

하나님은 여호수아가 이끄는 이스라엘이 가나안 정벌을 앞두고 요단 강 앞에 섰을 때 제사장을 앞세우고 전진하도록 하셨다. 믿음으로 순종하였을 때 요단이 갈라졌다(수 3:8-16). 주님은 제자들에게 동네에

주님이
하십니다

가서 남의 나귀 새끼 매어 있는 것을 보거든 끌어오라고 하셨다. 누가 뭐라면 "주가 쓰시겠다." 하라고 하셨다. 도저히 이해가 안 되는 일이었다. 그러나 순종했을 때 그대로 되었다(마 21:3,6). 빌립 집사는 사마리아에서 선교하는 중에 예루살렘에서 가사로 내려가는 길(광야)까지 가라는 음성을 들었다. 가야 할 이유가 없고 또 그럴 형편이 아니었지만 순종하였을 때 이디오피아 여왕 간다게의 내시를 만나 복음을 전할 수 있었다(행 8:26-40). 믿고 순종하여 행하는 자들마다 주님이 하시는 일을 보았다. 이렇게 순종하여 주님으로 살면 주님이 하시는 일을 보게 된다.

'주님으로 산다'는 것은 곧 주님이 내 신앙의 주체가 되시고 나는 주님과 보조를 맞춰 나아가는 것이다(Since we live by the Spirit, let us keep in step with the Spirit; Gal 5:25). 겉으로는 내가 주체가 되어 주님의 도움을 받는 삶과 똑같은 것 같지만 실제로는 엄청난 차이가 있다. 전자는 주님이 주인이시고 후자는 우리 자신이 주인이다.

주님이 세운 교회들이 타락하고 주를 고백한 성도들이 타락하게 된 결정적인 실수는 다른 데 있지 않다. 성령(주님)으로 시작하였다가 육체(자기)로 마치기 때문이다(갈 3:3). 다시 말하면 주님으로 살지 않기 때문이다. 나라는 존재는 세상에 비해 너무나 약하다. 거대한 파도에 비해 조각배와 같고 이리들이 들끓는 곳에 있는 어린 양과 같다. 그러나 나를 주님께 맡기고 주님 안에 거하면 주님이 나로 사신다. 그러면 바른 신앙과 바른 교회를 세워갈 수 있다. 라오디게아 교회를 통해 주시는 마지막 권면의 말씀을 들어보자.

> 볼지어다 내가 문 밖에 서서 두드리노니 누구든지 내 음성을 듣고
> 문을 열면 내가 그에게로 들어가 그로 더불어 먹고 그는 나와 더불

어 먹으리라(계 3:20).

　　주님이 내 안에 들어오셔서 사시겠다고 하신다. 문을 여는 것이 우리가 할 수 있는 최선의 길이다. 주님이 들어오시도록 우리의 자유의지가 문을 열어야 한다. 문을 열면 그 다음에는 주님이 하신다. 주님이 하시면 다 잘되게 되어 있다. 주님으로 살면 우리는 처음 사랑과 열정을 회복할 수 있다. 변함없이 하나님을 사랑할 수 있고 이웃을 내 몸과 같이 사랑할 수 있다. 아멘. 부요 형통을 누릴 수 있다. 아멘. 세상 음란과 탐욕의 죄를 이길 수 있다. 아멘. 능력으로도 말씀을 지키며 승리하는 삶을 살 수 있다. 아멘. 칭찬받는 교회가 될 수 있다. 아멘. 우리는 이기는 자가 되고 최후에 생명의 면류관을 쓰는 자가 될 수 있다. 아멘. 주님께 영광!

주님이
하십니다

글을 마치며

수많은 지식들…… 머리에 아는 말씀은 많은데 상황을 바꾸며 변화시킬 생명의 말씀이 없다. 사랑의 지식은 많은데 병든 영혼들을 살려내지 못한다. 기도의 지식은 많은데 하늘 보좌를 움직이지 못한다. 날마다 "말씀대로 살라"고 성도들에게 외치지만 자신도 자기 몸의 일부인 아내조차 사랑하지 못한다. 말을 많이 할수록 위선자가 될 뿐이다. 안다 하니 죄가 더할 뿐이다.

하나님의 말씀은 지식이 아닌 생명이다. 생명이 없는 지식은 사람을 살리지 못한다. "그 안에 생명이 있었으니 이 생명은 사람들의 빛이라"(요 1:4). 이 생명이 우리 안에 계신다. 이 생명의 말씀으로 돌아와야 하고 내 안에 이 생명의 말씀이신 주님이 실체가 되셔야 한다. 그래야 변화가 일어나고 풍요로운 삶이 시작된다. 주님은 먼 곳에 계시지 않는다. 내 안에서 나를 통치하시기를 원하신다. "유대인의 왕으로 나신 이가 어디 계시뇨?" 그 분은 지금까지 내 안에 계신다. 나를 떠난 적이 없으시다.

이제는 방황을 끝내자. 무거운 신앙생활에서 자유하자. 피곤하고 지친 목회를 접자. 위선과 형식의 옷을 벗자. 내 안에서 주님을 만나자. 그리고 나부터 생명의 실체를 체험하고, 나부터 자유를 누리고, 나부터 해방을 누리자. 나부터 행복한 목회자가 되자. 나부터 항상 기뻐하고, 나부터 범사에 감사하고, 나부터 쉬지 않고 기도하는 자가 되자. 아버지의 뜻대로 살자. 내 안에 주님이 사시면 된다. 내 안의 주님이 하시면 된다.

축복받은 내 영혼아, 이제 내 안에 주님이 사시게 하자. 그분은 처음부터 내 안에 착한 일을 시작하신 이시며 그리스도의 오시는 그 날까지 행하시는 분이시다. 주님은 내 마음의 문을 노크하신다. 내 안에 들어와서 나를 위해 사시고 나를 위해서 하나님의 일하시기 원하신다. 문을 열자. 활짝 열자. 그리고 고백하자. "이제 내가 살지 않고 주님이 사십니다. 내가 하지 않고 주님이 하십니다." 고백하는 이 순간 주님의 사랑, 주님의 능력, 주님의 지혜가 위로부터 부어진다. 그리고 나로부터 가족들에게로, 성도들에게로, 이웃에게로, 온 세상으로 흘러넘친다. 주님이 통치하시는 새 역사가 시작된다!

"이제 나는 자유다." "아멘."
"자녀들, 성도들도 자유다." "아멘."
"나는 행복한 목회자이다!" "아멘."
"우리는 모두 행복한 하나님의 자녀들이다." "아멘."
"이제 좋은 일만 일어난다." "아멘."
"신나고 재미있는 일만 있다." "아멘."

주님이
하십니다

"오직 승리만이 있다." "아멘."
"주님이 잘 하신다." "아멘."
주님께 영광!

2007년 6월
새벽을 여는 서재 창가에서 김해영

1부 신앙의 현주소

1) **주님으로 산다**(live by the Lord)는 뜻은 자신의 의지나 욕심이 앞서는 '자기'가 주체가 되는 신앙이 아니라 내 안에 '주님'이 주체가 되는(For it is God who works in you; Phi 2:13) 신앙이다. 또한 나는 주님(성령)에 의해 인도되어지고 순종하는 삶을 사는(live by the Spirit; Gal 5:16) 신앙이다.

2) 마 7:23 "그 때에 내가 그들에게 밝히 말하되 내가 너희를 도무지 알지 못하니 불법을 행하는 자들아 내게서 떠나가라 하리라"

3) 눅 18:11-12 "하나님이여 나는 다른 사람들 곧 토색, 불의, 간음을 하는 자들과 같지 아니하고 이 세리와도 같지 아니함을 감사하나이다 나는 이레에 두 번씩 금식하고 또 소득의 십일조를 드리나이다"

4) 행 22:3 "나는 유대인으로 길리기아 다소에서 났고 이 성에서 자라 가말리엘의 문하에서 우리 조상들의 율법의 엄한 교훈을 받았고 오늘 너희 모든 사람처럼 하나님께 대하여 열심이 있는 자라"

5) 빌 3:4-6 "그러나 나도 육체를 신뢰할 만하며 만일 누구든지 다른 이가 육체를 신뢰할 것이 있는 줄로 생각하면 나는 더욱 그러하리니 내가 팔일 만에 할례를 받고 이스라엘의 족속이요 베냐민 지파요 히브리인 중의 히브리인이요 율법으로는 바리새인이요 열심으로는 교회를 박해하고 율법의 의로는 흠이 없는 자라"

6) 딤전 1:15 "미쁘다 모든 사람이 받을 만한 이 말이여 그리스도 예수께서 죄인을 구원하시려고 세상에 임하셨다 하였도다 죄인 중에 내가 괴수니라"

7) 욥 42:6 "그러므로 내가 스스로 거두어들이고 티끌과 재 가운데에서 회개하나이다"

8) 마 26:41 "시험에 들지 않게 깨어 기도하라 마음에는 원이로되 육신이 약하도다 하시고"

9) 롬 7:23 "내 속사람으로는 하나님의 법을 즐거워하되 내 지체 속에서 한 다른 법이 내 마음의 법과 싸워 내 지체 속에 있는 죄의 법으로 나를 사로잡는 것을 보는도다"

10) 마 7:23 "그 때에 내가 그들에게 밝히 말하되 내가 너희를 도무지 알지 못하니 불법을 행하는 자들아 내게서 떠나가라 하리라"

11) 롬 8:1-2 "그러므로 이제 그리스도 예수 안에 있는 자에게는 결코 정죄함이 없나니 이는 그리스도 예수 안에 있는 생명의 성령의 법이 죄와 사망의 법에서 너를 해방하였음이라"

12) 마 19:26 "예수께서 그들을 보시며 이르시되 사람으로는 할 수 없으나 하나님으로서는 다 하실 수 있느니라"

13) 사 55:9 "하늘이 땅보다 높음 같이 내 길은 너희 길보다 높으며 내 생각은 너희의 생각보다 높음이니라"

고전 1:25 "하나님의 어리석음이 사람보다 지혜롭고 하나님의 약하심이 사람보다 강하니라"

14) 롬 11:33 "깊도다 하나님의 지혜와 지식의 풍성함이여, 그의 판단은 헤아리지 못할 것이며 그의 길은 찾지 못할 것이로다"

15) 롬 8:3 "율법이 육신으로 말미암아 연약하여 할 수 없는 그것을 하나님은 하시나니 곧 죄로 말미암아 자기 아들을 죄 있는 육신의 모양으로 보내어 육신에 죄를 정하사"

겔 36:27 "또 내 영을 너희 속에 두어 너희로 내 율례를 행하게 하리니 너희가 내 규례를 지켜 행할지라"

16) 요 6:63 "살리는 것은 영이니 육은 무익하니라 내가 너희에게 이른 말은 영이요 생명이라"

슥 4:6 "만군의 여호와께서 말씀하시되 이는 힘으로 되지 아니하며 능력으로 되지 아니하고 오직 **나의 영**으로 되느니라"

17) 겔 34:15-16 "내가 친히 내 양의 목자가 되어 그것들을 누워 있게 할지라 주 여호와의 말씀이니라 그 잃어버린 자를 내가 찾으며 쫓긴 자를 내가 돌아오게 하며 상한 자를 내가 싸매 주며 병든 자를 내가 강하게 하려니와 살진 자와 강한 자는 내가 없애고 정의대로 그것들을 먹이리라"

18) 마 28:20 "내가 너희에게 분부한 모든 것을 가르쳐 지키게 하라 볼지어다 내가 세상 끝날까지 너희와 항상 함께 있으리라 하시니라"

19) 고전 12:3 "그러므로 내가 너희에게 알리노니 하나님의 영으로 말하는 자는 누구든지 예수를 저주할 자라 하지 아니하고 또 성령으로 아니하고는 누구든지 예수를 주시라 할 수 없느니라"

20) 히 7:25 "그러므로 자기를 힘입어 하나님께 나아가는 자들을 온전히 구원하실 수 있으니 이는 그가 항상 살아 계셔서 그들을 위하여 간구하심이니라"

21) 생명의 실체

요한은 태초에 말씀이 계셨으며, 이 말씀은 곧 하나님이시라고 하였다. 말씀이 육신이 되어 오신 분이 예수님이시다. 그(He) 안에 생명이 있었고, 말씀이신 예수님은 사람들에게 생명의 빛이 되셨다. 예수님의 말씀은 곧 생명의 실체셨다. 그런데 육신의 예수님은 떠나셨고, 우리 안에는 그의 영이 머물러 계시며, 기록된 문자(It.의문)만 남아 있게 되었다. 그 의문의 말씀이 곧 살아 계신 주님으로 말씀되어질 때 생명의 실체가 되는 것이다.

22) 고전 1:11-12 "내 형제들아 글로에의 집 편으로서 너희에 대한 말이 내게 들리니 곧 너희

주님이
하십니다

가운데 분쟁이 있다는 것이라 내가 이것을 말하거니와 너희가 각각 이르되 나는 바울에게, 나는 아볼로에게, 나는 게바에게, 나는 그리스도에게 속한 자라 한다는 것이니"

23) 출 14:13 "너희는 두려워하지 말고 가만히 서서 여호와께서 오늘 너희를 위하여 행하시는 구원을 보라"

24) 롬 8:32 "자기 아들을 아끼지 아니하시고 우리 모든 사람을 위하여 내주신 이가 어찌 그 아들과 함께 모든 것을 우리에게 은혜로 주시지 아니하겠느냐"

25) 눅 11:11-13 "너희 중에 아버지 된 자로서 누가 아들이 생선을 달라 하는데 생선 대신에 뱀을 주며 알을 달라 하는데 전갈을 주겠느냐 너희가 악할지라도 좋은 것을 자식에게 줄 줄 알거든 하물며 너희 하늘아버지께서 구하는 자에게 성령을 주시지 않겠느냐 하시니라"

26) 전 12:6 "은 줄이 풀리고 금 그릇이 깨지고 항아리가 샘 곁에서 깨지고 바퀴가 우물 위에서 깨지고"

27) 포도주는 단지 붉은 것만이 아니다. 붉은 것(레드)도 있고 백포도주(화이트)도 있다. 이런 포도주는 입으로만 맛을 보지 않고 눈과 코로도 맛을 본다.

　① 눈으로 색깔과 투명도 확인 - 와인 잔의 다리나 받침을 잡고 밝은 쪽을 향해 잔을 조금 기울여 색의 투명도, 선명성, 농도 등을 살피는데 레드와인은 눈높이보다 아래쪽에 잔을 들고 잔속의 와인을 본다. 와인의 색깔이 붉고 반짝반짝 빛이 나야 정상적인 와인이다. 갈색이거나 혼탁하면 변질된 와인이다. 화이트 와인은 눈높이 정도로 잔을 들고 보는데 황금색에 약간의 연록색을 띠어야 하고 맑고 투명하여 반짝반짝 빛이 나야 한다.

　② 코로 향 맡기 - 잔을 두세 번 흔든 후 코 밑에 갖다 대고 정신을 집중하여 향기를 맡는다. 잔을 약간 돌려주는 것은 잔 속의 와인이 움직이면서 표면적이 넓어져 향기 성분이 많이 기화하기 때문이다. 향에는 두 가지 종류가 있는데 포도 품종에 따라 각각 다른 향이 나는 아로마(aroma)와 와인이 오래 숙성해 가면서 생기는 부케(bouquet)가 그것이다.

　③ 입으로 맛 보기 - 입 안 전체와 혀를 적실 정도의 와인을 마신 후 입을 오므려 공기를 들이킨다. 그리고 입 안에서 서서히 돌리면서 맛을 본다. 그리고 얼마나 오래 묵었는가에 따라서 값이 달라진다. 2000년산 로마네 꽁띠는 현지 가격으로 130만 원 정도 한다고 한다.

28) 요 9:41 "예수께서 이르시되 너희가 맹인이 되었더라면 죄가 없으려니와 본다고 하니 너희 죄가 그대로 있느니라"

29) 눅 18:13-14 "세리는 멀리 서서 감히 눈을 들어 하늘을 쳐다보지도 못하고 다만 가슴을 치며 이르되 하나님이여 불쌍히 여기소서 나는 죄인이로소이다 하였느니라 내가 너희에게 이르노니 이에 저 바리새인이 아니고 이 사람이 의롭다 하심을 받고 그의 집으로 내려갔느니라 무릇 자기를 높이는 자는 낮아지고 자기를 낮추는 자는 높아지리라 하시니라"

30) 삼하 7:12-16 "네 수한이 차서 네 조상들과 함께 누울 때에 내가 네 몸에서 날 네 씨를 네 뒤에 세워 그의 나라를 견고하게 하리라 그는 내 이름을 위하여 집을 건축할 것이요 나는

그의 나라 왕위를 영원히 견고하게 하리라 나는 그에게 아버지가 되고 그는 내게 아들이 되리니 그가 만일 죄를 범하면 내가 사람의 매와 인생의 채찍으로 징계하려니와 내가 네 앞에서 폐한 사울에게서 내 은총을 빼앗은 것같이 그에게서는 빼앗지는 아니하리라 네 집과 네 나라가 내 앞에서 영원히 보전되고 네 왕위가 영원히 견고하리라 하셨다 하라"

31) 사 9:2 "흑암에 행하던 백성이 큰 빛을 보고 사망의 그늘진 땅에 거주하던 자에게 빛이 비치도다"

32) 삼상 8:11-22 "이르되 너희를 다스릴 왕의 제도는 이러하니라 그가 너희 아들들을 데려다가 그의 병거와 말을 어거하게 하리니 그들이 그 병거 앞에서 달릴 것이며 그가 또 너희 아들들을 천부장과 오십부장을 삼을 것이며 자기 밭을 갈게 하고 자기 추수를 하게 할 것이며 자기 무기와 병거의 장비도 만들게 할 것이며 그가 또 너희 딸들을 데려다가 향료 만드는 자와 요리하는 자와 떡 굽는 자로 삼을 것이며 그가 또 너희의 밭과 포도원과 감람원의 제일 좋은 것을 가져다가 자기의 신하들에게 줄 것이며 그가 또 너희의 곡식과 포도원 소산의 십일조를 거두어 자기의 관리와 신하에게 줄 것이며 그가 또 너희의 노비와 가장 아름다운 소년과 나귀들을 끌어다가 자기 일을 시킬 것이며 너희의 양 떼의 십분의 일을 거두어 가리니 너희가 그 종이 될 것이라 그 날에 너희는 너희가 택한 왕으로 말미암아 부르짖되 그 날에 여호와께서 너희에게 응답하지 아니하시리라 하니 백성이 사무엘의 말 듣기를 거절하여 이르되 아니로소이다 우리도 우리 왕이 있어야 하리니 우리도 다른 나라들 같이 되어 우리의 왕이 우리를 다스리며 우리 앞에 나가서 우리의 싸움을 싸워야 할 것이니이다 하는지라 사무엘이 백성의 말을 다 듣고 여호와께 아뢰매 여호와께서 사무엘에게 이르시되 그들의 말을 들어 왕을 세우라 하시니 사무엘이 이스라엘 사람들에게 이르되 너희는 각기 성읍으로 돌아가라 하니라"

33) 요일 4:4 "자녀들아 너희는 하나님께 속하였고 또 그들을 이기었나니 이는 너희 안에 계신 이가 세상에 있는 자보다 크심이라"

마 12:29 "사람이 먼저 강한 자를 결박하지 않고서야 어떻게 그 강한 자의 집에 들어가 그 세간을 강탈하겠느냐 결박한 후에야 그 집을 강탈하리라"

34) 눅 4:18-19 "주의 성령이 내게 임하셨으니 이는 가난한 자에게 복음을 전하게 하시려고 내게 기름을 부으시고 나를 보내사 포로 된 자에게 자유를, 눈 먼 자에게 다시 보게 함을 전파하며 눌린 자를 자유하게 하고 주의 은혜의 해를 전파하게 하려 하심이라 하였더라"

35) 요 10:10 "도둑이 오는 것은 도둑질하고 죽이고 멸망시키려는 것뿐이요 내가 온 것은 양으로 생명을 얻게 하고 더 풍성히 얻게 하려는 것이라"

36) 마 21:5 "시온 딸에게 이르기를 네 왕이 네게 임하나니 그는 겸손하여 나귀, 곧 멍에 메는 짐승의 새끼를 탔도다 하라 하였느니라"

37) 눅 19:38 "이로되 찬송하리로다 주의 이름으로 오시는 왕이여 하늘에는 평화요 가장 높은 곳에는 영광이로다 하니"

주님이
하십니다

38) 계 2:27 "그가 철장을 가지고 그들을 다스려 질그릇 깨뜨리는 것과 같이 하리라 나도 내 아버지께 받은 것이 그러하니라"

39) 요 1:3 "만물이 그로 말미암아 지은 바 되었으니 지은 것이 하나도 그가 없이는 된 것이 없느니라"

40) 마 9:17 "새 포도주를 낡은 가죽 부대에 넣지 아니하나니 그렇게 하면 부대가 터져 포도주도 쏟아지고 부대도 버리게 됨이라 새 포도주는 새 부대에 넣어야 둘이 다 보전되느니라"

41) 약 3:10-12 "한 입으로 찬송과 저주가 나오는도다 내 형제들아 이것이 마땅하지 아니하니라 샘이 한 구멍으로 어찌 단 물과 쓴 물을 내겠느냐 내 형제들아 어찌 무화과나무가 감람 열매를, 포도나무가 무화과를 맺겠느냐 이와 같이 짠 물이 단 물을 내지 못하느니라"

42) 딛 1:16 "그들이 하나님을 시인하나 행위로는 부인하니 가증한 자요 복종하지 아니하는 자요 모든 선한 일을 버리는 자니라"

43) 마 5:7 "긍휼히 여기는 자는 복이 있나니 그들이 긍휼히 여김을 받을 것임이요"

44) 롬 8:1-2 "그러므로 이제 그리스도 예수 안에 있는 자에게는 결코 정죄함이 없나니 이는 그리스도 예수 안에 있는 생명의 성령의 법이 죄와 사망의 법에서 너를 해방하였음이라"

45) 잠 18:21 "죽고 사는 것이 혀의 힘에 달렸나니 혀를 쓰기 좋아하는 자는 그 열매를 먹으리라"

46) 계 18:2 "힘센 음성으로 외쳐 이르되 무너졌도다 무너졌도다 큰 성 바벨론이여 귀신의 처소와 각종 더러운 영의 모이는 곳과 각종 더럽고 가증한 새의 모이는 곳이 되었도다"

47) 호 13:13 "해산하는 여인의 어려움이 그에게 임하리라 그는 지혜 없는 자식이로다 해산할 때가 되어도 그가 나오지 못하느니라"

48) **십볼렛** (Shibboleth)의 뜻 : 강의 흐름
길르앗 사람이 에브라임 사람을 추격할 때, 패주(敗走)하는 에브라임 사람을 분별하기 위해 요단 나루터에서 한 사람 한사람 발음케 한 말(삿 12:6). "십볼렛(십볼렛)이라 하라 하여 에브라임 사람이 능히 발음을 바로 하지 못하고 씹볼렛(십볼렛)이라 하면, 길르앗 사람이 곧 그를 잡아서 요단 나루턱에서 죽였다"고 알려졌다. 에브라임 사람의 방언에서는 Sh를 S로 발음하고 있었기 때문에, 이것으로 발각되어 4만 2,000명이나 살해되었다. '암호, 군호' 등의 영어 Sibboleth는 여기에 유래되었다.→ 씹볼렛.

49) 마 5:46-48 "너희가 너희를 사랑하는 자를 사랑하면 무슨 상이 있으리요 세리도 이같이 아니하느냐 또 너희가 너희 형제에게만 문안하면 남보다 더하는 것이 무엇이냐 이방인들도 이같이 아니하느냐 그러므로 하늘에 계신 너희 아버지의 온전하심과 같이 너희도 **온전하라**"

50) 고후 6:2 "보라 지금은 은혜 받을 만한 때요 보라 지금은 구원의 날이로다"

51) 겔 36:26-27 "또 새 영을 너희 속에 두고 새 마음을 너희에게 주되 너희 육신에서 굳은 마음을 제거하고 부드러운 마음을 줄 것이며 또 내 영을 너희 속에 두어 너희로 내 율례를 행하게 하리니 너희가 내 규례를 지켜 행할지라"

52) 슥 4:6 "그가 내게 대답하여 이르되 여호와께서 스룹바벨에게 하신 말씀이 이러하니라 만

군의 여호와께서 말씀하시되 이는 힘으로 되지 아니하며 능력으로 되지 아니하고 오직 나의 영으로 되느니라"

53) 겔 36:26-27 "육신에서 굳은 마음을 제거하고 부드러운 마음을 줄 것이며 또 **내 영을** 너희 속에 두어 너희로 내 율례를 행하게 하리니 너희가 내 규례를 지켜 행할지라"

54) 아멘(Amen)

그리스도교의 중요한 예배용어의 하나. 히브리어 동사 [아-만 אמן]('aman 의뢰가 된다, 의지한다)에서 온 부사가 [아멘-]으로서, '진실로' '참으로' 의 뜻이 있다. 유대인의 회당에서 쓰던 관용어였는데, 그리스도 교회에서도 그대로 답습하여, 기도, 송영의 마지막에 쓰는 예배용어로 되었다(고전 14:16). 이 말은, 음역해서 그대로 [아멘]으로 되어 있는 경우가 있고 (신 27:15-26, 시 106:48, 계 22:20 등), 의역되어 있는 경우(특히 예수께서 쓰신 말씀에, 마 6:2, 5 등은 진실로; 요 1:51, 5:19, 24 등은 진실로 진실로)가 있다. 아멘의 용도에는 몇 가지가 있다. 1. 처음에 쓰는 경우는, 다른 사람이 한 말에 동의를 나타내고 (왕상 1:36), 2. 단독으로 말해진 경우는, 진실을 맹세하여(민 5:22, 신 27:15-26), 3. 말이 끝난 후에 아멘하는 경우는 예배용어로서 기도가 끝난 때이다(대상 16:36). 또한 신약에서는 편지 중에서 송영의 마지막에 쓰고 있다(롬 1:25, 16:27). 계 3:14에는 "아멘이시요 충성되고 참된 증인"이라는 용어가 있는데, 이는 그리스도를 가리켜 쓰고 있다. 그리스도에 있어서 하나님의 구원의 약속이 성취된 것, 즉 "참으로(확실히)" 된 것을 의미한다(성경대전).

55) 벧전 2:2 "갓난 아이들 같이 순전하고 신령한 젖을 사모하라 이는 그로 말미암아 너희로 구원에 이르도록 자라게 하려 함이라"

56) 요 9:41 "이르시되 너희가 맹인이 되었더라면 죄가 없으려니와 본다고 하니 너희 죄가 그대로 있느니라"

57) 시 119:103 "주의 말씀의 맛이 내게 어찌 그리 단지요 내 입에 꿀보다 더 다니이다"

58) 요 6:35 "예수께서 이르시되 나는 곧 생명의 떡이니 내게 오는 자는 결코 주리지 아니할 터이요 나를 믿는 자는 영원히 목마르지 아니하리라"

59) 요 7:38 "나를 믿는 자는 성경에 이름과 같이 그 배에서 생수의 강이 흘러나오리라 하시니"

60) 시 1:1-3 "복 있는 사람은 악인들의 꾀를 따르지 아니하며 죄인들의 길에 서지 아니하며 오만한 자의 자리에 앉지 아니하고 오직 여호와의 율법을 즐거워하여 그의 율법을 주야로 묵상하는도다 그는 시냇가에 심은 나무가 철을 따라 과실을 맺으며 그 잎사귀가 마르지 아니함 같으니 그가 하는 모든 일이 다 형통하리로다"

61) 시 107:9 "그가 **사모하는 영혼**에게 만족을 주시며 주린 영혼에게 좋은 것으로 채워주심이로다"

62) 고후 1:19 "우리 곧 나와 실루아노와 디모데로 말미암아 너희 가운데 전파된 하나님의 아들 예수 그리스도는 예 하고 아니라 함이 되지 아니하였으니 그에게는 예만 되었느니라"

주님이
하십니다

2부 너희 구원을 이루라

1) 조용기 역, 『천국은 확실히 있다』, (서울말씀사, 2004), pp. 112-128.

2) 마 22:11-14 "임금이 손님들을 보러 들어올새 거기서 예복을 입지 않은 한 사람을 보고 이르되 친구여 어찌하여 예복을 입지 않고 여기 들어왔느냐 하니 그가 아무 말도 못하거늘 임금이 사환들에게 말하되 그 손발을 묶어 바깥 어두운 데에 내어 던지라 거기서 슬피 울며 이를 갈게 되리라 하니라 청함을 받은 자는 많되 택함을 입은 자는 적으니라"

3) 히 4:1 "그러므로 우리는 두려워할지니 그의 안식에 들어갈 약속이 남아 있을지라도 너희 중에는 혹 이르지 못할 자가 있을까 함이라"

4) 히 2:1-3 "그러므로 우리는 들은 것에 더욱 유념함으로 우리가 흘러 떠내려가지 않도록 함이 마땅하니라 천사들을 통하여 하신 말씀이 견고하게 되어 모든 범죄함과 순종하지 아니함이 공정한 보응을 받았거든 우리가 이같이 큰 구원을 등한히 여기면 어찌 그 보응을 피하리요 이 구원은 처음에 주로 말씀하신 바요 들은 자들이 우리에게 확증한 바니"

5) 강경호 역, 하워드 피트만, 『플라시보』, (서울: HoYah, 2006), p. 80.

6) www.hospitallaw.or.kr/dispute-birth.html 출산 중 아이의 사망

7) 딤후 4:10 "데마는 이 세상을 사랑하여 나를 버리고 데살로니가로 갔고 그레스게는 갈라디아로 디도는 달마디아로 갔고"

8) 히 10:36 "너희에게 인내가 필요함은 너희가 하나님의 뜻을 행한 후에 약속하신 것을 받기 위함이라"

눅 21:19 "너희의 인내로 너희 영혼을 얻으리라"

계 14:12 "성도들의 인내가 여기 있나니 그들은 하나님의 계명과 예수에 대한 믿음을 지키는 자니라"

9) 고전 10:1-5 "형제들아 나는 너희가 알지 못하기를 원하지 아니하노니 우리 조상들이 다 구름 아래에 있고 바다 가운데로 지나며 모세에게 속하여 다 구름과 바다에서 세례를 받고 다 같은 신령한 음식을 먹으며 다 같은 신령한 음료를 마셨으니 이는 그들을 따르는 신령한 반석으로부터 마셨으매 그 반석은 곧 그리스도시라 그러나 그들의 다수를 하나님이 기뻐하지 아니하셨으므로 그들이 광야에서 멸망을 받았느니라"

10) 행 7:38 "시내 산에서 말하던 그 천사와 우리 조상들과 함께 광야 교회에 있었고 또 살아 있는 말씀을 받아 우리에게 주던 자가 이 사람이라"

11) 고전 10:6-12 "이러한 일은 우리의 본보기가 되어 우리로 하여금 저희가 악을 즐겨 한 것 같이 즐겨 하는 자가 되지 않게 하려 함이니 그들 가운데 어떤 사람들과 같이 너희는 우상 숭배하는 자가 되지 말라 기록된 바 백성이 앉아서 먹고 마시며 일어나서 뛰논다 함과 같으니라 그들 중의 어떤 사람들이 음행하다가 하루에 이만 삼천 명이 죽었나니 우리는 그들과 같이 음행하지 말자 그들 가운데 어떤 사람들이 주를 시험하다가 뱀에게 멸망하였나니 우

리는 그들과 같이 시험하지 말자 그들 가운데 어떤 사람들이 원망하다가 멸망시키는 자에게 멸망하였나니 너희는 그들과 같이 원망하지 말라 그들에게 일어난 이런 일은 본보기가 되고 또한 말세를 만난 우리를 깨우치기 위하여 기록되었느니라 그런즉 선 줄로 생각하는 자는 넘어질까 조심하라"

12) 약 2:14-22 "내 형제들아 만일 사람이 믿음이 있노라 하고 행함이 없으면 무슨 이익이 있으리요 그 믿음이 능히 자기를 구원하겠느냐 만일 형제나 자매가 헐벗고 일용할 양식이 없는데 너희 중에 누구든지 그에게 이르되 평안히 가라, 덥게 하라, 배부르게 하라 하며 그 몸에 쓸 것을 주지 아니하면 무슨 이익이 있으리요 이와 같이 행함이 없는 믿음은 그 자체가 죽은 것이라 어떤 사람은 말하기를 너는 믿음이 있고 나는 행함이 있으니 행함이 없는 네 믿음을 내게 보이라 나는 행함으로 내 믿음을 네게 보이리라 네가 하나님은 한 분이신 줄을 믿느냐 잘하는도다 귀신들도 믿고 떠느니라 아아 허탄한 사람아 행함이 없는 믿음이 헛것인 줄 알고자 하느냐 우리 조상 아브라함이 그 아들 이삭을 제단에 바칠 때에 행함으로 의롭다 하심을 받은 것이 아니냐 네가 보거니와 믿음이 그의 행함과 함께 일하고 행함으로 믿음이 온전케 되었느니라"

13) NIV, Galatians 5:25 "If we live in the Spirit, let us also walk in the Spirit"

KJV, Galatians 5:25 "Since we live by the Spirit, let us keep in step with the Spirit"

14) 레 19:19 "너희는 내 규례를 지킬지어다 네 가축을 다른 종류와 교미시키지 말며 네 밭에 두 종자를 섞어 뿌리지 말며 두 재료로 직조한 옷을 입지 말지며"

15) 마 7:13-14 "좁은 문으로 들어가라 멸망으로 인도하는 문은 크고 그 길이 넓어 그리로 들어가는 자가 많고 생명으로 인도하는 문은 좁고 길이 협착하여 찾는 자가 적음이라"

16) 롬 7:19 "내가 원하는 바 선은 행하지 아니하고 도리어 원하지 아니하는 바 악을 행하는도다"

17) 고후 6:14-7:1 "너희는 믿지 않는 자와 멍에를 함께 메지 말라 의와 불법이 어찌 함께 하며 빛과 어두움이 어찌 사귀며 그리스도와 벨리알이 어찌 조화되며 믿는 자와 믿지 않는 자가 어찌 상관하며 하나님의 성전과 우상이 어찌 일치가 되리요 우리는 살아 계신 하나님의 성전이라 이와 같이 하나님께서 이르시되 내가 그들 가운데 거하며 두루 행하여 나는 그들의 하나님이 되고 그들은 나의 백성이 되리라 그러므로 너희는 그들 중에서 나와서 따로 있고 부정한 것을 만지지 말라 내가 너희를 영접하여 너희에게 아버지가 되고 너희는 내게 자녀가 되리라 전능하신 주의 말씀이니라 하셨느니라 그런즉 사랑하는 자들아 이 약속을 가진 우리가 하나님을 두려워하는 가운데서 거룩함을 온전히 이루어 육과 영의 온갖 더러운 것에서 자신을 깨끗하게 하자"

18) 계 19:7 "우리가 즐거워하고 크게 기뻐하여 그에게 영광을 돌리세 어린 양의 혼인 기약이 이르렀고 그의 아내가 자신을 준비하였으므로"

19) 계 22:11 "불의를 행하는 자는 그대로 불의를 행하고 더러운 자는 그대로 더럽고 의로운 자

주님이
하십니다

는 그대로 의를 행하고 거룩한 자는 그대로 거룩하게 하라"

20) 엡 4:22-24 "너희는 유혹의 욕심을 따라 썩어져 가는 구습을 따르는 옛 사람을 벗어 버리고 오직 너희의 심령이 새롭게 되어 하나님을 따라 의와 진리의 거룩함으로 지으심을 받은 새 사람을 입으라"

21) 마 16:23 "예수께서 돌이키시며 베드로에게 이르시되 사탄아 내 뒤로 물러가라 너는 나를 넘어지게 하는 자로다 네가 하나님의 일을 생각하지 아니하고 도리어 사람의 일을 생각하는도다 하시고"

22) 요 6:29 "예수께서 대답하여 가라사대 하나님의 보내신 자를 믿는 것이 하나님의 일이니라 하시니"

23) 롤란드 베인톤,「마틴 루터의 생애」, 이종태 옮김 (서울:생명의 말씀사, 2000), pp. 66-67.

24) 롬 7:20-24 "만일 내가 원치 아니하는 그것을 하면 이를 행하는 자가 내가 아니요 내 속에 거하는 죄니라 그러므로 내가 한 법을 깨달았노니 곧 선을 행하기 원하는 나에게 악이 함께 있는 것이로다 내 속 사람으로는 하나님의 법을 즐거워하되 내 지체 속에서 한 다른 법이 내 마음의 법과 싸워 내 지체 속에 있는 죄의 법으로 나를 사로잡는 것을 보는도다 오호라 나는 곤고한 사람이로다 이 사망의 몸에서 누가 나를 건져내랴"

25) 계 2:7 "귀 있는 자는 성령이 교회들에게 하시는 말씀을 들을지어다 이기는 그에게는 내가 하나님의 낙원에 있는 생명나무의 열매를 주어 먹게 하리라"(2:11; 2:17; 2:26; 3:5; 3:12; 3:21; 21:7)

26) 요일 5:18 "하나님께로부터 난 자는 다 범죄하지 아니하는 줄을 우리가 아노라 하나님께로부터 나신 자가 그를 지키시매 악한 자가 저를 만지지도 못하느니라"

27) 약 1:17 "온갖 좋은 은사와 온전한 선물이 다 위로부터 빛들의 아버지께로서 내려오나니 그는 변함도 없으시고 회전하는 그림자도 없으시니라"

28) 마 5:15 "사람이 등불을 켜서 말 아래에 두지 아니하고 등경 위에 두나니 이러므로 집 안 모든 사람에게 비치느니라"

29) 요 8:44 "너희는 너희 아비 마귀에게서 났으니 너희 아비의 욕심대로 너희도 행하고자 하느니라 그는 처음부터 살인한 자요 진리가 그 속에 없으므로 진리에 서지 못하고 거짓을 말할 때마다 제 것으로 말하나니 이는 그가 거짓말쟁이요 거짓의 아비가 되었음이라"

30) 요 1:4 "그 안에 생명이 있었으니 이 생명은 사람들의 빛이라"

31) 요 6:63 "살리는 것은 영이니 육은 무익하니라 내가 너희에게 이른 말은 영이요 생명이라" 고후 3:6 "그가 또 우리를 새 언약의 일꾼 되기에 만족하게 하셨으니 율법 조문으로 하지 아니하고 오직 영으로 함이니 율법 조문은 죽이는 것이요 영은 살리는 것이니라"

32) 막 4:35-41 "그 날 저물 때에 제자들에게 이르시되 우리가 저편으로 건너가자 하시니 그들이 무리를 떠나 예수를 배에 계신 그대로 모시고 가매 다른 배들도 함께 하더니 큰 광풍이 일어나며 물결이 부딪쳐 들어와 배에 가득하게 되었더라 예수께서는 고물에서 베개를 베고

주무시더니 제자들이 깨우며 이르되 선생님이여 우리가 죽게 된 것을 돌보지 아니하시나이까 하니 예수께서 깨어 바람을 꾸짖으시며 바다더러 이르시되 잠잠하라 고요하라 하시니 바람이 그치고 아주 잔잔하여지더라 이에 제자들에게 이르시되 어찌하여 이렇게 무서워하느냐 너희가 어찌 믿음이 없느냐 하시니 그들이 심히 두려워하여 서로 말하되 저가 누구이기에 바람과 바다도 순종하는가 하였더라"

33) 창 3:10 "이르되 내가 동산에서 하나님의 소리를 듣고 내가 벗었으므로 두려워하여 숨었나이다"

34) 계 21:8 "그러나 두려워하는 자들과 믿지 아니하는 자들과 흉악한 자들과 살인자들과 음행하는 자들과 점술가들과 우상 숭배자들과 거짓말하는 모든 자들은 불과 유황으로 타는 못에 던져지리니 이것이 둘째 사망이라"

35) 시 121:4 "이스라엘을 지키시는 이는 졸지도 아니하시고 주무시지도 아니하시리로다"

36) 빌 1:6 "너희 안에서 착한 일을 시작하신 이가 그리스도 예수의 날까지 이루실 줄을 우리는 확신하노라"

37) 실제로 주님은 주무시지 않으신다. 다만 성도들에게 아무런 관심도 안두시고 주무시는 것처럼 보일 뿐이다. 그러나 그럴 때도 주님의 관심과 사랑은 계속되고 있다. 주님은 하나님의 때가 되기를 기다리신다. 하나님의 영광이 나타나기를 기다리신다. 우리의 믿음이 준비되기를 기다리신다. 때론 그러한 주님의 모습이 우리들에게는 주무시는 것처럼 느껴질 때가 있는 것이다. 그러므로 주님의 하시는 일을 조급하게 생각하며 판단해서는 안 된다.

38) 계 3:20 "볼지어다 내가 문 밖에 서서 두드리노니 누구든지 내 음성을 듣고 문을 열면 내가 그에게로 들어가 그와 더불어 먹고 그는 나로 더불어 먹으리라"

39) 신 28:7 "여호와께서 너를 대적하기 위해 일어난 적군들을 네 앞에서 패하게 하시리라 그들이 한 길로 너를 치러 들어왔으나 네 앞에서 일곱 길로 도망하리라"

40) 창 8:22 "땅이 있을 동안에는 심음과 거둠과 추위와 더위와 여름과 겨울과 낮과 밤이 쉬지 아니하리라"

41) 2005년 4월 15일, 연합뉴스 blog http://blog.yonhapnews.co.kr/scitech/_tb/5508/ : 영국 일간 가디언은 15일 인간이 21세기에 심각한 실패를 겪을 확률이 50대 50이라는 저명한 우주론학자 마틴 리스 케임브리지대 교수의 견해를 소개하며, 10명의 과학자들이 예상한 인류에 대한 최대 위협 10가지의 발생 가능성과 위험도를 소개했다.

42) 요일 4:18 "사랑 안에 두려움이 없고 온전한 사랑이 두려움을 내쫓나니 두려움에는 형벌이 있음이라 두려워하는 자는 사랑 안에서 온전히 이루지 못하였느니라"

43) 《동아일보》 2004년 9월 6일.

44) 마 12:29 "사람이 먼저 강한 자를 결박하지 않고야 어떻게 그 강한 자의 집에 들어가 그 세간을 늑탈하겠느냐 결박한 후에야 그 집을 늑탈하리라"

45) 사 53:5 "그가 찔림은 우리의 허물 때문이요 그가 상함은 우리의 죄악 때문이라 그가 징계

를 받음으로 우리가 평화를 누리고 그가 채찍에 맞음으로 우리가 나음을 받았도다"

46) 요 8:32 "진리를 알지니 진리가 너희를 자유롭게 하리라"

요 8:36 "아들이 너희를 자유롭게 하면 너희가 참으로 자유로우리라"

47) 고후 6:8-10 "영광과 욕됨으로 그리했으며 악한 이름과 아름다운 이름으로 그리했느니라 우리는 속이는 자 같으나 참되고 무명한 자 같으나 유명한 자요 죽은 자 같으나 보라 우리가 살아 있고 징계를 받는 자 같으나 죽임을 당하지 아니하고 근심하는 자 같으나 항상 기뻐하고 가난한 자 같으나 많은 사람을 부요하게 하고 아무것도 없는 자 같으나 모든 것을 가진 자로다"

48) 행 8:20 "네가 하나님의 선물을 돈 주고 살 줄로 생각하였으니 네 은과 네가 함께 망할지어다"

49) 기갈을 느끼는 것은 꼭 물이 없어서가 아니다. 말씀이 없어서가 아니다. 홍수로 물이 넘치는 가운데 마실 물이 없어서 기갈을 느끼고, 넘쳐나는 지식의 홍수 속에서도 생명 실체의 말씀이 없어서 기갈을 느끼게 된다. 많은 지식이 아니라 생명 실체의 말씀을 붙들어야 한다. 그 말씀을 먹어야 목마르지 않고 배고프지 않게 된다. 모든 말씀을 살아 있는 주님의 음성으로 들어야 한다. 내 안에 주님이 사시면 그렇게 된다.

50) 사 43:7 "내가 내 영광을 위하여 창조한 자를 오게 하라 그를 내가 지었고 만들었느니라"

사 43:21 "이 백성은 내가 나를 위하여 지었나니 나를 찬송하게 하려 함이니라"

51) 눅 6:38 "주라 그리하면 너희에게 줄 것이니 곧 후히 되어 누르고 흔들어 넘치도록 하여 너희에게 안겨 주리라 너희의 헤아리는 그 헤아림으로 너희도 헤아림을 도로 받을 것이니라"

52) 잠 11:25 "구제를 좋아하는 자는 풍족하여질 것이요 남을 윤택하게 하는 자는 자기도 윤택하여지리라"

53) 엡 4:4 "몸이 하나요 성령도 한 분이시니 이와 같이 너희가 부르심의 한 소망 안에서 부르심을 받았느니라"

54) 요일 2:15,16 "이 세상이나 세상에 있는 것들을 사랑하지 말라 누구든지 세상을 사랑하면 아버지의 사랑이 그 안에 있지 아니하니, 이는 세상에 있는 모든 것이 육신의 정욕과 안목의 정욕과 이생의 자랑이니 다 아버지께로부터 온 것이 아니요 세상으로부터 온 것이라"

55) 눅 4:5-6 "마귀가 또 예수를 이끌고 올라가서 순식간에 천하 만국을 보이며 이르되 이 모든 권위와 그 영광을 내가 네게 주리라 이것은 내게 넘겨 준 것이므로 내가 원하는 자에게 주노라 그러므로 네가 만일 내게 절하면 다 네 것이 되리라"

56) 히 11:35 "여자들은 자기의 죽은 자들을 부활로 받아들이기도 하며 또 어떤 이들은 더 좋은 부활을 얻고자 하여 심한 고문을 받되 구차히 풀려나기를 원하지 아니하였으며"

57) 히 6:19 "우리가 이 소망을 가지고 있는 것은 영혼의 닻 같아서 튼튼하고 견고하여 휘장 안에 들어가나니"

58) 딤전 6:17 "네가 이 세대에서 부한 자들을 명하여 마음을 높이지 말고 정함이 없는 재물에 소망을 두지 말고 오직 우리에게 모든 것을 후히 주사 누리게 하시는 하나님께 두며"

59) 시 62:5 "나의 영혼이 잠잠히 하나님만 바람이여 나의 구원이 그에게서 나오는도다"

시 146:5 "야곱의 하나님을 자기의 도움으로 삼으며 여호와 자기 하나님에게 자기의 소망을 두는 자는 복이 있도다"

3부 왕권을 인정하는 신앙

1) 현대어 성경, 마 16:25 "내가 진정으로 말한다. 여기 서 있는 사람 중에는 죽기 전에 인자가 자기 나라의 왕으로 오는 것을 볼 사람들도 있을 것이다"

공동번역, 마 16:25 "나는 분명히 말한다. 여기 서 있는 사람들 중에는 죽기 전에 사람의 아들이 자기 나라에 임금으로 오는 것을 볼 사람도 있다"

Niv, mattuew 16:25 "I tell you the truth, some who are standing here will not taste death before they see the Son of Man coming in his kingdom"

2) 시 2:9 "네가 철장으로 그들을 깨뜨림이여 질그릇 같이 부수리라 하시도다"

3) 삼상 3:19 "사무엘이 자라매 여호와께서 그와 함께 계셔서 그의 말이 하나도 땅에 떨어지지 않게 하시니"

사 55:11 "내 입에서 나가는 말도 이와 같이 헛되이 내게로 되돌아오지 아니하고 나의 기뻐하는 뜻을 이루며 내가 보낸 일에 형통함이니라"

4) 눅 5:1-11 "무리가 몰려와서 하나님의 말씀을 들을새 예수는 게네사렛 호숫가에 서서 호숫가에 배 두 척이 있는 것을 보시니 어부들은 배에서 나와서 그물을 씻는지라 예수께서 한 배에 오르시니 그 배는 시몬의 배라 육지에서 조금 떼기를 청하시고 앉으사 배에서 무리를 가르치시더니 말씀을 마치시고 시몬에게 이르시되 깊은 데로 가서 그물을 내려 고기를 잡으라 시몬이 대답하여 이르되 선생님 우리들이 밤이 새도록 수고하였으되 잡은 것이 없지마는 말씀에 의지하여 내가 그물을 내리리이다 하고 그렇게 하니 고기를 잡은 것이 심히 많아 그물이 찢어지는지라 이에 다른 배에 있는 동무들에게 손짓하여 와서 도와 달라 하니 그들이 와서 두 배에 채우매 잠기게 되었더라 시몬 베드로가 이를 보고 예수의 무릎 아래에 엎드려 이르되 주여 나를 떠나소서 나는 죄인이로소이다 하니 이는 자기 및 자기와 함께 있는 모든 사람이 고기 잡힌 것으로 말미암아 놀라고 세베대의 아들로서 시몬의 동업자인 야고보와 요한도 놀랐음이라 예수께서 시몬에게 이르시되 무서워 말라 이제 후로는 네가 사람을 취하리라 하시니 그들이 배들을 육지에 대고 모든 것을 버려 두고 예수를 따르니라"

5) 전 2:11 "그 후에 내가 생각해 본즉 내 손으로 한 모든 일과 내가 수고한 모든 것이 다 헛되어 바람을 잡는 것이며 해 아래에서 무익한 것이로다"

6) 창 3:17-19 "아담에게 이르시되 네가 네 아내의 말을 듣고 내가 네게 먹지 말라 한 나무의 열매를 먹었은즉 땅은 너로 말미암아 저주를 받고 너는 평생에 수고하여야 그 소산을 먹으

주님이
하십니다

리라 땅이 네게 가시덤불과 엉겅퀴를 낼 것이라 너의 먹을 것은 밭의 채소인 즉 네가 흙으로 돌아갈 때까지 얼굴에 땀을 흘려야 먹을 것을 먹으리니 네가 그것에서 취함을 입었음이라 너는 흙이니 흙으로 돌아갈 것이니라 하시니라"

7) 마 27:3-5 "때에 예수를 판 유다가 그의 정죄됨을 보고 스스로 뉘우쳐 그 은 삼십을 대제사장들과 장로들에게 도로 갖다 주며 이르되 내가 무죄한 피를 팔고 죄를 범하였도다 하니 그들이 이르되 그것이 우리에게 무슨 상관이냐 네가 당하라 하거늘 유다가 은을 성소에 던져 넣고 물러가서 스스로 목매어 죽은지라"

8) **하나님과 싸운다**는 것은 육으로 반응하고 옛 사람으로 반응하는 것을 말한다. 육신의 생각은 하나님의 법에 굴복치 아니할 뿐 아니라 할 수도 없다(롬 8:7). 육의 생각은 하나님과 원수가 된다. 욥은 자기 의를 주장했지만 하나님은 인간의 의를 더러운 옷과 같다고 하셨다(사 64:6). 베드로는 사람의 일을 생각하다 사단이라고 책망을 들었다(마 16:23). 육신의 생각, 사람의 일을 생각하는 것, 인간의 의를 주장하는 것 모두가 하나님과 다투는 일이다.

9) 갈 3:13 "그리스도께서 우리를 위하여 저주를 받은 바 되사 율법의 저주에서 우리를 속량하셨으니 기록된 바 나무에 달린 자마다 저주 아래 있는 자라 하였음이라"

10) 신 28:1-14 "네가 네 하나님 여호와의 말씀을 삼가 듣고 내가 오늘날 네게 명령하는 그의 모든 명령을 지켜 행하면 네 하나님 여호와께서 너를 세계 모든 민족 위에 뛰어나게 하실 것이라 네가 네 하나님 여호와의 말씀을 청종하면 이 모든 복이 네게 임하며 네게 이르리니 성읍에서도 복을 받고 들에서도 복을 받을 것이며 네 몸의 자녀와 네 토지의 소산과 네 짐승의 새끼와 네 소와 양의 새끼가 복을 받을 것이며 네 광주리와 떡 반죽 그릇이 복을 받을 것이며 네가 들어와도 복을 받고 나가도 복을 받을 것이니라 여호와께서 너를 대적하기 위해 일어난 적군들을 네 앞에서 패하게 하시리라 그들이 한 길로 너를 치러 들어왔으나 네 앞에서 일곱 길로 도망하리라 여호와께서 명령하사 네 창고와 네 손으로 하는 모든 일에 복을 내리시고 네 하나님 여호와께서 네게 주시는 땅에서 네게 복을 주실 것이며 … 여호와께서 너를 위하여 하늘의 아름다운 보고를 여시사 네 땅에 때를 따라 비를 내리시고 네 손으로 하는 모든 일에 복을 주시리니 네가 많은 민족에게 꾸어줄지라도 너는 꾸지 아니할 것이요 여호와께서 너를 머리가 되고 꼬리가 되지 않게 하시며 위에만 있고 아래에 있지 않게 하시리니 오직 너는 내가 오늘 네게 명령하는 네 하나님 여호와의 명령을 듣고 지켜 행하며 내가 오늘 너희에게 명령하는 그 말씀을 떠나 좌로나 우로나 치우치지 아니하고 다른 신을 따라 섬기지 아니하면 이와 같으리라"

대하 26:5 "하나님의 묵시를 밝히 아는 스가랴의 사는 날에 하나님을 찾았고 그가 여호와를 찾을 동안에는 하나님이 **형통하게** 하셨더라"

12) 딤전 6:17 "네가 이 세대에 부한 자들을 명하여 마음을 높이지 말고 정함이 없는 재물에 소망을 두지 말고 오직 우리에게 모든 것을 후히 주사 누리게 하시는 하나님께 두며"

13) 전 12:6 "은 줄이 풀리고 금 그릇이 깨고 항아리가 샘 곁에서 깨지고 바퀴가 우물 위에서 깨

지고"

14) 마 7:24 "누구든지 나의 이 말을 듣고 행하는 자는 그 집을 반석 위에 지은 지혜로운 사람 같으리니"

15) 고전 10:4 "다 같은 신령한 음료를 마셨으니 이는 그들을 따르는 신령한 반석으로부터 마셨으매 그 반석은 곧 그리스도시라"

16) 사 64:6 "무릇 우리는 다 부정한 자 같아서 우리의 의는 다 더러운 옷 같으며 우리는 다 잎사귀 같이 시들므로 우리의 죄악이 바람같이 우리를 몰아가나이다"

17) 욥 35:6-8 "그대가 범죄한들 하나님께 무슨 영향이 있겠으며 그대의 악행이 가득한들 하나님께 무슨 상관이 있겠으며 그대가 의로운들 하나님께 무엇을 드리겠으며 그가 그대의 손에서 무엇을 받으시겠느냐 그대의 악은 그대와 같은 사람에게나 있는 것이요 그대의 공의는 어떤 인생에게도 있느니라"

18) 롬 10:3 "하나님의 의를 모르고 자기 의를 세우려고 힘써 하나님의 의에 복종하지 아니하였느니라"

19) 마 7:22-23 "그 날에 많은 사람이 나더러 이르되 주여 주여 우리가 주의 이름으로 선지자 노릇하며 주의 이름으로 귀신을 쫓아내며 주의 이름으로 많은 권능을 행치 아니하였나이까 하리니 그 때에 내가 그들에게 밝히 말하되 내가 너희를 도무지 알지 못하니 불법을 행하는 자들아 내게서 떠나가라 하리라"

20) 딤후 4:8 "이제 후로는 나를 위하여 의의 **면류관**이 예비되었으므로 주 곧 의로우신 재판장이 그 날 내게 주실 것이며 내게만 아니라 주의 나타나심을 사모하는 모든 자에게도니라"

21) 요 21:2-11 "시몬 베드로와 디두모라 하는 도마와 갈릴리 가나 사람 나다나엘과 세베대의 아들들과 또 다른 제자 둘이 함께 있더니 시몬 베드로가 나는 물고기 잡으러 가노라 하니 그들이 우리도 함께 가겠다 하고 나가서 배에 올랐으나 그 날 밤에 아무것도 잡지 못하였더니 날이 새어갈 때에 예수께서 바닷가에 서셨으나 제자들이 예수신 줄 알지 못하는지라 예수께서 이르시되 얘들아 너희에게 고기가 있느냐 대답하되 없나이다 이르시되 그물을 배 오른편에 던지라 그리하면 잡으리라 하신대 이에 던졌더니 물고기가 많아 그물을 들 수 없더라 예수께서 사랑하시는 그 제자가 베드로에게 이르되 주님이시라 하니 시몬 베드로가 벗고 있다가 주님이라 하는 말을 듣고 겉옷을 두른 후에 바다로 뛰어내리더라 다른 제자들은 육지에서 상거가 불과 한 오십 칸쯤 되므로 작은 배를 타고 물고기 든 그물을 끌고 와서 육지에 올라 보니 숯불이 있는데 그 위에 생선이 놓였고 떡도 있더라 예수께서 이르시되 지금 잡은 생선을 좀 가져오라 하시니 시몬 베드로가 올라가서 그물을 육지에 끌어올리니 가득히 찬 큰 물고기가 백쉰세(153) 마리라 이같이 많으나 그물이 찢어지지 아니하였더라"

22) 전 2:22-23 "사람이 해 아래에서 행하는 모든 수고와 마음에 애쓰는 것이 무슨 소득이 있으랴 일평생에 근심하며 수고하는 것이 슬픔뿐이라 그 마음이 밤에도 쉬지 못하나니 이것도 헛되도다"

주님이
하십니다

23) 엡 1:20 "그의 능력이 그리스도 안에서 역사하사 죽은 자들 가운데서 다시 살리시고 하늘에서 자기의 오른편에 앉히사"

24) 신 6:10-12 "네 하나님 여호와께서 네 열조 아브라함과 이삭과 야곱을 향하여 네게 주리라 맹세하신 땅으로 너로 들어가게 하시고 네가 건축하지 아니한 크고 아름다운 성읍을 얻게 하시며 네가 채우지 아니한 아름다운 물건이 가득한 집을 얻게 하시며 네가 파지 아니한 우물을 차지하게 하시며 네가 심지 아니한 포도원과 감람나무를 차지하게 하사 네가 배불리 먹게 하실 때에 너는 조심하여 너를 애굽땅 종 되었던 집에서 인도하여 내신 여호와를 잊지 말고"

25) 신 8:2 "네 하나님 여호와께서 이 사십 년 동안에 네게 광야 길을 걷게 하신 것을 기억하라 이는 너를 낮추시며 너를 시험하사 네 마음이 어떠한지 그 명령을 지키는지 지키지 않는지 알려 하심이라"

26) 롬 8:28 "하나님을 사랑하는 자 곧 그 뜻대로 부르심을 입은 자들에게는 모든 것이 합력하여 선을 이루느니라"
잠 16:4 "여호와께서 온갖 것을 그 쓰임에 적당하게 지으셨나니 악인도 악한 날에 적당하게 하셨느니라"

27) 롬 7:7 "그런즉 우리가 무슨 말을 하리요 율법이 죄냐 그럴 수 없느니라 율법으로 말미암지 않고는 내가 죄를 알지 못하였으니 곧 율법이 탐내지 말라 하지 아니하였더면 내가 탐심을 알지 못하였으리라"

28) 롬 7:12 "이로 보건대 율법은 거룩하고 계명도 거룩하고 의로우며 선하도다"

29) 시 105:17-20 "그가 한 사람을 앞서 보내셨음이여 요셉이 종으로 팔렸도다 그의 발은 차꼬를 차고 그의 몸은 쇠사슬에 매였으니 곧 여호와의 말씀이 응할 때까지라 그의 말씀이 그를 단련하였도다 왕이 사람을 보내어 저를 석방함이여 뭇 백성의 통치자가 그를 자유롭게 하였도다"